동북아 초국경 협력
사회연대경제에 길을 묻다

동북아 초국경 협력
사회연대경제에 길을 묻다

초판 1쇄 인쇄 | 2023년 6월 23일
초판 1쇄 발행 | 2023년 6월 30일

엮은이 김창진·조성찬
지은이 김영찬·김창진·김현동·리페이·성원용·아쿨렌코 바딤·윤석준·조성찬·최문
책임편집 손성실
편집 조성우
디자인 권월화
펴낸곳 생각비행
등록일 2010년 3월 29일 | 등록번호 제2010-000092호
주소 서울시 마포구 월드컵북로 132, 402호
전화 02) 3141-0485
팩스 02) 3141-0486
이메일 ideas0419@hanmail.net
블로그 ideas0419.com

나누리 동북아연구원 총서 ❸

동북아 초국경 협력
사회연대경제에 길을 묻다

김창진·조성찬 엮음

김영찬·김창진·김현동·리페이·성원용·아쿨렌코 바딤·윤석준·조성찬·최문 지음

생각비행

세계 패권과 문명사의 대전환 시기
동북아-유라시아 지역협력을 말하기

21세기 국제 정세가 세계 질서의 구조적 변동으로 귀결될 심각한 전환기를 겪고 있다. 이는 세계 패권의 중심 이동뿐만 아니라 19세기 이후 '보편적 표준'으로 군림해 온 서구 문명 헤게모니의 균열이 가속화하고 있음을 뜻한다. 최근 들어 미국 중심의 패권 체제가 내부 취약성과 중국의 거센 도전으로 흔들리면서 양국의 경제적, 군사적, 이념적 경쟁이 날로 격화하고 있다. 트럼프 정부에서 본격화한 대중 관세 및 기술 전쟁은 빠른 속도로 미국을 추월하는 중국에 대한 초조함과 위기의식의 발로였다. 바이든-시진핑 정권에서 대만을 둘러싼 중국과 미국의 치열한 힘겨루기는 다방면에 걸친 중국 공격이 단지 트럼프라는 아웃사이더 정치인이나 공화당만의 태도가 아니라는 것을 확인해주고 있다. 대만을 자국의 영토로 간주하고 있는 중국으로서는 대만의 독립 세력을 공공연하게 고무, 지원하는 미국의 개입은 용납할 수 없는 일이다. 양국의 경쟁과 긴장은 구조적인 역학 관계의 변화를 반영하는 것이기 때문에 어느 한쪽도 쉽게 양보하려 하지 않

4

을 것이다.

이러한 사태가 '대만 전쟁'으로 비화할 것인지, 미중 양국이 적당한 선에서 타협하여 현상을 유지할 것인지는 아직 열려 있는 문제이다. 다만, 두 초강대국의 세계적 경쟁에서 길게 보면 시간은 중국 편이라고 보는 것이 현시점에서는 타당할 것이다. 미국은 국내 경제력과 달러 패권의 균열, 극단적인 정치적 양극화 속에서 사회문제 해결에 무능한 정치 체제, 그리고 패권 유지 능력에서 세계 제국으로서 절정기를 지나고 정체기 내지 쇠퇴기에 접어들었다. 반면, 중국은 경제, 군사, 과학기술, 국내 시장, 국제적 자원 확보 등 거의 모든 부문에서 부상하면서 영향력을 확장하고 있다. 미국은 20세기 말 일본의 도전을 과감하게 물리친 '멋진 경험'을 떠올리면서 능력을 과신할 수도 있을 것이다. 하지만 당시 일본은 일부 기술적 우위에도 불구하고 외부의 압력을 상쇄할 만한 국내 시장의 한계가 분명했으며, 대외적으로 전략적 자율성을 결여했고, 이념적으로도 미국에 맞설 수 없었다. 지금의 중국은 그런 존재가 아니다.

2022년 2월부터 전면적 열전으로 발전한 우크라이나 전쟁은 1990년대 초반 소련의 해체 이후 나토를 앞세운 미국의 거침없는 동진 정책에 대해 수세에 몰렸던 러시아가 전략적 자율성을 견지하려는 반격으로 해석할 수 있을 것이다. 그것은 특히 2014년 이후 우크라이나에 친미 정권을 수립하면서 흑해 지역까지 진출, 유라시아의 심장부에 대한 확고한 통제권을 수립하고 있던 미국의 존재를 러시아라는 국가와 유라시아 문명의 생존 위협으로 받아들인 러시아 지도부의 전략적 결정을 보여준 것이었다. 이는 1980년대 말 고르바초프의 '신사고 외교', 연이은 동유럽 및 소비에트 사회주의 진영의 해체로 시작되어 약 30년 동안 지속된 '탈냉전 체제'의 종말을 뜻한다. 지금 미국과 서유럽을 한편으로, 그리고 중국과 러시아의 연합전선을 다른 편으로 하는 두 진영의 경제적, 군사적, 이념적 대립과 격돌은 가히 '신냉전'을 방불케 한다.

특히 우크라이나 전쟁 이후 두 진영이 펼치는 국제적 선전전은 상대방에 대한 비방과 악마화 의도를 노골적으로 드러내고 있다. 한국을 비롯한 서방의 '자유 언론'은 세계 정세에 대한 객관적 시각이나 다양한 정보의 교차 검토를 외면한 채 미국 정부의 일방적 발표를 충실하게 전달하는 선전도구 노릇을 하는 경우가 다반사다. 이에 따라 일반 대중과 많은 지식인, 사회활동가들은 자신들의 '인도주의적 감정'이 국제정치에 이용당하는 현실을 제대로 인지하지 못하고, 대다수 외교관과 정치인들은 편협한 정보와 프레임에 갇혀 국제 정세를 오판, 자국의 국가 이익에 크게 어긋나는 대외 정책을 추구하고 있는 실정이다. 미국이 한국 정부의 국가안보실을 도·감청했다는 사실이 공개되었는데도 "미국이 악의적으로 그런 정황이 없다"고 오히려 미국의 입장을 대변하는 '충실한 동맹' 한국 정부, 노르트스트림2 가스관(발트해저를 거쳐 러시아 가스를 독일로 공급하기 위해 완성한)을 미국이 의도적으로(그야말로 악의적으로!) 파괴했다는 사실이 만천하에 드러났음에도 불구하고 꿀 먹은 벙어리처럼 침묵한 독일, 그리고 러시아와 긴 국경을 맞대고 있으면서 냉전 시기에도 '중립'을 유지해 온 핀란드가 최근 나토에 가입한 사실은 '정상적'인 사태라고 보기 어렵다. 미국의 압력과 영향력에 포획된, 또는 자발적으로 순응하는 하위 동맹국들의 태도가 여실히 반영되고 있기 때문이다.

그럼에도 불구하고 작금의 정세를 '신냉전'이라고 불러야 할 것인지는 논란의 소지가 있어 보인다. 우선, 세계 정세를 좌우하는 핵심 세력의 하나인 중국의 세계 경제적 위상과 영향력이 과거 냉전 시절 소련의 그것보다 월등하게 비중이 높다. 미국과 서유럽, 일본과 한국 등 서방측이 중국과 '디커플링'을 통해 '권위주의 체제'를 고립시키고, 그것에 대항하는 '민주주의 경제권'을 자율적으로 구축할 수 있으리라고 기대하는 것은 매우 비현실적이고 자기기만에 그칠 가능성이 크다. 최근 프랑스 마크롱 대통령이 중국 방문 이후 "미국만을 추종하지는 않겠다"고 선언한 것은 단지 프랑스의 전통적 자주외교 노선의 재천명을 넘어 국제 경제 현실에 대한 냉정한 인식을 반영한 결과라고 할 것이다. '서구가 일치단결하여 중국 및 러시아 같은 권위주의 체제에 대항'한다는 프레임은 미국의 국가 이익에 부합할 수는 있지만, 유럽과 아시아를 비롯한 다른 세계의 이익에 그대로 부합하기는 어렵기 때문이다.

바로 이런 점에서 인도, 브라질, 튀르키예, 사우디아라비아 같은 나라들의 '등거리 외교' 또는 실용 외교가 큰 의미를 지닌다. 냉전 시절인 1950년대에도 '반둥회의'로 상징되는 국제적 '비동맹운동'이 출현했지만, 당시 미소 양극 체제에 미친 실제적인 효과는 거의 없었다. 하지만 지금 엄청난 인구와 자원, 점점 확장되는 국내 시장, 그리고 군사 전략적 중요성을 보유한 인도, 브라질, 튀르키예, 사우디아라비아 같은 나라들의 21세기 국제적 위상은 냉전 시기와 크게 다르다. 미국과 중국, 러시아 어느 편도 이들 국가를 자기 편으로 포섭하거나 최소한 중립화하지 않으면 패권 경쟁에서 승리할 수 없다는 사실을 잘 알고 있다. 그리고 그런 상황에서 이 나라들의 국익을 위한 선택의

폭과 대외 정책의 자율성이 확장될 기회가 더욱 커지고 있는 것이다.

또한 미국의 힘과 국제적 신뢰도가 냉전 시기의 그것에 비해 줄곧 하락하고 있다는 점, 그리고 미국의 의도와 서구적 가치를 반영하는 대중 매체의 국제적 영향력이 여전히 크기는 하지만, 20세기만큼 절대적이지는 않다는 사실도 중요하다. 나아가 세계 각지에서 돌출하는 테러리즘, 그리고 인류 문명의 존립을 위협하는 단계에 이른 기후 위기에 대응한 세계적 공동 대응 노력의 필요성 등은 냉전 시기와는 확연히 다른 국제적 조건이다. 결론적으로 현 상황은 표면적으로 대립하는 두 진영의 냉전 양상을 보이고 있지만, 20세기와 구조적으로 다른 상황에 처해 있다는 사실을 염두에 둘 필요가 있다는 것이다.

한반도를 둘러싼 국제정치와 세계 경제의 전망이 이처럼 비관적인 시기에, 독자의 손에 들린 이 책은 시대 상황을 거스르는 지적 도전과 안타까운 열정의 산물이다. 동북아 군비 경쟁이 가속화하고, 북한이 대륙간탄도미사일ICBM을 발사한 시기에 '동북아 평화'나 '유라시아 협력'을 논하는 것은 순진한 서생들의 한가한 유희이거나 철 지난 이야기로 보이기 쉽기 때문이다. 하지만 국제 정세는 만고불변의 법칙이 아니라 국가들의 이익 또는 우발적 사건의 파장에 따라 수시로 변전變轉하는 것이다. 국제 질서는 주요 정치 지도자와 지식인들, 심지어는 대중의 상상력과 과감한 이니셔티브로 거대한 물줄기가 바뀌기도 하는 사회적 구성물이기도 하다. 앞서 언급한 바 있듯이, 1985년 소련 지도자로 등장한 미하일 고르바초프의 '신사고 외교'라는 참신한, 하지만 순진했던 비전의 제시, 그리고 그것에 적극적으로 호응했던 서유럽의 평화운동이 냉전 체제를 무너뜨리는 데 중요한 전기가 되었다는 점을 기억할 필요가 있다. 따라서 우리는 현실의 정세가 어둡다고 좌절하거나 거기에 편승하는 것이 능사가 아니라 또 다른 미래에 대한 '의지의 낙관주의'를 견지할 필요가 있는 것이다.

이 책은 크게 세 부분으로 구성되어 있다. 1부는 초국경 협력의 비전·전략·실제라는 제목하에 연해주를 중심으로 한 동북아 국제정치와 유라시아협력체 구상(김창진), 오랜 시간 교류·협력을 통해 접경지대 평화 체제를 구축한 유럽 사례(김영찬)와 유럽연합EU의 초국경 협력 정책(윤석준)을 살펴보고 있다. 동북아와 유라시아 지역의 비관적인 현실에도 불구하고 미래의 한반도가 어디로 가야 할 것인지, 20세기 전반기에 두 차례에 걸친 극단적 파괴를 경험한 유럽이 어떻게 여러 국경을 가로지르는 평화와 호혜의 협력체제를 구축해 왔는지를 다시한번 살펴보는 일은 우리에게 유익한 출발점이 될 수 있을 것이다.

2부는 동북아 지역과 두만강 유역 초국경 협력의 관점과 전략을 다룬 세 편의 논문으로 구성되어 있다. 성원용 교수는 지속 가능한 북방정책과 우크라이나 전쟁 이후 유라시아 지역에 대한 새로운 외교전략 구상을 논하고, 바딤 아쿨렌코 교수는 러시아가 바라보는 두만강 유역 중심의 초국경 협력 접근을 검토하고 있으며, 최문 교수는 두만강 유역 개발 정책에 대한 북한과 중국의 입장을 검토하면서 남·북·중 협력방안을 모색하고 있다. 독자들은 이런 논의를 통해 동북아 주요 행위자인 한국, 북한, 중국, 러시아 등 각국의 지역협력 구상과 전략과 그 차이점을 구체적으로 파악하면서 나름대로 대안을 그려볼 수 있을 것이다.

3부는 두만강 유역 초국경 협력과 사회연대경제 네트워크의 실제를 다루고 있다. 조성찬 원장은 사회연대경제[SSE]를 통한 두만강 유역 초국경 협력모델을 국제적 관점에서 비교·탐색하고 있고, 리페이 연구원은 중국 및 한반도 접경지역 농촌합작사의 발전 현황을 검토하면서 그것이 동북아 지역의 교류·협력에 어떤 의미가 있을 것인지 생각거리를 던져주고 있다. 마지막으로 김현동 이사장은 연해주를 기점으로 하는 초국경 사회연대경제 네트워크의 사례를 생생하게 들려줌으로써 우리의 논의가 관념적인 상상에 그치지 않을 것임을 시사하고 있다.

김창진
(성공회대 교수, 크라스키노 포럼 대표)

11

차례

1부
초국경 협력의 비전·전략·실제

2부
동북아 지역과 두만강 유역 초국경 협력: 관점과 전략

3부
두만강 유역 초국경 협력과 사회연대경제 네트워크

8 중국 및 한반도 접경지역 농촌합작사의 발전 현황과 한계   리페이

9 연해주를 기점으로 하는
   초국경 사회연대경제 네트워크 사례   김현동

1부

초국경 협력의
비전·전략·실제

1

동북아 국제정치와 유라시아협력체 지향: 연해주 접경지역 협력과 상호 신뢰의 축적을 향하여

김창진

(성공회대 교수·크라스키노 포럼 대표)

한국의 북방정책은 과감한 비전 제시와 전략적 이니셔티브를 통해 평화로운 한반도, 함께 번영하는 동북아−유라시아 지대의 건설을 지향해야 할 것이다. 역사적으로 한·중·러·일 등 주변국 사이 교류와 갈등의 결절점 역할을 해온 데다 생태·농업·교통·에너지 분야의 엄청난 잠재력을 지닌 연해주는 그러한 국제 협력의 초점으로 주목할 만하다. 기존의 편협한 경제적, 군사적 접근으로는 공동체적 문제를 해결하기 어렵다. 이 지역에서 살아가는 수많은 사람과 자연의 공존이라는 보다 높은 차원의 비전을 공유해야 한다. 한국의 북방 공공외교는 기본적으로 동북아공동체와 유라시아협력체를 궁극적인 목표 지점으로 설정해야 한다. 구체적인 프로그램으로는 동북아/유라시아 지역 평화공동체 형성의 이론적 기초와 구현 전략을 공동으로 연구할 국제기관의 설립, 북·중·러 3국 접경의 평화·번영 지대 추진, 동북아/유라시아 지역 평화·경제 포럼의 주기적 개최, 극동·시베리아 지역 공동개발을 위한 동북아(한·중·러·일) 컨소시엄 구성, 동북아 청(소)년들의 체험캠프, 유라시아 청년축전의 주기적 개최 등을 제안할 수 있다.

동북아 지역의 비대칭적 탈냉전

흔히 '한·중·일'로 통칭되는 동북아 지역은 높은 통합성 수준에 이른 유럽연합[EU]에 비해 역사, 영토, 이념 갈등으로 인한 심각한 분열 상태를 지속하고 있다. 물론 과거 사회주의 체제의 종주국이었던 소련과 중국의 개혁·개방이 본격화된 1990년대 이래 동북아시아 국가들 사이에서 상당 수준에 이른 경제협력 및 사회문화 교류의 성과를 무시할 수는 없을 것이다. 1000년 이상 한 국가에서 살다가 분단되어 70년이 넘게 적대 체제를 유지하고 있는 남북한 사이에도 2000년 6월 역사적인 김대중-김정일 남북정상회담, 이후 노무현-김정일 회담(2007), 그리고 문재인-김정은 회담(2018)에 이르기까지 몇 차례 극적인 최고위급 회담을 통해 관계 정상화 시도가 이루어진 바 있다.

그럼에도 불구하고 동북아 지역에서는 진정한 '탈냉전'이 이뤄지지 않은 상태에서 '신냉전'의 그림자가 드리우고 있다. 동북아 지역의 탈냉전이 완결되지 않은 상황이라는 사실은 주기적으로 반복되는 '북핵 문제' 첨예화에 따른 한반도의 긴장 격화와 한·미·일 vs. 북·중·러 대결 구도의 고조를 통해 빈번하게 확인할 수 있다. 이는 1980년대 말부터 1990년대 초 상황에서 당시 소련과 중국은 남한(대한민국)을 외교적으로 공식 승인하는 절차[1]를 밟았으나 미국과 일본은 북한(북조선민주주의인민공화국)을 그때는 물론 아직 공식 승인하지 않고 있는 데서 연유한다고 할 수 있다.

이런 상황이 계속되는 원인은 세계적 수준에서는 물론 동북아 수준에서 전개된 '냉전의 비대칭적 해소' 과정에 이미 담겨 있었다고 할 수 있다. 유라시아대륙 수준에서는 한편으로 냉전의 한 축이었던 소련과 그 군사동맹체였던 바르샤바조약기구가 1991년 해체되었다. 그러나 또 다른 전략적 경쟁자였던 북대서양조약기구NATO는 해체되기는커녕 1990년대 중반부터 오히려 그 영향력을 훨씬 확장·강화하는 정책을 추진했다. 그리하여 동유럽 각국은 물론 옛 소련연방에 속했던 발트3국(에스토니아, 라트비아, 리투아니아)까지 가입시키고 급기야 러시아와 역사적 특수 관계에 있는 우크라이나까지 가입 후보군으로 설정하게 되었다.

만약 우크라이나가 나토의 영역에 가담하게 되면 러시아는 완충지대를 상실하고 적대 진영과 바로 맞부딪치게 되는 상황에 직면하게 된다. 이에 따라 러시아는 우크라이나 동부(돈바스) 및 남부(크림반도) 지역의 압도적 인구를 이루는 러시아계 주민들이 소수민족으로서 탄압의 위험에 바로 노출되고, 나아가 자국의 전략적 요충지인 흑해와 크림반도마저 미국의 군사기지로 넘어갈 것을 극도로 우려하게 되었다. 이처럼 심각한 안보 위협을 느낀 러시아는 그동안 나토 측에 거듭 '동진(동유럽 방향으로의 확장) 중단'을 요청하고, 2021년 말에는 그러한 내용을 서면으로 공식화하도록 주장했으나 서방측은 이를 명백하게 거부했다. 본래 "나토는 1인치도 동진하지 않을 것"이라는 약속은 1990년 독일 통일 전야에 동독의 소련군 철수를 요청하면서 미국과 서독 측이 당시 미하일 고르바초프 소련공산당 서기장에게 거듭 약속한 바였다.[2] 하지만 미국과 독일은 소련 해체 이후 러시아의 군사안보 능력과 경제력이 취약해진 틈을 타 자신들의 약속을 헌신짝처럼 내팽개쳤다.

그 결과는 우리가 목격한 것처럼 2022년 2월 하순 러시아의 '우크라이나 침공' 작전으로 나타났다. 삽시간에 수많은 인명 살상과 수백만 명의 탈출을 초래한 이 전쟁의 발발은 냉전의 승자를 자처한 미국의 오만과 탐욕, 나토의 우산 아래 미국에 종속된 서유럽, 냉전의 패자라는 인식 속에서 군사력을 증대하며 설욕을 벼른 러시아, 소련 해체 이후 신생 엘리트층의 무능과 부패 속에서 정상적인 국가 건설과 균형 외교에 실패한 우크라이나 등 관련국 모두가 실패한 대외 정책의 비극적 결과라고 할 수 있다.

다른 한편, 앞서 본 것처럼 한반도에서도 '비대칭적 냉전 해소' 현상이 나타났다. 그것은 한반도에 존재하는 두 개의 주권국가에 대한 주변 4강의 '교차 승인'이 완결되지 않은 사실을 말하는 것이다. 이에 따른 국제적 고립과 압도적으로 우월한 남한의 경제력 및 군사력에 위협을 느낀 북한은 2000년대 이래 그들 나름의 비대칭적 방식으로 대결의 경쟁력을 확보하기 위해 핵무기 개발에 일로매진했다. 그리고 결국 2022년 사실상 핵보유국임을 선언하게 되었다.

이렇게 비관적인 국제정치 상황에서 동북아 협력을 말하는 것이 가능할까? 그것이 무슨 의미가 있을까? 많은 이들이 이에 대해 비관적인 생각을 하고 부정적인 태도를 보이는 것은 이해할 만하다. 하지만 장구한 인류사를 되돌아볼 때 파괴적인 전쟁 이후 평화적인 시기가 도래했다. 그리고 그것은 평화를 갈구하는 인류의 바람을 외면하지 않았던 선구적 지식인과 정치인, 외교관 들의 끈질긴 노력과 호혜적 전략의 결실이었다. 따라서 우리는 지금 당장 눈앞이 어둡다고 하여 다가올 새벽을 잊어서는 안 될 것이다.

지금은 매우 부정적인 태도가 주류를 이루지만, 21세기 벽두에 활발했던 동아시아 지역의 협력 문제를 논할 때 일반적으로 내려진 결론은 다음과 같은 문장에 잘 요약되어 있다. "동아시아에는 경제권을 성립시킬 만한 경제적 가능성이 충분히 있긴 하지만, 성립 여부는 한·중·일, 특히 중·일 간에 상호신뢰 관계가 형성되느냐에 달려 있다."[3] 1990년대 이래 동북아 지역의 핵심 3국 사이에서는 경제협력 규모의 확대에도 불구하고 정치적 불신이 여전하거나 심지어 더 깊어졌다는 것이다. 그것은 냉전 시기 이데올로기적 대립 구도의 잔존에다 영토 갈등, 그리고 정체된 일본과 급부상하는 중국의 헤게모니 각축 등이 결정적으로 부정적인 영향을 끼쳤기 때문이다. 역사 문제를 직시하지 못하고 국제적으로도 편협한 사고에 젖어 있는 일본의 지배 엘리트, 주변국에 경계심을 불러일으키는 중국의 자국 중심적 영향력 확장, 정권이 교체될 때마다 급변하는 한국 외교 정책 등이 문제를 더욱 악화시켰다.

동아시아의 남부, 곧 동남아 지역에서는 1967년 창설된 아세안 ASEAN을 중심으로 상호협력의 경험이 축적되었으나 북부, 곧 동북아 지역에서는 정치적 냉전 구조의 존속이라는 상황 속에서 진지한 상호협력의 경험을 가져보지 못했다. 지리적 인접성과 경제적 상호의존성, 문명사적 기반의 공유, 그리고 에너지 및 환경 문제를 비롯한 공동 의제 등 지역주의를 촉진하는 여러 조건에도 불구하고 그 잠재력이 충분히 실현되지 못한 것이다. 또한 수년에 걸친 아세안+한·중·일 3개국 정상회담과 2005년의 '동아시아 정상회의'도 별 성과가 없었다. 그런가 하면, 동아시아 각국에다 러시아와 미국까지 포함된 아시아태평양경제협력체 APEC는 회원국들의 정치적, 경제적, 문화적 다양성과 함께 개방적 지역주의를 표방함으로써 상대적으로 회원국들의 배타적 공동이익 창출에 실패했다고 평가되고 있다.[4]

국제적으로 지역협력이 지역통합 regional integration 수준으로 발전하기 위해서는 해당 지역 행위자들이 공통의 가치, 규범, 정체성, 목표를 지니고 정치·경제·사회문화 등 다양한 영역에서 긴밀한 상호작용 네트워크를 만들어가고자 하는 의지와 전략적 사고, 그것을 실천하려는 끈질긴 노력이 수반되어야 한다. 따라서 동북아에서 지역협력의 심화가 이루어지지 못한 이유는 이 지역 국제 관계가 가져오는 외적 장애 요소들뿐만 아니라 역내 개별 국가 및 행위자들의 의지와 경험, 노력의 부족에 따른 것이라는 지적은 피할 수 없을 것이다.[5]

이런 상황에서 근래에는 동북아시아 지역의 미래 세대인 청년·학생들마저 편협한 국가주의, 민족주의에 함몰하는 경향을 보이고 있다. 일본 우익들의 한국 혐오(혐한) 현상, 한국 젊은이들의 극단적 중국 혐오(혐중) 현상과 더불어 중국 젊은 층의 혐일·혐한 현상이 동시에 나타나는 것이다. 이에 더해 우크라이나 전쟁으로 인해 러시아에 대한 혐오와 적대시 현상을 뜻하는 '루소포비아'[6] 현상도 한층 강화되고 있다. 후자와 관련해서는 심지어 한국에서 학교를 다니는 고려인 학생들에게마저 "러시아로 돌아가라"는 무책임한 비난을 퍼붓는 일까지 발생했다.

바로 여기서 우리가 주목하는 것이 국제적 지역협력과 지역공동체의 인식론적 기초가 될 공동체 의식의 함양과 개방적 지역협력을 주도할 미래 세대의 육성 필요성이다.[7] 동북아 지역에서 그동안의 경험으로 볼 때 경제협력의 누적적 효과가 바로 지역협력을 보장하는 효과로 나타난 것은 아니었다는 점을 명심할 때 이 문제는 더욱 중요해진다. 우리는 근래 악화해 가는 이런 상황을 그대로 방치할 수 없다. 21세기에도 여전히 분단국가로 남아 있는, 동북아 냉전의 최대 희생양으로서 한국은 이 지역의 비극적 역사와 갈등 구조를 성찰하고, 식량과 에너지 공급에 국제적으로 적극 협력하고, 풍요로운 생태계의 가치를 공유하면서 미래의 비전을 공유하는 국내적·국제적 교육과 활동을 지속적으로 펼쳐나갈 필요가 있다. 이와 관련하여 우리가 여기에서 제시하고자 하는 것은 "동북아공동체 더하기 유라시아 협력체"의 비전을 공유하는 교육·문화 프로그램의 적극적 설계와 집행이다.

그런데 본론에 들어가기 전에 용어상의 문제를 하나 짚어보고자 한다. 그동안 우리가 흔히 써온 '동북아'라는 용어가 대체로 매우 협소하게 인식되어왔기 때문이다. 그것은 한·중·일 3국(또는 북한까지 4국)을 뜻하는 지역으로 제한되었다는 것이다. 이런 용법은 우리 스스로 국제적 시야를 편협하게 하고 '한국은 주변 강대국에 둘러싸인 약소국'이라는 열패감에 젖은 자기 이미지를 강화할 위험성이 있다. 우리는 신라 주도의 '삼국통일' 이래 상실해버린 광대한 북방대륙을 다시 시야에 넣는 인식의 교정 작업이 필요하다. 거기에는 광활한 연해주와 시베리아가 있고, 몽골이 있고, 중앙아시아와 캅카스 나라들이 있다. 그들을 보다 적극적으로 우리의 호혜적 파트너로 삼아야 한다. 따라서 현실적으로 굳어진 용어인 '동북아'를 사용하면서도 보다 폭넓은 개념인 '유라시아'[8] 개념을 추가로 도입할 필요성이 있다.

한국인들에게 북방대륙의 역사적 의의

한국인들에게 광활한 북방대륙은 첫째로 기존 한(남북)·중·일에 매몰된 '동북아' 관점의 과감한 확장을 가능하게 하는 상상력의 보고요, 미래 국제전략의 핵심 공간으로 설정될 필요가 있는 지역이다.

둘째로 북방대륙은 지난 70여 년의 냉전·분단 체제에서 한국(남한)이 잃어버린 유구한 북방정체성을 회복할 국제적 무대이다.

셋째로 북방대륙은 개인적 실용주의에 매몰된 수많은 젊은 세대에게 역사의식과 국제적 시야를 제공하는 역사교육 및 국제시민교육의 현장으로 활용할 수 있다.

마지막으로 아시아와 유럽을 잇는 광대한 북방대륙은 21세기 한국과 한반도의 미래를 향해 해양 문명과 대륙 문명의 교량·교섭·융합 지대로서 창조적인 문명사적 역할을 수행할 수 있다.

이에 따라 우리가 주목하는 지역은 동북아시아에서 국제적 갈등과 역사·문화의 공유 지점이자 북·중·러 3개국 접경지역인 러시아 연해주 및 그 일부로서 한반도에 인접한 하산지역이다.

먼저 영토적 갈등지대로서 극동 연해주의 역사를 살펴보면 이 지역은 고대 한국의 고토古土로 여겨지는 곳으로, 고구려와 발해가 존재했던 곳이다. 발해의 멸망 이후 여진족(만주족)의 점유지가 된 이 지역은 청나라의 관할 구역이 되어 근대에 들어 중국이 영유권을 주장하게 되었다. 하지만 19세기 중국의 쇠락을 틈타 동진 정책을 펼친 러시아제국이 1860년 베이징조약을 통해 영토를 차지하게 되어 오늘에 이르고 있다.

20세기에 연해주는 거듭된 일본의 대륙침략 시도와 러시아/소련의 대응 전쟁의 격전지로서 극히 민감한 동북아 안보요충지로 변모했다. 1904~1905년 러일전쟁이 발생했고, 1918~2022년에는 러시아혁명기 극동·시베리아 지역의 정치적 혼란을 틈탄 일본의 '시베리아 출병'으로 연해주가 점령되었다. 당시 이 지역에는 볼셰비키가 주도하는 모스크바의 소비에트 정권과 별도로 '극동공화국'이 세워졌다. 1930년대 후반 일본은 다시 소련 극동지역을 침공해서 1936년 훈춘전투, 1938년 하산전투가 발생했다.

그리고 1945년 8월 일본제국의 패배와 무장해제를 통해 사할린과 쿠릴열도의 북방 4개 섬이 소련 영토에 편입되어 오늘에 이르고 있다.

다른 관점에서 보면 20세기 전반기 연해주는 반제국주의·반군국주의 민족해방투쟁과 국제연대의 거점이 되었다고 할 수 있다. 먼저 연해주는 19세기 말부터 일제에 의한 병탄의 위협에 시달리던 조선인들의 본격적인 반제국주의 항일투쟁 무대로 변모했다. 의병운동에서부터 식민지 민족독립운동을 거쳐 1917년 이후 러시아혁명운동에 이 지역 조선인들이 적극적으로 참가하게 된 것이다.

1930년대는 파시즘의 국제정치와 고려인의 '강제 이주'가 이루어진 암흑의 시대였다. 이 시기는 유라시아대륙의 파시즘 시대였는데, 아시아의 일본 군국주의 체제 수립, 유럽의 독일 나치 체제(1933)와 스페인(1939년 프랑코 정권) 및 포르투갈(1932년 이후 살라자르 정권)에서 파시즘 정권이 들어선 것이다. 독일 파시즘 체제의 침략 위험에 직면한 소비에트 체제하 스탈린 체제는 내부 단결을 유지하기 위하여 자국 연방 내 접경지대 소수민족을 역사적 연고가 전혀 없는 먼 지역으로 분산, 격리 조치를 시행한 것이다. 이에 따라 1937년 고려인 17만여 명이 중앙아시아 지역으로 강제 이주했다. 이와 비슷한 조치는 일본군의 진주만 공격 직후인 1942년 미국 정부가 시행한 조치로, 자국 서부 해안 지역에 거주하던 12만여 명에 달하는 일본인이 강제로 이주했다.[9]

러일전쟁에서 패하고 러시아혁명 직후 일본군에 의해 극동·시베리아 지역을 점령당한 러시아는 드디어 1936년 '훈춘전투'에서 설욕했다. 일본 군국주의에 대한 소련의 승리는 국제 파시즘 시대 소비에트 사회주의공화국의 승리라는 역사적 의의가 있는 것으로 해석되었다. 1931년 만주를 점령, 이듬해 '만주국'이라는 꼭두각시 정부를 세운 일제는 1937년 중국의 본토 침략을 개시했다. 이처럼 아시아에서 제2차 세계대전의 발발은 유럽보다 빨랐던 것이다.

1940년대 후반에서 1980년대 후반에 이르는 40여 년 동안의 냉전기에 연해주 지역은 소련의 태평양 함대 기지로서 정치적·군사적으로 봉인되어 외부인의 출입이 금지되었다. 그리고 1990년대 탈냉전기에 접어들어 연해주는 다시 외부인에게 출입을 허용하고 2010년대 들어 동북아 지역의 국제도시로 발돋움하게 되었다. 코로나 사태가 도래하기 직전인 2018~2019년 사이 연해주 지역을 방문한 한국인은 한 해 20만~30만 명에 달했다. 외국인 방문객으로서 절대적인 수로는 중국인에 이어 2위였지만 인구 비례로 따지면 훨씬 큰 비중을 차지했다고 할 수 있다. 하지만 2022년 2월 우크라이나 전쟁의 발발에 따른 서방 측의 초강력 러시아 제재와 이에 맞대응한 러시아 당국의 조치로 인천공항에서 모스크바는 물론 블라디보스토크로 가는 항공편마저 중단되었다.

하지만 연해주는 국제적 갈등과 충돌 지점만은 아니었다. 동북아 지역 나라들의 역사가 공유되고 긴밀한 국제교류가 이루어지는 결절점의 역할을 수행한 시기도 있었다. 이 지역으로부터 한반도 북부에서는 멀리 구석기, 신석기, 청동기 시대 유적이 함께 발견되었다. 러시아 극동/태평양 연안으로부터 한반도 북부 함경도 웅기(선봉) 지역에서 1960년대 이루어진 발굴·조사에 따르면 유적 범위는 4,000m², 두께 4m에 구석기, 신석기, 청동기 시대의 유적층이 겹쳐 있다는 것이다. 구석기 유적으로는 찍개, 칼, 대리암 석기 등이, 신석기 유적으로는 흑요석 제석기, 뼈바늘 통, 빗살무늬토기 등이, 그리고 청동기 유적으로는 갈색 그릇, 붉은간丹塗磨研토기 등이 보고되었다.[10]

또한 연해주 지역은 한민족의 역사적 고토(698~)로서 고구려와 발해의 국제문물 교류가 육로와 뱃길을 통해 이루어진 곳이기도 했다. 지금은 크라스키노[11] 토성Краскинское городище으로 불리는 염주성鹽州城에서 당나라를 비롯한 대륙과 신라, 일본과 연결(727~926)되면서 교역이 이루어진 것이다. 연해주 하산은 고대 동북아의 해상 및 육상교통의 결절점으로서 중요한 문물을 교류하는 역할을 한 것이다. 문헌상 염주성은 발해 시대 62개 주 가운데 하나인 염주鹽州가 다스리던 곳으로 여겨지는데, 1960년대 소련 고고학자들에 의해 본격적으로 발굴되기 시작했다. 1990년대 이래 한국과 러시아 학자들의 공동발굴로 이어진 염주성은 성벽 둘레 1.38km, 내부 면적 12.6ha(약 36,800평)에 이르는 규모로 알려졌다. 내부에서 불교사찰, 온돌 등이 발견되었다.[12]

중세 600년 동안 연해주 일대는 인간이 아닌 자연의 시간이요, 문명의 침묵 시기였다. 발해가 멸망한 이후 여진족의 금나라 지배권역(1115~1234)으로 편입되었다가 이마저도 몽골의 침략으로 소멸했다.

근대에 들어와 연해주는 다시 국제적 교류지대가 되었다. 앞서 언급했듯이 1860년 베이징조약으로 러시아제국에 편입된 이 지역은 두만강을 경계로 조선(함경북도 웅기)-중국(길림성 훈춘)과 접경 마을을 이루고 있다. 19세기 중후반 거의 동시에 러시아인과 조선인들이 연추리/노보키옙스크(크라스키노)로 이주하여 다시 문명의 시간대가 이어지게 되었다. 이리하여 1937년 고려인들의 강제 이주가 이루어지기 전까지, 곧 19세기 후반에서 20세기 전반까지 70~80년 동안 연해주는 새로 이주한 한인과 러시아인들이 함께 어울린, 다민족 평화공존의 무대가 된 것이다. 서로 다른 인종(동양인-서양인)이 원주민-정복자 지배·복속 관계(충돌-전쟁)가 아닌, 동일한 이주민으로서 척박한 환경에서 상이한 문명의 협력 공간을 만든, 실로 희귀한 사례가 아닐 수 없다. 이 시기 한인들은 주로 군인과 경찰, 이제 막 이주한 초보 농부 등이 주류를 이룬 러시아인들에게 식량을 제공하고 선진 농사기술을 전수했으며, 러시아인들은 한인에 대한 정치적 보호와 치안을 제공한 것으로 보인다. 점차 시간이 지나면서 연해주가 자국 영토라는 의식이 강해진 러시아인들에 의한 한인 차별이 없지는 않았으나 전반적으로 평화로운 공존의 시기가 이어진 것이다. 1907년 이후 무너져 가는 조국으로부터 탈출하여 연해주에 정착한 조선인은 수십만 명에 달하게 되는데, 조선인의 대량 이주가 얼마나 줄을 이었는지 두만강 접경지대인 포시예트(지금의 하산)군 인구의 82%를 차지했다는 기록이 있다.

연해주: 접경지역 협력의 초점

연해주의 생태환경과 생태공원

한반도 바로 위, 러시아의 동남쪽 끝에 자리한 광역 행정구역인 연해주沿海州, Приморский край는 광활한 숲과 호수, 늪지와 농지를 보유하고 있다. 동부 해안이 태평양에 맞닿아 있는 연해주의 면적은 16만 5800km²로 남한의 1.6배 규모이고, 초지를 포함하여 농지면적이 293만ha로 남한의 1.5배이다.[13] 남북으로 길게 뻗어 있는 시호테알린Сихотэ-Алинь산맥의 남서부 절반이 연해주 영토의 대부분을 차지하며, 서쪽 국경을 따라 우수리Уссури강과 한카Ханка 호수 연안에 평야가 자리 잡고 있다. 남부에 있는 표트르대제만灣, Залив Петра Великого은 천연 입지 조건이 좋은 항구이다. 태평양으로 이어지는 바다 쪽으로 쑥 내민 반도에 연해주의 주도州都로서 행정·산업·교통의 중심지이자 시베리아철도의 시점/종점인 블라디보스토크시市가 있다.

대륙성 기후와 해양성 기후가 병존하는 연해주는 남북으로 길게 뻗은 지리적 조건 탓에 남부와 북부의 기온 차가 크다. 눈이 많이 내리는 겨울철 1월의 평균 기온은 남부 지방이 섭씨 -10도 전후, 북부 지방이 -20도 전후를 기록하고, 여름철인 7월의 평균 기온은 보통 섭씨 20도 내외이다. 연평균 강수량도 지역 편차가 심해 보통 600~700mm에 달하나 산간 지방에서는 900mm 이상을 기록하기도 한다. 두만강을 사이에 두고 한반도와 접하고 있는 하산지역은 여름철 잦은 홍수로 침수를 경험한다. 연해주의 식생은 타이가가 우세하고,

산림이 전체 영토의 약 79%를 차지하고 있어 풍부한 목재 자원을 보유하고 있다. 낙엽송, 전나무, 자작나무 등이 흔하고, 아무르호랑이와 극동 표범, 곰 등이 서식한다. 비옥한 우수리강 유역에서는 젖소, 육우, 순록 등이 사육되고, 곡물, 콩, 감자, 해바라기 등이 재배된다. 특히 농업용수가 풍부한 한카 호수 부근에서는 일찍이 고려인들이 개발한 농지에서 쌀이 생산된다. 동부 해안에는 철갑상어, 연어, 청어 등의 어업이 활발하다.

연해주 지역은 '러시아 극동 표범'이 서식하는 세계 유일의 지역이며, 러시아 최대의 '아무르호랑이' 서식지이다. 또한, 연해주 숲에서는 러시아 연방 영토 안에서 유일하게 산삼이 자라고 있기도 하다. 연해주 지역에서 생태환경을 보존하려는 노력은 1916년 최초의 야생생물 보존지역 지정과 함께 시작되었다. 연해주 정부는 2005년까지 야생생물 보존지역을 확대하는 것을 목표로 생태공원을 추진했다.[14] 이것은 러시아 연해주 당국이 북한, 중국 등과 국경을 이루고 있는 극동 러시아의 하산지구에 1만ha(약 3000만 평) 규모의 생태공원을 조성하는 친환경 산업 프로젝트이다. 일명 '표트르대제'로 불리는 이 프로젝트는 인근 해안을 포함한 총 1만ha 공원부지에서 사슴 수를 총 3000마리까지 늘리면서 현대적인 공법을 이용, 녹용을 생산하고 복합사료 공장, 유제품 생산, 산삼과 같은 약초 재배, 환경관광 사업 등을 동시에 추진하는 것이다. 또한 약효가 있는 수산물 및 해초 등을 생산, 지속적인 시장성을 갖도록 하는 계획까지 포함한 것이었다.[15]

또한 연해주에는 2012년 최초의 표범 국립공원이 지정되었다.[16] 세계자연보호기금[WWF] 러시아 지부가 러시아 지리학회 총회 누리집에서 밝힌 바에 따르면, 러시아 정부가 '표범의 땅' 국립공원으로 지정한 곳은 연해주 남서부로, 중국 및 북한과 국경지대를 포함하며 총면적은 북한산 국립공원의 33배인 26만 2000ha(약 7억 8600만 평)에 이른다. 여기에는 아무르호랑이(한국호랑이, 시베리아호랑이) 10마리도 서식지로 삼을 것으로 알려졌다. 사실상 한국표범의 마지막 서식지인 러시아 연해주 남부에 표범을 보호하기 위한 최초의 국립공원이 설립된 것이다. 이 공원은 표범 50마리가 서식할 수 있는 면적이며 표범의 번식지를 포함하고 있다. 연해주 생태계에서 중요한 기능을 하는 잣나무 원시림을 포함하고 있다. 이고르 체스틴 세계자연보호기금 러시아 지부장에 따르면 "지난 20년 동안 아무르표범의 서식지는 절반으로 줄었고 개체 수도 30마리만 남을 정도로 희귀해졌다"고 한다. 이 국립공원은 특별 허가를 얻어야만 출입할 수 있는 보리소프스코 고원을 포함한 3만ha의 핵심보호구역과 중·러 국경인 12만ha의 특별관리구역, 그리고 농장과 군사시설 등이 자리 잡은 3만 8000여ha의 경제개발구역, 생태관광과 휴양 등이 이뤄지는 7만 2000ha의 산림 등으로 이뤄져 있다. 러시아 정부는 이 국립공원에 연간 130만 달러의 예산과 시설투자비 1660만 달러를 투입할 예정이다.

또한 연해주 정부는 연방정부의 지원을 얻어 연중 관광 및 레크리에이션 생태 클러스터를 조성할 계획이다. 이에 따르면 하산지구를 중심으로 남부 지역에서 여러 국립공원을 결합, 기본 인프라 구축을 통해 관광의 접근성과 편리성 제고를 이룰 예정이다. 하산군에는 '표범의 땅' 생태공원 외에 '삼나무 골짜기 Кедровая падь', 극동 해양국립공원, 하산 생태공원, '야스노예 Ясное' 진흙 치료 공원 등이 있다.[17]

한편, 남한에서는 표범 포획에 관한 마지막 기록이 1970년 경남 함안군 여항산에서 잡힌 것으로 알려졌다. 한 표범 전문가에 따르면 일제강점기 한반도에서 1092마리의 표범이 잡힌 한반도는 '표범 왕국'이었다며, 이는 연해주에서 잡힌 표범 수가 1911~1914년 사이 매년 1~2마리, 1920년대엔 매년 2~3마리에 그치는 데서도 알 수 있다는 것이다. 매우 흥미로운 사실은 연해주에 표범이 살아남은 것은 스탈린 시대의 인구 소개疏開 정책, 그리고 1960년대 이후 소련과 중국의 분쟁 때문에 국경이 폐쇄되는 등 이 지역의 개발이 이뤄지지 않은 냉전의 산물이었다는 것이다.[18]

연해주의 문화·관광 잠재력

극동지역의 중심지 역할을 하고 있는 연해주는 유라시아 내륙과 태평양 연안을 연결하는 교통의 요충지이다. 시베리아횡단철도의 시작점이자 종착점이고, 주도인 블라디보스토크에서 북동쪽으로 38km 떨어진 곳에 국제공항이 있다. 또한 블라디보스토크를 비롯해 나홋카, 자루비노, 슬라비얀카 등 항구가 발달해 있어 한국, 중국, 일본 등 이웃 나라 여행객이 육로와 하늘길, 바닷길을 통해 연해주로 들어갈 수 있다. 한국의 인천공항에서 블라디보스토크 국제공항까지 항공편으로는 두 시간 남짓, 동해와 속초에서 자루비노와 블라디보스토크까지 뱃길로는 약 16~18시간이 걸린다. 바다 위에서 하룻밤을 묶어가는 뱃길이 훨씬 오래 걸리지만 연해주에 들어가서 자유롭게 여행하길 원하는 사람들이라면 개인 승용차를 배에 싣고 갈 수 있다는 장점이 있다.

연해주의 주도인 블라디보스토크는 그 자체로 아름다운 항구도시이고, 2012년 아시아태평양경제협력체APEC 정상회담 개최를 계기로 연결된 다리를 통해 쉽게 접근이 가능한 루스키섬은 이 지역이 품고 있는 진주라고 할 만하다.

21세기 들어 러시아 연방정부가 극동지방의 문화예술 분야 진흥을 위해 상당한 노력을 기울임으로써 이곳이 동북아 지역에서 러시아가 세계적 수준으로 자랑하는 고급 공연예술의 중심지로 부상할 가능성이 커지고 있다. 상트페테르부르크에 본관을 둔 마린스키 극장의 극동 분관이 2016년 블라디보스토크에 문을 열어 발레와 오페라 등 다양한 레퍼토리를 선보이고 있다. 나아가 미술 분야에서도 세계 3대 박물관에 속하는 에르미타주 박물관 및 트레챠코프 미술관이 2023년 개관 예정으로 준비 작업을 진행하고 있다. 이런 문화시설들이 완공되면 동북아시아 지역 수억에 달하는 인구가 연해주 전체의 생태관광과 더불어 블라디보스토크에서 수준 높은 문화예술 기행을 누릴 수 있을 것이다.

코로나 사태 직전까지 한국인들, 특히 젊은이들에게 연해주는 "두 시간 만에 가는 가장 가까운 유럽"이라는 구호로 각광을 받았다. 구체적으로 2014년 한국과 러시아 사이 무비자 제도가 시행될 때까지 한국인 방문객은 연 2만 8000명 수준이었으나 2019년에는 약 30만 명으로 급증했다. 러시아 당국의 추산에 따르면 블라디보스토크 전체 방문객의 약 32%가 한국인이었고, 그 가운데 20대 중반 여성이 압도적이었다. 이제 코로나 감염병에서 벗어나 일상을 회복했으니 루스키섬 일대의 해양스포츠와 한·중·일 세 나라와 러시아를 잇는 크루즈 항로도 활성화되고 그 뱃길이 장차 북극에까지 이를 수도 있을 것이다.

다른 한편, 세계적으로 세차게 불고 있는 '한류'가 연해주를 포함한 러시아 전역에서도 큰 인기를 누리고 있다. 2004년 5월 8일 블라디보스토크 지나모 경기장에서 열린 서태지의 첫 해외공연에 1만 5000명이 운집해 성황을 이루었다. 근래에도 블라디보스토크 시내 중심가인 아르바트 거리에서 한국 가요를 틀어놓고 춤을 추는 러시아 젊은 이들을 흔히 볼 수 있었다. 이는 과거처럼 러시아 고급예술의 한국 수용이라는 일방적 패턴에서 벗어나 한·러 양국 사이에 다소 세대 차이가 있지만, 쌍방 문화교류가 이루어지고 있음을 보여주는 사례이다. 앞으로 이런 기회를 보다 적극적으로 살려 나가면 상호 이해와 신뢰의 분위기를 조성하는 데 큰 도움이 될 것이다.

나아가 연해주에는 우리 한민족의 역사 유적이 곳곳에 널려 있다. 앞서 언급한 고대 발해성터는 물론 근대에 들어서는 1860년대 이후 고려인 이주사의 흔적, 그리고 19세기 말부터 1930년대에 이르는 항일투쟁의 자취가 블라디보스토크와 우수리스크, 하산 등지에 분포하고 있다. 국제 하천인 두만강 초소에서 이순신 장군이 여진족을 상대로 활동했던 유적지인 녹둔도에 관한 기록이 남아 있다. 따라서 연해주는 우리 젊은이와 기성세대에게 고단한 고려인 디아스포라의 유랑사 및 그들의 끈질기고 창의적인 개척사, 그리고 피어린 민족해방운동사를 통해 역사의식을 일깨우는 훌륭한 체험학습의 장이 되고 있다.

발상의 전환: 상호신뢰의 축적을 향하여

연해주와 그 일부인 하산은 유라시아 국가인 러시아의 영토가 태평양과 접하고 있는 극동의 남단이다. 러시아 연방정부가 추진하는 '신동방정책'의 초점이 블라디보스토크이고 하산은 두만강을 사이에 두고 한반도에서 가장 가까운 북방대륙으로 들어가는 입구에 해당한다. 이 지역은 또한 한반도 종단철도-시베리아 횡단철도-유라시아 대륙으로 연결되는 관문이자, 남·북·러 3자 협력, 또는 남·북·러·중 4자 협력 등 다자협력의 유망 지대이기도 하다.

세계적 수준에서 냉전이 해체된 1990년대 이전까지 19세기 중반에서 20세기 거의 내내 이 지역은 갈등과 대결의 지정학으로 특징지어졌다. 중국과 러시아, 러시아와 일본, 일본과 중국의 영토 분쟁이 발생했고, 사회주의와 자본주의의 이념적 대결이 극명하게 나타났다. 지난 30년 동안의 평화적 경제협력과 사회문화 교류는 적지 않은 성과를 내면서 이 지역 주민들을 좀 더 가깝게 만들었다. 그러나 2022년 2월 발발한 우크라이나 전쟁은 이 지역에까지 어두운 그림자를 드리우고 있다.

하지만 우리는 언제까지나 이런 갈등과 대결의 지정학에 묶여 있을 수는 없다. 이제는 상호 교류와 협력의 지경학, 교섭과 연대의 문명학으로 전환하는 과감한 비전과 전략을 제시하고 그에 상응하는 정책과 운동을 지속적으로 펼쳐야 한다. 비록 연해주가 현실적으로는 동북아시아 개별 국가들의 안보 요충지이지만, 우리의 목표는 국제적인 평화협력지대를 지향해야 한다. 또한 이념적으로도, 정치 지도자들의 정략이나 단순한 민족 감정에 의해 휩쓸리기 쉬운 민족주의·국가주의에서 벗어나 국제적인 지역협력, 나아가 지역통합이라는 원대한 포부를 품어야 한다. '현실'은 변화하는 것이고, 우리의 상상력과 노력에 따라 그 수준과 시기가 결정될 것이다.

전략적으로 한국은 동북아 및 유라시아 평화외교와 경제협력 관점에서 북방정책을 추진해야 한다. 그것은 러시아의 신동방정책, 중국의 일대일로 정책에 대한 건설적·호혜적 대안을 제시하는 방향에서 이루어져야 할 것이다. 그간 역대 정부가 보여준 것처럼 상대방 국가들에 대한 일방적 자기 이익 투사에서 나아가 호혜적 외교와 협력의 길과 정책을 제시하여 상호신뢰를 축적해나가는 끈질긴 노력이 필요하다.

이런 점에서 한국의 북방공공외교가 매우 중요하다.[19] 그것은 기본적으로 동북아/유라시아 지역에서 국제공공재 창출—그 목적지는 동북아공동체와 유라시아협력체가 되는—의 지향을 그 정체성으로 설정해야 할 것이다. 구체적인 프로그램으로서는 동북아공동체 형성의 이론적 기초와 구현 전략을 공동으로 연구할 국제기관[20]의 설립, 동북아/유라시아 지역 평화·경제포럼의 주기적 개최, 극동·시베리아 지역 공동개발을 위한 동북아(한·중·러·일) 컨소시엄 구성, 북·중·러 3국 접경지대의 평화·번영지대 제안, 동북아 청(소)년들의 체험캠프(공동학습과 협동놀이, 창업경진대회 등), 유라시아 청년축전(영화제, 가요제, 전시회, 스포츠대회 등)의 주기적 개최 등을 제안할 수 있을 것이다.

한국은 강대국의 압박에 주눅 들고 눈치만 보는 추종 외교에서 벗어나 과감한 비전을 제시하고 전략적 이니셔티브를 통해 동북아와 유라시아 지역을 더 평화롭고 함께 번영하는 지대로 만드는 데 앞장설 필요가 있다. 한반도 분단 체제는 국제정치와 냉전 체제의 산물이므로 우리야말로 이런 구체제를 탈피하는 데 가장 큰 목소리를 내기에 적합한 국제적, 윤리적 자격이 있다.

그러한 지적 이니셔티브를 행사하는 데 사상적 바탕이 될 자원으로서 우리는 안중근의 '동양평화론'[21]의 비판적 재해석을 시도해볼 수 있다. 안중근의 '동양평화론'은 20세기 초반 한국인 최초의 국제평화론으로서, 동아시아 평화공동체, 평화경제공동체에 대한 선구적 주장이라는 점에서 역사적 의의가 있다. 그가 제시한 화두가 한 세기가 지난 지금도 여전히 우리가 가야 할 길로 남아 있기 때문이다. 하지만 그의 동양평화론은 몇 가지 근본적인 한계를 안고 있다. 의병운동 출신으로서 안중근의 저술에 도덕 감정과 명분을 중시하는 유교적 지식인의 면모가 보인다는 점을 굳이 한계로 지적하지 않더라도 말이다. 비록 일제의 감옥에서 저술되었다는 점을 고려하더라도, 일본 제국주의 논리가 상당히 반영되면서 동양적 인종주의에 심취되어 있다는 점, 근대 제국주의의 위계와 동맹 논리에 대한 이해가 결여되었다는 점, 그리고 당시 영국·중국·일본이 합동으로 선동한 러시아 혐오 및 공포증인 '루소포비아'에 깊이 감염되어 있다는 점 등이 그것이다.

다른 한편, 동북아의 평화적 공존과 유라시아의 공동번영을 지향하는 우리의 활동에서 주목해야 할 대상이자 주체가 바로 19세기 중반 이후 연해주와 시베리아 등지로 확산했다가 1990년대 이후 다시 자신들의 역사적 고향으로 돌아오고 있는 고려인 디아스포라이다. '고려인'으로 불리는 그들은 러시아 시민으로서, 러시아어와 러시아 문화에 익숙하다. 그들을 단지 변방의 소수민족이자 경계인으로서만 대할 것이 아니라 한국과 러시아, 한국과 중앙아시아 등 동북아공동체, 나아가 유라시아협력체 건설의 주체가 되는 국제인으로 바라보는 시각과 지원 정책이 필요하다는 것이다.

마지막으로 필자는 동북아공동체와 유라시아협력체 건설의 미래가 바로 청년·학생들의 어깨에 달려 있기 때문에 이 지역 젊은이들이 주기적으로 함께 만나서 국제적 우정을 쌓고 호혜적 협력을 통해 편협한 민족주의, 국가주의를 넘을 수 있는 계기를 마련하는 '동북아/유라시아 청년·학생 캠프 구상'[22]을 제시하고 싶다.

2

유럽의 접경지역에서
한반도의 미래를 보다

김영찬[1]
(인천대학교 통일통합연구원 객원연구원)

분단 시절 동서독 간에는 장벽에도 불구하고 사람, 물자의 교류를 위한 여러 통로가 열려 있었다. 통독 30여 년이 지난 지금 장벽이 있던 자리는 흔적과 기억으로 남아 있다. 유럽 차원에서는 전후 단계적으로 통합이 추진되어 1993년에 단일시장이 출범하고 1999년에는 공동통화인 유로화가 도입되었으며 솅겐조약으로 국경을 통과할 때의 제약도 거의 사라졌다. 이전에는 변방이던 접경지역 도시 간에 다양한 형태의 초국경 경제·생활권이 만들어지고, 높은 수준의 협력이 시도되고 있다. 경계가 갖는 분리와 접점의 기능 중 협력과 연결, 기회의 땅으로서 접점의 의미가 커지고 있는 것이다. 독일 통일, 유럽통합의 경험을 보며 남북한 간에 교류가 재개되고 DMZ가 흔적으로 기억되며 압록강·두만강변에 바젤, 스트라스부르 접경지역과 같은 초국경 도시들이 발전하는 모습을 그려본다.

우리와 너무도 다른 유럽의 접경에서

독일이 아직 분단되어 있던 시절 서독의 프랑크푸르트 공항을 떠나 동독 영공을 통과해 도착한 서베를린에서 브란덴부르크 문을 마주했을 때, 독일이 통일되고 유럽의 통합이 본격화되던 무렵에 차를 몰고 옛 동독 지역으로 들어서고 별다른 통제 없이 프랑스, 네덜란드의 국경을 넘었을 때, 그리고 체제전환 초기에 있던 폴란드 크라쿠프와 헝가리 부다페스트역에 기차로 접근할 때의 설렘을 아직도 잊지 못한다.

독일이 통일된 지 어느새 30년이 넘었고 동서독 분단의 경계는 흔적으로 남아 있다. 이 사이 유럽에서는 EU 단일시장이 출범하고 셍겐지역에서는 국경을 넘을 때 여권 검사가 사라졌으며, 중동부유럽 체제전환국들이 EU에 가입했고 단일통화 유로화가 도입된 지도 20년이 훌쩍 넘었다. 이제 고속도로에서는 속도를 줄이는 일 없이, 일반 도로에서는 옆 나라로 들어서는지 의식하지도 못하는 사이에 국경을 넘으며, 같은 생활권·경제권이 된 옆 나라 도시로 출퇴근하거나 쇼

평하러 가는 일이 일상이 되었다. 유럽을 여행하는 우리도 여권을 보여주거나 환전하는 일 없이 국경을 넘는 데 익숙해졌다.

유럽은 많은 나라가 국경을 맞대고 있어서 나라 간 도로 연결이 일상적이고 주요 간선망은 E-road 시스템에 의해 E1, E2 등으로 번호가 매겨져 있다. 북쪽 스웨덴에서 덴마크-독일-이탈리아를 종단하는 E45번의 뮌헨 통과구간에는 독일 고속도로 번호 A9와 E45가 병기되어 있다. 우리나라에서도 AH1·①, AH6·⑦ 등의 도로표지판을 볼 수 있는데 한반도를 통과하는 아시안 하이웨이 간선망과 국내 도로 번호를 같이 표시한 것이다. AH1은 아시안 하이웨이 중 가장 길며 일본에서 시작해 한국의 서울·파주와 평양·신의주를 지나 중국, 동남아, 인도, 이란 등을 거쳐 터키까지 이어진다. AH6은 부산에서 출발해 남북한 동해안을 거친 후 나진·선봉의 선봉을 지나 러시아 하산, 블라디보스토크를 경유해 모스크바까지 이어진다. 그러나 금강산, 개성에 갈 때 짧게나마 이어지던 남북 간의 AH1, AH6을 이제는 파주 도라산 전망대, 고성의 통일전망대에서 더는 가지 못한다.

우리는 유럽 여행에서 별다른 절차 없이 국경을 넘나드는 일을 자연스레 여기면서 우리나라에서는 북쪽으로 가는 길이 막혀 있는 상황은 무심하고 어쩌면 당연한 듯 받아들이고 있는 것은 아닐까. 분단 이전 오랜 역사에서 중국이나 러시아로 육로가 연결되어 있었고 손기정 선수가 베를린 올림픽에 출전할 때, 독립운동가들이 만주로 떠날 때 기차로 국경을 넘었다는 사실을 잊고 지내는 것은 아닌지 모르겠다.

경계border는 분리와 접점의 양면적 기능을 지닌다고 말한다. 분단 시절 동서독의 경계에는 어느 정도 열린 지점이 있었고 유럽에서는 접점의 기능이 강해지고 있다. 그러나 우리에게 경계는 개성과 금강산이라는 특수한 연결망이 사라지면서 분리의 이미지로 굳어지는 것 같다. 가끔 들려오는 북·중 접경에서의 소식, 나진·선봉 이야기, 두만강 지역 개발계획GTI이 그저 먼 곳의 이야기로 전해질 때면 지리적 여건이 가져오는 사고의 제약이 두렵기도 하다.

유럽 외에 다른 지역에도 무수한 접경이 존재한다. 그런데 이 글에서 유럽의 접경을 대상으로 하는 것은 많은 국가들이 뚜렷한 지향점을 가지고 제도적으로 실질적 통합을 진전시키고 체제전환국들을 EU에 받아들였으며, 다양한 방식으로 국경을 넘는 공동경제권·생활권을 모색하고 있어서이다. 그리고 개인적으로 익숙한 지역이기 때문이기도 하다. 필자는 한국은행에 근무하면서 통독 직전 및 직후, 유로화 도입 및 유럽 재정위기 기간 등에 독일연방은행 연수, 독일 대학에서 독일 통일의 경제적 측면 연구, 독일과 유로존의 경제 분석을 주 업무로 하는 프랑크푸르트사무소에서의 두 차례 근무 등을 통해 변화하는 독일과 유럽의 모습을 현장에서 지켜보았다. 이어서 대외경제정책연구원KIEP 재직 시에는 경제통합 분야의 연구를 계속하고 동독 지역에 있는 할레Halle연구소와 진행한 공동연구에도 참여했다. 그리고 EU 경제를 전공으로 박사 과정을 마쳤다.

다음에서는 동서독을 포함한 유럽 접경의 변화와 통합의 진전, 유럽 접경에서의 다양한 협력 형태와 실제 사례를 살펴본 후 우리에게

주는 시사점을 이야기하기로 한다.

유럽 접경의 변화: 동서독 통일과 유럽의 통합 진전

1987년 첫 대면의 충격

1987년 5월, 처음 해외로 나간 곳이 통일 전의 서독이었다. 프랑크푸르트에 있는 독일의 중앙은행인 독일연방은행(도이체 분데스방크 Deutsche Bundesbank)이 초청한 넉 달간의 연수에 참여하기 위해서였다. 여행 자유화가 이루어지기 이전이고 동서 냉전 시절이어서, 특히 유럽으로 가는 길은 멀었다. 중국이나 러시아 영공을 통과할 수 없었기 때문에 알래스카에서 중간 기착하는 북극 항로를 거쳐 18시간 만에 프랑크푸르트에 도착했다.

참가자들이 기본적인 독일어 능력을 갖추었으나 연방은행은 연수의 효율화를 위해 2개월간 독일어 연수를 받도록 했다. 배정받은 괴테어학원이 있는 곳은 뮌헨에서도 남쪽으로 더 내려간 킴제 호숫가의 프린Prien am Chiemsee이라는 아주 작은 도시였다.

프린에서 옆 나라 오스트리아의 잘츠부르크까지는 기차로 30분남짓 걸렸다. 당시에는 국경 통과가 지금처럼 자유롭지는 않았지만, 기차역을 빠져나갈 때는 여권을 보여주는 정도의 형식적인 절차만있었다. 처음으로 육로를 통해 국경을 넘는 경험에 긴장하기도 했지만, 너무 간단한 절차에 허망하기조차 했다. 유레일패스를 가지고 간

덕분에 주중에 수업이 끝나면 잘츠부르크로 건너가 산책을 하기도 하고 주말에는 여러 나라를 돌아다녔다. 조금 지나자 기차 타고 별 절차 없이 국경을 넘는 일이 당연한 일인 듯 익숙해졌다. 그리고 당시에는 몰랐지만 1987년에 유럽에서는 단일의정서를 통해 상품·서비스·노동·자본의 자유로운 이동을 내용으로 하는 단일시장의 출범(1993)을 결정해 놓고 있었다.[2] 여권을 발급받는 일 자체가 어렵던 시절에 그때 유럽의 모습은 비현실적으로 느껴졌다.

프랑크푸르트 연방은행 본점의 모든 부서를 돌아보는 연수 과정에는 지역본부 방문도 포함되어 있었는데 분단국 출신에 대한 배려로 서베를린에서 일주일을 보냈다. 베를린 장벽은 동베를린 쪽에서는 접근이 불가하지만 서쪽에서는 얼마든지 다가갈 수 있었다. 벽화가 많은 것은 그 때문이다. 장벽 근처의 망루에 올라가 동베를린을 볼 수 있었고 동베를린으로 가는 관광버스들이 줄지어 있던 모습도 기억난다.[3] DMZ의 엄중함을 떠올린 대한민국 사람에게 그 모습은 낯설었다.

동서독 분단에서 동독 한가운데 섬처럼 있던 서베를린의 존재는 매우 특별하다. 평양의 반쪽이 대한민국에 속한다면 어떠할까를 상상하면 이해가 될 것이다. 서독은 서베를린의 위상을 유지하고 교통로를 유지하는 데에 많은 힘을 쏟았다. 1961년에 동독에 의해 베를린 장벽이 설치된 후 1963년에 서베를린을 방문한 케네디 대통령이 공산권 한복판에 외롭고 위태롭게 놓인, 그러나 자유의 보루 역할을 하고 있는 베를린의 시민들을 향해 "Ich bin ein Berliner(나도 베를린 시민이다)"라고 한 말은 그래서 각별하다. 1989년 베를린 장벽의 붕괴가 그처럼 극적이었던 것도 그것이 분단 전 독일의 수도 한복판에서 일어났기 때문일 것이다.

동서독 통일: 흔적으로 남은 분단

통독 30년

1992년 가을부터 2년 반 동안 독일 대학에서 통일의 경제적 측면에 관해 연구할 기회가 있었다. 통일 2년을 맞은 독일은 희열의 시간이 지나고 현실적인 문제가 불거지는 어수선한 분위기였다. 그 후 동서독 지역 간 통합의 과정을 지켜보는 가운데 어느새 통일 30년이 지났다. 최근 독일 정부의 통합에 대한 평가는 "많은 것을 이루었지만 아직도 많은 일이 남아 있다"라는 말로 요약된다.[4] 남북한 관계가 교착상태에 빠져 있는 우리의 입장에서, 이미 30여 년 전에 평화적 통일을 이루고 경제통합에서도 '많은 것을 이룬' 독일이 부러운 것은 어쩔 수가 없다. 이제 동독 지역의 생활수준은 크게 높아졌고 양독 지역 간의 격차는 좁혀졌으며 동베를린, 드레스덴, 라이프치히에서 통독 직후의 음울한 모습을 떠올리기는 쉽지 않다.

분단 시절 동서독의 연결

서베를린에서 장벽 접근이 쉬웠다고 했지만 분단 시절 동서독 간에는 서베를린 전체와 내륙 경계 1393km에 전기철조망, 지뢰밭, 감시탑과 벙커, 자동발사장치, 차량방벽 등이 설치되어 있었다. 동독 주민들의 접근이나 탈출을 막기 위해 동독이 만든 장치들이었다.[5]

그렇지만 사람, 물자의 교류를 위해 항공, 도로, 철도, 해로는 다양하게 열려 있었다. 서독 정부는 통과로 유지에 많은 노력을 기울였으며 특히 서베를린과의 연결이 중요했다. 양독 간 통행과 관련해 동서독 간에 '통행협정'을 맺고(1972), 서독은 동독 지역에서의 도로 통과료 및 개보수대금 등을 지원했다.

항공의 경우 1945년 전승 4개국의 결정에 따라 서독의 함부르크, 하노버, 프랑크푸르트에서 서베를린을 연결하는 3개의 항로, 공중회랑air corridor이 설정되었다. 폭, 고도, 항공기 기종 등이 엄격히 제한되고 연합국의 항공기만이 운항할 수 있었지만[6] 1948년 6월 소련이 거의 1년간 베를린을 봉쇄했을 때 연합국이 베를린 공수작전을 통해 물자를 공급하고, 필자가 프랑크푸르트에서 항공편으로 서베를린으로 갈 수 있었던 것은 이 때문이다. 육로와 수로는 10개의 국경통과도로(4개는 고속도로, 6개는 국도), 8개의 국경통과철도, 2개의 내륙운하가 개설되었다. 한편 동·서베를린 간에는 8개의 통과로가 개설되었다.[7]

이들 연결로를 통해 동서독 간에는 상당 정도의 물적, 인적 교류가 있었다.[8] 먼저, 내독 간 교역이라고 표현되는 동서독 간 교역은 통일 전까지 꾸준히 증가했다. 거래규모, 물품인도가격, 물품목록, 청산계정과 대금결제방법 등은 1949년의 프랑크푸르트협정과 1951년 개정된 베를린협정을 통해 구체적으로 규정되었다.[9]

양독 간 상품 및 관련 서비스 거래의 지급결제는 일정 기간 거래

총액의 차액만을 결제하는 청산 방식으로 이루어졌으며 자금부족 시를 위한 대월제도인 스윙이 활용되었다. 그리고 동서독 간 교역은 내독 간 거래로 취급되어 남북한 교역에서와 마찬가지로 수출입 대신 반출(동독으로의 판매), 반입(동독으로부터의 구입)이라는 용어를 사용했다. 동서독 간 교역은 꾸준히 늘어났지만 서독의 전체 상품교역액 중 대동독 비중은 장벽 붕괴 직전인 1988년의 경우 1.3%에 불과했다. 반면 동독의 경우는 대 서방교역 중 서독의 비중이 50%(1988)에 달했다. 내독 간 교역은 서독에 있어서는 동서독 연결, 서베를린 접근 보장이라는 정치적 의미가, 동독에는 경제적 의미가 더 중요했다고 할 수 있다.[10]

내독 교역의 운송수단별 수송분담율(1985~1989)은 도로교통망이 64.3%로 가장 높았고 철도교통망이 29.6%, 그리고 내륙수상교통 및 해상교통수단은 각각 3.8%와 0.6%에 불과했다. 통관지점은 동서독 접경 전역에 고루 걸쳐 있어서 동서독 지역을 상호 연결하는 역할을 했다.[11]

한편 동서독 간 인적 교류는 분단에서 통일에 이르는 기간 동안 정치·경제·사회적 상황, 양독 관계, 동·서 블록 관계 등에 따라 적지 않은 굴절을 거듭했지만, 양적·질적 측면에서 대체로 확대·발전하는 모습을 보였다. 1986년 동독 주민의 서독 방문은 200만 명에 달했으나 서독으로 가도 타격이 없다고 생각한 연금수혜자가 176만 명으로 대부분이었다. 동독을 방문한 서독 주민 수는 674만 명이었는데 베를린 경유 1일 방문이 115만 명, 서베를린 주민이 180만 명으로 상당

수를 차지했다. 통독 직전 동독의 인구가 1640만 명, 서독이 6210만 명이었던 점을 고려하면 중복 방문을 고려하더라도 큰 수치였다고 할 수 있다. 동서독 주민들의 접촉과 상호 방문은 양 체제를 비교할 수 있는 직접적인 계기를 마련했다. 통일 이후 사회·문화적 갈등이 노정되기는 했으나, 분단 시기 인적 교류는 양독 간 문화적 이질성을 최소화하는 데에도 적지 않게 기여했다고 할 수 있다.[12]

분단의 흔적

이제 동서독 분단은 거리의 흔적과 기억으로 남아 있다. 브란덴부르크문 아래를 통과하면 통일의 감동을 되새길 수 있고 베를린 시내를 걷다 보면 '장벽이 있던 자리Berliner Mauer(1981~1989)'라고 표시된 보도블록을 볼 수 있다. 장벽 1.3km를 남겨 만든 야외 '장벽박물관 The Wall museum, East Side Gallery'은 관광명소가 되어 항상 붐빈다. 동·서베를린 간 검문소였던 체크포인트 찰리는 기념 포토존이 되었다.

동서독 지역을 잇는 A2, A4 고속도로에서는 '여기가 동서독 분단선이었다'라는 표지판을 만날 수 있다. 가장 활발한 통관지점이었던 A2 고속도로 접경의 서독 쪽 헬름슈테트Helmstedt에는 접경박물관이, 마주한 동독 쪽 마리엔보른Marienborn의 통과검문소가 있던 자리는 독일분단기념관으로 변했다. 동서독 접경 1393km는 그뤼네스 반트 Grünes Band, 즉 '녹색 띠' 지대로 다시 태어났다. 폭 50~200m에 총면적 177km² 로 그 규모가 독일에서 가장 크고 독일 전역을 가로지르는 생태공원이 되었다.[13]

그리고 독일은 유럽의 동서, 남북을 잇는 요충 교통망이 되었다. 동독 지역 고속도로에서는 동구권 국가 차량번호판을 단 수많은 트럭의 행렬을 볼 수 있다.

유럽의 통합 진전: 사라진 국경

통합 과정

유럽 여행은 쉬워졌지만 유럽, 유럽연합^EU을 이해하는 것은 여전히 어렵다. 영국의 탈퇴로 많은 관심을 받았지만 유럽의 어느 나라가 EU에 속하는지, 유럽집행위원회 같은 초국가적인 기구들이 무엇을 하는지, 어떻게 많은 나라가 유로화를 공통으로 사용하고, 이웃 나라 도시로 출퇴근하거나 물건을 사러 다닐 수 있는지, 왜 우리는 독일이나 프랑스가 아닌 EU와 FTA를 맺는지, 우리는 어떻게 유럽에서 여권검사 없이 다른 나라로 이동할 수 있는지, 조금만 들여다보면 궁금한 것이 한둘이 아니다.

그들이 지금처럼 자유롭게 이동하고 EU 차원의 초국가적 기구를 두고 같은 돈을 쓰는 것은 저절로 된 일이 아니라 오랜 노력의 결과물이다. 전후 서유럽은 지속적인 평화를 유지한다는 목표로 통합을 추진했다. 통합의 첫 단계로 1951년, 전쟁에 필수적인 철강과 석탄의 공동관리를 목적으로 '유럽철강석탄공동체^ECSC'14가 탄생했다. 1957년에는 로마조약 체결로 '유럽경제공동체^EEC'15가 출범하면서 자유무역지대^FTA가 성립되었다. 1967년에는 유럽공동체^EC 출범으로 관세

동맹이 형성되었다. 관세동맹은 비회원 지역에 대해서는 단일 대외 관세[16]를 부과하며 동맹 지역 내 한 나라를 통해 통관된 수입상품은 이후 다른 동맹국가로 국내에서처럼 이동할 수 있다. 우리나라가 개별국가가 아닌 EU와 FTA를 맺는 것은 이 때문이다. 그리고 1993년에는 유럽 단일시장이 출범해 상품·서비스·자본·노동이 역내에서 자유롭게 이동하게 되었다.

한편 독일 통일과 뒤이은 동서 냉전의 붕괴를 계기로 유럽의 통합은 깊이와 폭에서 한 단계 도약하게 된다. 마스트리히트조약을 통해 EC는 EU로 전환되었는데 EU는 집행위원회, 이사회, 사법재판소, 유럽중앙은행 등 입법, 행정, 사법, 통화정책에 걸친 초국가적 기구를 두고 있으며 공동체의 법규인 규정^{Regulation}, 지침^{Directive}, 결정^{Decision}을 통해 회원국 국내법에 직접적으로 영향을 미친다. 셍겐조약으로 역내 이동은 한층 자유로워졌으며 유럽중앙은행이 단일통화 유로화를 사용하는 유로존의 통화정책을 관장한다.

로마조약 당시 6개국이던 회원국 수는 북유럽, 남유럽에 이어 중동부 유럽 체제전환국가들을 차례로 받아들이면서 EU 회원국은 28개국으로 늘어났다가 영국의 탈퇴로 지금은 27개국이다. 글로벌 금융위기, 유럽 재정위기 시에 유로존의 붕괴 우려 등 위기도 있었으나 이를 계기로 금융통합 진전, 재정규율 강화, 유럽구제기구의 설치 등으로 통합이 강화되었다.

마스트리히트, 솅겐조약

이 중 통합 과정의 정점은 마스트리히트조약을 통한 유로화의 도입과, 솅겐조약으로 이뤄진 이동의 자유화라고 할 수 있다. 전후 유럽에서는 여러 환율제도를 거치면서도[17] 회원국 간의 환율변동 폭은 기본적으로 1~2%대로 제한되었다. 일찍부터 논의된 단일통화 추진 시도는 몇 차례 무산되었지만 독일 통일을 계기로 급진전했다. 통독 직후인 1992년 조인된 마스트리히트조약에 의해 1999년에 유로화가 우선 장부상 통화로 도입되었고[18] 유럽중앙은행ECB이 통화정책 권한을 행사하게 되었다. 2002년 1월 1일부터는 지폐와 주화가 통용되기 시작했다.

유럽인들뿐 아니라 여행객들도 이웃 나라로 갈 때 환전료가 없어지고 가격 비교도 훨씬 쉬워졌다. 유로화 초기에는 특히 독일에서 강력한 통화였던 독일 마르크화에 대한 향수도 있었지만,[19] 유럽의 젊은 층에게 유로화 이전의, 각국이 각자의 통화를 사용하는 상황은 상상하기 어려울 것이다. 현재 유로화를 사용하는 나라는 EU 27개국 중 20개국에 달한다. 한·중·일과 아세안 국가가 하나의 돈을 사용하고 한 중앙은행이 이 지역의 통화정책을 관장한다고 생각하면 얼마나 큰 진전인지 가늠이 될 것이다.

한편 국경검문소의 폐지와 공동비자정책을 내용으로 역내 이동의 자유화를 지향하는 솅겐협정이 1985년에 독일, 프랑스와 베네룩스 3국을 시작으로 체결되고 1995년부터 시행되었다. 현재 솅겐 지역은 유럽연합회원국 중 22개국과 비EU 국가 중 스위스 등 4개국을 포함한 26개국으로 구성된다. 우리가 독일 프랑크푸르트나 프랑스 파리에 도착한 후 이탈리아나 스페인으로 갈 때 별도의 여권검사를 받지 않는 것은 이 조약 때문이다.[20]

이동이 자유롭고 편리해지고, 직접적인 가격 비교가 가능해지면서 좀 더 싸게 사려고 이웃 나라로 가는 일도 흔해졌다. 재미있는 이야기로, 스트라스부르 사람들은 라인강 건너 독일 땅으로 담배를 사러 가며, 독일 사람들은 룩셈부르크에서 자동차 연료를 채운다. 독일 국경과 가까운 룩셈부르크 도로에는 주유소가 줄지어 있는데 전체 주유소 중 60%가 국경 근처에 있으며 총판매량의 5분의 1 정도만 국내 소비용이라는 분석도 있다.[21]

위에서 마스트리히트조약과 셍겐조약은 조약이 맺어진 도시의 이름을 딴 것이다. 마스트리히트Maastricht는 독일, 벨기에와의 접경에 있는 네덜란드의 도시로 마스강가의 유서 깊은 중세도시이다. 셍겐Schengen은 룩셈부르크에 있는 아주 작은 마을로 독일 프랑스와 바로 접해 있다. 모젤강가에 자리한 셍겐조약을 기념하는 '유럽박물관European Museum Schengen'에서는 걸어서 잠깐이면 프랑스, 독일로 갈 수가 있다. 두 도시의 위치 자체가 통합과 관련해 상징적이다.

유럽 통합의 아버지로 일컬어지는 장 모네는 유럽 통합의 기초로 제도적 틀을 강조했으며 위에서 본 것처럼 유럽은 오랜 기간 차근차근 제도의 틀을 다지며 통합을 심화해 왔음을 알 수 있다.[22]

유럽 접경지역에서의 협력

접경의 기능 변화

유럽은 국가가 많은 만큼 접경도 많다. 인접한 이웃 나라 도시들과 전통적으로 물적·인적 교류가 있었지만 그동안 크게 진전된 제도적 통합은 접경지역에서의 협력을 더욱 촉진하고 있다. 국경이 사실상 의미를 상실하고 옆 나라의 도시들과 한 생활권을 이루면서 접경의 의미가 크게 변화하고 있는 것이다.

경계는 분리와 접점의 제공이라는 양면적인 기능을 해왔는데 글로벌화의 가속화, 지역통합의 강화 그리고 초국가적 기구의 확립으로 전통적인 경계의 역할에 근본적인 변화가 일어났다. 접경지역은 그간 대체로 변방에 위치하면서 소외된 경우가 많았으나 지리적 근접성과 상호보완성을 바탕으로 협력과 통합의 장소로 새롭게 성장하고 있다는 것이다.[23] 또한 "경계도시들이 그 나라의 중심부에서 떨어져 있고, 다른 나라와의 경계에 위치했다는 불안감으로 인해 발전에서 소외되어 온 경우가 많았지만 이제 유럽에서는 통합의 진전으로 이동이 자유로워지고 같은 돈을 쓰는 가운데 접경지역에 대한 EU 차원의 지원이 이루어지면서 접경에 위치한다는 것이 장애가 아니라 자산으로 인식되고 있다"는 것이다.[24]

접경지역 협력 현황

한 분석에 따르면 EU 영토의 40%가 접경지역으로 유럽인 3명 중한 명이 접경지역에 살며, EU 내부의 국경은 2만km에 달하고 매일 200만 명이 국경을 넘어 출퇴근한다고 한다(MOT, 2017, p. 8).[25] 접경지역의 면적과 거주 인구는 산출방식에 따라 달라질 수 있겠지만 광범위한 지역과 인구가 속해 있는 것은 사실이다. 따라서 접경지역에서의 협력과 발전은 EU의 중요한 과제라고 할 수 있으며 많은 연구가 이루어지고 있다.

유럽에서 어느 정도 협력이 체계화되고 규모가 있는 초국경 접경지역 혹은 협력구조를 부르는 용어는 메트로보더Metroborder, 유로디스트릭트Eurodistrict, 연합도시Conurbanation, Agglomeration, 유로리전Euroregion 등으로 다양하다. 우리나라의 부·울·경(부산, 울산, 경남) 메가시티가 이웃 나라 도시와 만들어지는 것으로 비유할 수 있는데 연구기관에 따라 개념, 해당 지역의 수가 다르며 중복되기도 한다. 이하에서는 필자가 파악한 범위 내에서 간략히 설명하기로 한다.

먼저 그림 1은 MOT가 제시하는 연합도시의 분포도인데, 초국경 협력지역을 직관적으로 볼 수 있다. 연합도시는 국경을 넘어서는 도시 간 네트워크로 그동안 수도권과 떨어진 변방으로서 불리한 경우가 많았으나 이제는 유럽 혹은 국가정책과 입법의 수렴을 위한 실험실로서 21세기 유럽의 상징이라고 평하고 있다. MOT는 37개의 연합도시를 제시하고 있는데 지도를 보면 벨기에-룩셈부르크-프랑스-독일의 접경지역인 '대접경지역Greater Region', 독일-프랑스-스위스의 접경지역인 '라인강 상류지역Upper Rhein'에 주로 분포된 것을 알 수 있다.[26]

[그림 1] 초국경 연합도시

자료: MOT, map on cross-border agglomerations in Europe

EU 산하의 연구 네트워크인 ESPON은[27] 과거 국경이 장벽으로서의 성격이 강할 때 접경지역들은 메트로폴리탄 지역이 되기 어려운 것으로 인식되었으나 국경이 자유화되면서 모든 접경지역에서 역동적인, 특히 메트로폴리탄적인 발전이 나타났다고 분석하고 있다. 메트로보더Metroborder, 즉 '중심점이 여럿인 초국경 메트로폴리탄 지역'[28]은 유럽에서 새로이 부상하는 현상이며 큰 발전 잠재력을 가지고 있다는 것이다. ESPON은 이들 초국경 메트로폴리탄 지역 15개를 선정하고 위의 연합도시에서와 마찬가지로 이들이 주로 대접경지

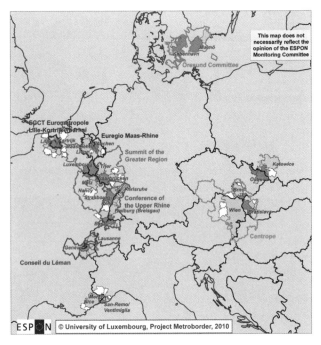

[그림 2] 메트로보더 지역

자료: ESPON, 2013, p. 8.

역과 라인강 상류지역에 집중되어 있다고 보았다(그림 2).

유로디스트릭트Eurodistrict는 법인으로 제도화된 수준의 협력 장치를 갖는 접경지역으로 의사결정기구assembly와 사무국을 두고 있다. 2003년, 프랑스-독일 간의 화해 협력조약(엘리제조약) 40주년을 기념해 프랑스의 스트라스부르Strausbourg와 라인강 건너 독일 도시 켈Kehl 간의 유로디스트릭트 창설 선언이 있었고 2005년에 독일 쪽 지역을 좀 더 포괄적으로 포함한 '스트라스부르-오르테나우Ortenau 유로디스트릭트'로 출범했다(그림 4 참조). 현재 '바젤 3국 유로디스트릭트

TEB: Trinationaler Eurodistrict Basel' 등 소수에 머물고 있다.[29]

유로리전은 접경지역의 협력체계 혹은 협력이 이루어지는 공간을 뜻하는 가장 포괄적인 의미로 사용되는 것으로 보인다. 유럽평의회[30]에서는 기본적으로 어느 정도 조건을 갖춘, 즉 일회적인 성격이 아닌 상설 협력체계를 갖춘 지역을 유로리전으로 보고 있다. 유럽평의회와 공조하고 있는 '유럽접경지역 협회AEBR: Association of European Border Regions'는 100여 개의 초국경 접경지역을 회원으로 두고 있다. 유로리전은 유사한 문화적·경제적 배경이 존재하고 상호보완이 가능한 기능을 지니며 유럽 대경제권과의 교통연계가 좋은 접경지역에서 결성되고 있으며, 유럽통합의 상징적 공간 또는 유럽의 미래 방향을 제시해주는 대표적인 지역이라고 평가받고 있다.[31] 한편 Durà et al. (2018)은 지금까지의 유로리전 연구를 종합하며 현재까지 보편적인 정의는 없으나 국가가 아닌 지자체가 활동 주체가 되고, 공동 의사결정기구나 사무국설치 혹은 협정이나 계약 등 어느 정도의 제도적인 관리 틀(거버넌스)을 갖춘 경우로 설명하고 있다. 이러한 기준에 부합한 214개의 유로리전 중 158개가 활성화되어 있다고 분석했다.[32]

접경지역에서의 협력은 기본적으로 지자체의 영역이지만 국가 차원에서도 입법, 예산배정, 개발계획 등에서 지원이 필요하다. 아울러 EU에서도 경제적·사회적·영토적 결속 강화의 차원cohesion policy에서 지원하고 있다.[33] EU는 EU 역내 혹은 역외 지역과의 지역 간 협력을 촉진하기 위해 '접경지역지원프로그램Interreg'을 운용하고 있다. 이는 구조기금을 통해 취약지역을 지원[34]하는 데에서 한 걸음 더 나간 것으로 1990년에 Interreg I이 시작되어 현재 Interreg VI(2021~2027)가 시행되고 있다.[35]

한편 룩셈부르크 사회경제연구소[36]에서는 주요 접경지대의 협력 사례를 협력형태(접경지역의 명칭), 창설연도, 협력구조의 형태, 종사 인력, 적용되는 Interreg 프로그램 등으로 분석, 소개하고 있다. 아울러 이들 접경지역의 주요 도시, 인구, 면적, 협력의 역사, 언어, 초국경 통근자, 상대국가 거주 인구 등도 상세히 제시하고 있어 접경지역의 협력구조를 비교하는 데 많은 도움이 된다.[37]

접경지역 협력의 애로점와 해결책

접경지역에서의 협력은 경제 규모의 확대, 노동 수요·공급 균형 개선, 인재 확보, 경쟁 확대를 통한 효율 개선, 다양성을 통한 창의성 발현 등의 이점이 있으나 언어, 제도, 인프라 등 여러 문제에 부딪히게 되는 것이 현실이다. 한 나라 안에서의 도시·지역 간 협력에도 복잡한 문제가 많은데 초국경 연합도시의 경우 더욱 그러하리라는 것은 자명한 일이다. EU집행위원회는 광범위한 조사를 통해 239개에 달하는 법적·행정적 장애요인을 적시하고 해결방안을 제안하기도 했다.[38]

MOT는 "초국경 환경에서 나타나는 세금, 급여, 실업률, 물가의 격차, 언어의 행정 및 문화의 차이 등은 보는 관점에 따라 기회일 수도 있고 제약이 되기도 한다"고 지적했다.[39] 다음은 MOT가 제시한 접경지역 협력에서 당면하는 여러 문제와 대처방안의 예시를 간단히

정리해 본 것이다.[40]

먼저 지배구조governance 문제에서는 접경지역에서 국가·지자체의 법률, 행정규정 등이 상이할 때 이를 해결할 협의체의 구성, 그리고 집행을 뒷받침할 행정기구 및 이와 관련된 인력과 예산의 확보가 관건이다. 2008년 시작된 EGTC는 법인격을 갖고 의사결정기구와 사무국을 둔다는 점에서 제도화가 진전된 협력구조라고 할 수 있다.[41] 노동에 대한 규제, 상이한 세제와 기술표준, 학위·자격증의 상호인정 문제도 노동시장 발전을 위해 중요한 문제이며 많은 접경지역이 이 문제 해결을 위해 노력하고 있다.

위생, 쓰레기 처리, 전력, 대중교통, 통신망, 의료·보건 등을 국경 양 지역에서 별도로 운영하면 비용이 많이 들며 이중투자가 되므로 공공서비스의 통합관리를 통한 관리비용 최적화가 필요하다. '스트라스부르-오르테나우 유로디스트릭트'에서 프랑스와 독일이 공동운영하는 어린이집이 좋은 예이다. 아울러 접경지역은 외국 언어의 습득과 교육, 문화의 교류를 통해 경계가 다양성을 꽃피우는 장소로 활용된다. 포르투갈-스페인 접경의 'Chaves and Verin 유로시티'에서는 양측의 문화, 레저시설에 공동으로 접근할 수 있는 카드를 발급해 이를 지원하고 있다.

국경을 넘는 통근자를 위한 교통망 확충 등 접근성 개선, 대중교통망이 원활치 않아 승용차로 출퇴근할 때의 교통체증, 환경오염에 대한 대응도 중요하다. 스위스의 바젤이 독일과 프랑스 지역까지, 프랑스의 스트라스부르가 독일 지역까지 전차 노선을 연장한 것이 좋은 예이다. 아울러 국경을 넘는 통근의 주요 이유 중의 하나가 주거 문제이므로 주택정책 수립·시행에서 접경 당국 간 협조가 필요하다.

접경지역 협력사례: 바젤(스위스-독일-프랑스), 스트라스부르(프랑스-독일) 접경지역

지금까지 다양한 형태, 명칭의 접경지역 협력구조를 살펴보았다. 다음에서는 이들 분류에서 모두 등장하는 '라인강 상류지역'의 '3국(스위스-독일-프랑스) 유로디스트릭트 바젤TEB'과 스트라스부르를 중심으로 한 '유로디스트릭트 스트라스부르-오르테나우(프랑스-독일)'의 사례를 소개하기로 한다.[42]

이 두 사례는 협력의 제도화 정도가 높고, 교통 인프라가 잘 갖추어져 있으며 출퇴근 등 왕래인구도 많다. 바젤 지역의 경우는 EU 국가인 독일-프랑스와 비EU 국가인 스위스 간의 협력이라는 특징도 있다. 또한 이들 지역은 라인강을 사이에 두고 두 나라, 세 나라가 협력지대를 이루고 있어서 압록강을 두고 마주한 단둥-신의주와 두만강의 북한-중국-러시아 3국 접경지대와 비교, 참고할 수 있다.

바젤(스위스-독일-프랑스) 접경지역

프랑크푸르트사무소 근무 시절, 국제결제은행BIS 회의에 참석하기 위해 스위스 바젤을 종종 방문했다. 바젤은 은행의 자기자본비율 등을 규제하는 Basel II, Basel III 때문에 금융기관 사람들에게 익숙한 이름이다. 프랑크푸르트에서 남쪽으로 고속도로(A5, E35)를 달리다 스위스 국경을 넘으면 바로 바젤 시내로 들어서게 된다. 프랑스에서 접근할 경우는 프랑스어 표기인 Bâle를 따라가면 된다.

바젤은 제네바에 이은 스위스 제3의 대도시로 독일어권이며 스위스의 서북쪽에 있으면서 독일, 프랑스와 국경을 접하고 있다(그림 3). 라인강은 동에서 서로 흐르면서 스위스와 독일의 경계를 이루다가 바젤에서 북쪽으로 거의 직각으로 방향을 틀면서 프랑스와도 접경을

[그림 3] 3국 유로디스트릭스 바젤*

자료: Antoine Decoville, Frédéric Durand, and Valérie Feltgen, 2015. p. 26.

* Trinational Eurodistrict Basel Basel-Saint Louis-Lörrach

[그림 4] 스트라스부르-오르테나우 유로디스트릭트*

자료: Antoine Decoville, Frédéric Durand, and Valérie Feltgen 2015, p. 27.

이룬다. 라인강이 꺾어지는 강변 곳에 '세 나라 코너$^{Drei\ Länder\ Ecke}$'라는 곳이 있는데 기둥을 세워놓고 한 바퀴 돌면 세 나라를 거치게 만들어 놓았다. 바젤이 3국 접경지대임을 상징적으로 보여주는 장소이다.

독특하게 생긴 BIS 건물은 바젤 중앙역 바로 앞에 있는데 회의 참석차 묵은 인근 호텔에서 아침이면 수많은 사람이 독일, 프랑스에서 국경을 넘어 출근하는 모습을 볼 수 있었다. 바젤은 룩셈부르크, 제

• Strasbourg-Kehl-Offenburg

네바와 함께 유럽의 3대 '국경을 넘어 통근하는 지역'에 속하며[43] 매일 프랑스에서 2만 8000여 명, 독일에서 2만 4000여 명이 이곳으로 출근한다고 한다.[44] 이들을 위해 전차 노선 중 하나씩이 프랑스와 독일 땅으로도 이어져 있다. 대중교통 노선이 자유롭게 국경을 넘는 것이다.

'세 나라 코너'와 함께 또 다른 3국 접경의 상징은 바젤공항이다. 이 공항의 정식 이름은 '유로공항: 바젤-뮐루즈-프라이부르크'[45]이다. 공항명에 들어간 세 도시는 각각 스위스, 프랑스, 독일에 속한다(그림 3). 이 공항 부지는 프랑스에 있으나 3국에 의해 공동 운영된다.[46] 비행기에서 내리면 입국 절차는 프랑스나 스위스 중 한 곳을 통하면 된다. 그래서 공항에 마중을 갈 때면 어느 나라 입국대를 통해 나오라고 미리 약속한다.

'3국 유로디스트릭트 바젤TEB'의 구조는 협의체Association로 초국경 프로젝트를 조정하는 역할을 한다. 전반적인 가이드라인과 예산 등을 정하는 총회General Assembly와 정책 결정을 하는 관리위원회, 정책을 시행하는 전문가 그룹으로 이루어지며 상근직원도 두고 있다. 총회와 행정위원회는 스위스, 독일, 프랑스 출신으로 구성되어 있다.[47] 아울러 스위스는 매일 국경을 넘어 출퇴근하는 외국인에 대한 구체적인 절차, 필요사항들을 규정하고 있다. 이들은 일자리가 있는 지역 관청에 등록해야 하고, 스위스 의료보험에 가입하고, 연금보험 등 사회보장비와 소득의 일부를 세금으로 납부해야 한다는 등이다.[48] 구체적으로 협의해야 할 사항이 많다는 것을 알 수 있다.

스트라스부르(프랑스–독일) 접경지역

바젤에서 프랑스 고속도로를 따라 북쪽으로 올라가면 라인강을 사이에 두고 독일과 마주한 곳에 스트라스부르가 있다. 독일식 이름 Strassburg에 길Strasse이 들어간 데서 알 수 있듯이 스트라스부르는 예전부터 교통의 중심지였다. 역사적으로 독일과 프랑스에 번갈아 속했으며 지명이나 집의 형태, 음식 등에 독일의 느낌이 적잖이 남아 있다. 도시 외곽에 프랑스가 제1차 세계대전 후 독일의 공격을 막기 위해 국력을 기울여 구축한 마지노선Ligne Maginot이 있었으며, 마지노요새 중 하나Fort Schoenenbourg는 관광지로 개방되고 있다. 외부에서는 일부 방어구조물만 보이지만 지하로 들어가면 무기들 외에 막사는 물론 발전설비, 철도, 병원 등 엄청난 규모에 놀라게 된다. 또한 스트라스부르에는 유럽의회 건물이 있어 본회의가 열리며[49] 국제인권기구 등 국제기구가 소재해 있다.

갈등과 긴장이 지배하던 곳에 국제기구가 들어서고, 독일-프랑스 협력의 상징으로 최초의 유로디스트릭트가 만들어져 양국 간 긴밀한 교류의 현장으로 변화한 것은 큰 의미가 있다.

스트라스부르에서 다리를 건너면 바로 만나는 독일 도시는 켈Kehl인데 양 도시를 잇는 다리로 하루 통행하는 차량이 평일 3만 6000대, 주말에는 4만 2000대에 달했다. 양 도시를 연결하는 21번 버스노선은 스트라스부르에서 가장 번잡한 노선이었다. 이를 반영해 2017년에 스트라스부르의 전차(트램 D 라인)노선이 켈까지 연장되어 하루에 18만 명이 이용한다고 한다.[50] 또한 승객의 이용 편의를 위해 국경통과 구역에 대한 공동요금체계도 도입되었다.[51] 철교, 전차가 지나는 다리, 자동차 도로, 그리고 사람과 자전거가 건너는 다리를 보면 마치 한강의 강남·강북을 잇는 다리들을 보는 것 같다.

또 하나 앞선 공공서비스의 대표적인 예로 자주 언급되는 것이 양측이 공동으로 운영하는 어린이집이다. 프랑스 쪽 접경에 자리한 이 어린이집에서는 스트라스부르와 독일의 10주~3세 사이의 유아와 어린이 60명을 돌봐주고 있다. 독일과 프랑스 출신 교사가 각 7명씩 일하며 아이들은 독일어와 불어가 통용되는 다문화 환경에서 자란다.[52]

'스트라스부르-오르테나우 유로디스트릭트'는 앞에서 소개한 EGTC에 따른 법인이며 독일-프랑스 동수로 이루어진 공동 의사결정기구와 상근인력이 근무하는 공동사무국을 두고 있다.

무엇을 배울 것인가?

독일이 통일된 지 30년이 넘었고 이제 동·서베를린, 동서독의 분단은 흔적과 기억으로 남아있다. 서울 청계천의 베를린광장과 지하철 도봉산역 옆의 평화문화진지에서는 무너진 베를린 장벽의 단편을 볼 수 있다. 유럽에서는 독일 통일과 함께 EU 통합이 더욱 진전되어 국경은 사실상 사라지고 20개 나라가 같은 돈을 사용한다. 접경지역에서는 다양한 형태의 초국경 도시들이 만들어지고, 점점 더 높은 수준의 협력이 시도되고 있다. EU집행위원회가 주민을 대상으로 한 설문 "당신 지역에서 국경을 어떻게 보는가"에 66%가 기회로 본다고 답했고 장애로 본다는 응답은 14%뿐이었다.[53] 통합된 유럽에서 접경지역이 가졌던 단절과 장벽으로서의 의미는 쇠퇴하고 협력과 연결, 기회의 땅으로서의 의미가 커지고 있다.

우리에게 접경은 낯설다. 경계선에 가까이 접근한다든가 그를 통해 다른 나라로 간다고 생각하기 어렵게 살아왔다. 남북한 간의 접경지대는 삼엄하고 그나마 연결되어 있던 개성, 금강산과의 길도 끊겼다. 중국, 러시아로 가는 육로는 분단과 함께 단절되었다.

개인적으로는 2015년에야 뒤늦게 압록강, 두만강변을 답사하게 되었다. 중국 쪽에서 강 건너 북한 땅을 마주하며 왜 이제야 여기에 왔을까 하는 아쉬움과 함께 유럽과 다른 상황에 가슴이 답답해졌다. 단둥에서 건너편의 신의주와 압록강에 걸쳐 있는 다리들을 보며 프랑스의 스트라스부르와 독일의 켈을 잇는 다리들 위로 자유롭게 다니는 사람, 자전거, 자동차, 전차가 아른거렸다. 북한·중국·러시아의 접점에 있는 방천의 용호각 전망대에서는 국경 변방의 느낌이 그대로 나는 두만강 유역을 보면서 스위스 바젤 '세 나라 코너'의 활기가 떠올랐다. 그나마 북·중 간에는 접경에서 교류가 이루어지지만 우리는 비행기나 배를 타고 중국으로 가서야 비로소 한반도와 대륙은 다리 하나 사이라는 것을 실감할 수 있다. 한반도라 부르면서 섬이 된 이 어색한 상황이 안타까울 뿐이다.

하지만 앞에서 보았듯이 유럽도 지금의 통합을 이루기까지 오랜 세월이 걸렸다. 전쟁의 폐허 위에서 통합의 꿈을 꾸고, 복잡하고 어려운 과정을 거쳐 한 단계씩 진전을 이루었다. 우리도 북핵 문제, 신냉전의 도래 등 상황이 어렵지만 경계는 분리만을 뜻하는 것이 아니라 접촉과 협력의 장이기도 하다는 것을 기억할 필요가 있다. 유럽과 동북아는 지정학적으로, 역사적으로 다르며 남북문제 또한 동서독 시절보다 엄중하다. 그러나 우리는 그들이 어떻게 통합을 꿈꾸고 실현하며 접경에서 부딪히는 여러 문제를 해결하고 접경을 새로운 활력의 중심으로 변모시키고 있는지를 배울 수 있다.

북·중·러 접경지대는 접경지역의 발전을 통해 동북아의 지역적 협력을 견인할 높은 잠재력을 가지고 있다.[54] 건축가이자 도시설계가인 고 김석철 교수는 암 투병 와중에도 세 나라의 변방이지만 엄청난 잠재력을 가진 두만강 하구에 남북한, 중국, 러시아가 주축이 된 다국적 도시 구상을 열정적으로 설파했다.[55] 북한, 중국, 러시아 3개국이 국경을 맞대고 있는 두만강 하류 델타 지역에 바젤의 유로공항과 같은 극동공항 훈춘-라선-블라디보스토크를 건설해 3개국이 공동으로 운용한다면 3국 접경지역 발전의 획기적인 계기가 될 것이라는 제안도 있다.[56] 동북아 접경의 협력은 남북한 간 교류, 통합과도 연계되어 한반도와 동북아를 도약시키는 계기로 작용할 수 있을 것이다.

독일 통일과 유럽 통합을 생각하면서 통일전망대에 오르고 압록강, 두만강변을 보게 된다면 접경은 새로운 모습으로 다가올 것이다. 그리고 여러 연구자가 북·중 접경을 답사하며 쓴 글들도 실감 나게 보일 것이다.[57]

남북한이 도로, 철도, 해로, 항공망으로 이어지고 언젠가는 DMZ
가 통일된 한국의 생태공원으로 변하며 압록강·두만강변에서 바젤,
스트라스부르 접경지역처럼 자유로운 초국경 도시가 번성하기를 꿈
꾼다. 여름 휴가철이면 기차를 타고 유럽으로, 아시안하이웨이로 중
앙아시아를 횡단하고 일상에서 일하러, 장 보러, 그냥 다니러 경계를
넘는 날이 오기를 바란다. 꿈을 꾸면 언젠가 실현된다는 것을 유럽은
보여주었다.

3

유럽연합(EU)의 초국경 협력 정책: Interreg 정책의 수립 및 발전을 중심으로[1]

윤석준
(성공회대학교 교수)

본 장은 유럽지역 초국경 협력의 태동 및 발전을 유럽연합(EU)의 Interreg 정책 수립 및 발전 과정을 중심으로 분석하는 데 그 목적이 있다. 이를 위해서 우선 EU의 Interreg 정책 태동의 기반이 되었던 1950년대 EUREGIO라는 독일과 네덜란드 접경지역 지방정부들 간 협력의 제도화와 1970년대 유럽접경지역협회 (AEBR)라는 유럽 지방정부들 간 상시적 접경 협력의 제도화 탄생 및 진화 과정을 살펴보고자 한다. 그리고 이를 바탕으로 오늘날 EU의 Interreg 정책 및 통계 지역 단위명명법(NUTS)을 논의하고 유럽지역의 초국경 협력에서 제도적 발전의 중요성에 주목하고자 한다.

들어가며

양차 세계대전 직후부터 시작되어 지난 반세기 이상 심화 및 확대되어온 유럽통합은 정부간주의적^{intergovernmental} 동학과 초국가주의적 ^{supranational} 동학이 결합된 오늘날 EU를 창설하기까지 다양한 제도적 및 정책적 발전을 거듭해 왔다. 유럽은 1952년 유럽석탄철강공동체 ^{ECSC} 창설을 통해서 통합의 제도적 설계의 기틀을 마련했고, 1958년 유럽경제공동체^{EEC}와 유럽원자력공동체^{EURATOM: European Atomic Energy Community}를 창설하면서 통합의 정책적 영역을 확장해 왔다. 물론 1950년대 유럽방위공동체^{EDC: European Defense Community} 설립이 좌초되는 위기도 있었지만, 1967년 단일의정서^{Merger treaty} 발효를 통해서 세 개의 공동체가 하나의 이사회^{Council}와 집행위원회^{Commission}를 구성하는 등 제도적 발전을 이루고, 마침내 1993년 마스트리흐트조약^{Treaty of Maastricht}을 통해서 공동외교안보정책과 내무사법 영역을 포함한 연합체로서 EU를 창설하게 된다.

이러한 유럽통합의 과정을 통해 ECSC의 창설 초기 6개 회원국으로부터 출발하여 오늘날 EU의 회원국은 27개국으로 증가했는데, 이에 따라 회원국 사이에 국경을 접하는 역내 접경지역도 38군데에 이르게 되었다. 그 결과로 EU 인구의 약 37.5%는 두 개 이상 국가가 국경을 접하는 접경지역에서 살아가고 있다. 유럽통합의 전개 과정에서 역내 관세 철폐와 역외 공동관세 부과에 기반한 관세동맹Custom Union을 넘어 역내 생산요소의 자유로운 이동을 보장하는 공동시장Common Market의 완성을 우선 목표했던바, 이를 위해 유럽은 상품과 사람이 역내 국경을 자유롭게 이동하는 제도적 완성과 함께 접경지역들에서의 다양한 협력을 모색하는 정책적 노력에 경주해 왔다. 상품의 자유로운 이동의 경우 유럽단일시장European Single Market을 통해서, 그리고 사람의 자유로운 이동의 경우 셍겐조약을 통해서 완성되었는데, 이 두 가지 모두 별도의 조약들을 통해 제도적 차원의 발전으로 이어졌지만 접경지역들에서의 초국경 협력은 주로 정책적 차원에서 발전해 왔다.

유럽의 초국경 협력 정책은 1960~1970년대부터 유럽평의회CoE: Council of Europe와 유럽공동체EC: European Communities/유럽연합EU이라는 두 축을 중심으로 점진적으로 발전해 왔다. 그러나 오늘날에는 EU를 중심으로 상당 부분 수렴된 형태로 초국경 협력 정책이 심화하고 있으며, 이에 따라 EU의 Interreg 정책은 유럽의 대표적인 초국경 협력 정책으로 자리매김해가고 있다. 이러한 EU의 초국경 협력 정책은 1950년대부터 태동한 접경지역 지방정부들의 자발적인 협력에 기반해 시작되었다. 접경지역 지방정부들의 필요에 의해서 태동한 협력의 사례들이 점진적으로 확대되고, 이러한 협력의 활성화가 오늘날 EU의 Interreg로 이어진 것이다. 이에 본 장에서는 유럽의 초국경 협력 정책이 태동하게 된 역사적 배경을 소개하고 이러한 맥락을 바탕으로 EU의 초국경 협력 정책인 Interreg를 심층적으로 분석해보고자 한다.

유럽 초국경 협력 정책의 태동

초국경 협력의 태동

유럽에서 초국경 협력의 태동은 양차 세계대전 이후 유레지오 EUREGIO의 창설에서부터 시작되었다. EUREGIO는 1958년에 독일과 네덜란드 사이에 형성되어 제도화된 초경지역cross-border land으로서, 독일의 두 주Niedersachsen, Nordrhein-Westfalen와 네덜란드의 세 주Overijssel, Gelderland, Drenthe에 속한 지방정부가 주도해서 만든 것이었다. 역사적으로 이 지역은 1648년 뮌스터 평화 협정Peace of Münster의 결과로 구교도들이 사는 독일 지역과 신교도들이 사는 네덜란드 지역이 분리되어 국경이 형성된 곳이었다. 그러나 정치적 산물로서 어느 날 국경이 획정되었다고 해서 그 이전부터 형성되어 지역 주민들이 일상을 영위하던 하나의 경제적 및 사회적 생활권이 단숨에 분리될 수는 없었다. 이러한 배경에서 이 지역의 주민들은 두 개의 상이한 국가라는 중앙의 경계와는 별도로 경제적, 사회적, 문화적으로 상호 연계성이 높은 지역 생활권을 유지해 왔다. 특히 이 지역은 양쪽 모두 면화 산업이 오래전부터 발달하여 면로^{cotton route}라는 하나의 지역명으로 불리기도 했다.[2]

제2차 세계대전의 여파로 양측 국가 간 관계는 일시적으로 악화하기도 했으나, 중앙정부에 비해 지방정부는 이러한 역사적 기억이나 상흔으로부터 상대적으로 빠른 회복력을 보였다. 이에 1954년부터 이 지역의 지방정부들은 다시 본격적으로 전쟁 이전의 협력 상태를 복원하게 된다. 그리고 그러한 과정에서 협력의 제도적 심화를 위해서 EUREGIO를 창설하게 된다. EUREGIO는 하나의 지역^{one region}이라는 원칙하에 경제적, 사회적, 문화적 경계를 없애 이곳에 거주하는 약 340만 명의 시민이 사실상 하나의 동일한 생활권 속에서 살아가도록 하는 데 그 목표가 있었다. 이를 위해서는 무엇보다도 두 국가에 속한 접경지역들의 인프라 확충과 더불어 경제 정책을 수립할 때에 지방정부들에 대한 고려 없이 중앙정부들의 시각에서 상이한 두 개의 국가로 각각 정책이 수립되는 것을 지양해야 했다. 이에 이 지역의 지방정부들이 주도하여 사실상 하나의 지역이라는 전제하에 서로의 역할과 기능을 분담하여 효율성을 높이고 시너지 효과를 얻을 수 있도록 정책 협력을 수행하는 데 주안점을 두었다.[3]

또한 EUREGIO는 접경지역의 초국경 협력에서 문화적 측면의 중요성에도 주목하여 다양한 정책적 노력을 기울여왔다. 일반적으로 동일한 국가 내에서도 지방마다 상이하거나 차별화된 문화적 정체성을 보이곤 하는데, 한편 국가는 달라도 국경을 접하고 있는 지역들 간에는 오히려 유사한 문화적 정체성을 보이는 경우도 많다. EUREGIO의 경우에는 이 접경지역에서 오래전부터 경제적 및 사회적 협력이 활발히 전개된 곳으로서 상호 문화 이해가 상당히 높은 지역이었다. 그렇지만 국가의 경계에 따라 독일어와 네덜란드어라는 상이한 언어를 사용한다는 사실은 협력의 심화에 어려움으로 작용할 수 있는 점이었다. 이에 EUREGIO을 중심으로 이 접경지역의 지방정부들은 이중 언어 습득이 용이할 수 있도록 언어 교육을 장려 및 지원하는 정책을 수립해 실행해 나간다. 궁극적으로는 이를 통하여 초국경 협력이 전개되는 지역 주민들이 상이한 국가적 정체성보다는 혼종적 지역적 정체성을 우선 인식할 수 있도록 노력해 왔다.[4]

EUREGIO는 유럽 접경지역 초국경 협력의 시초였다는 역사적 측면뿐만 아니라 초국경 협력의 제도적 측면에서도 큰 의의를 지니고 있다. EUREGIO는 초창기 접경지역에 위치한 지방정부들 간의 비공식적인 느슨한 협력체에서 출발하여 점진적으로 이를 발전시켜가면서 효율적 의사결정과 이를 전담해서 집행하는 별도의 조직을 체계화했다. 그 결과로 EUREGIO는 지방정부들의 대표로 구성된 초국경 협력 의회라고 할 수 있는 EUREGIO 이사회the EUREGIO Council와 EUREGIO 상설사무국the EUREGIO secretariat을 설치하여 운영하게 된다. EUREGIO 이사회는 1966년부터 정기적으로 회합하면서 협력방안을 논의하던 비공식 회의체인 EUREGIO 실무그룹the EUREGIO Arbeitsgruppe에 토대를 둔 것인데, 이것을 1978년에 지방정부의 대표들로 구성되는 공식적인 기구로 발전시킨 것이다. 그리고 EUREGIO 상설사무국은 기존에 독일과 네덜란드 측 지방정부들이 각각 운영해 오던 두 개의 사무국을 1985년에 하나로 통합하여 공식 출범시킨 것이다.[5]

이러한 제도적 발전을 토대로 EUREGIO는 태동 초기에 독일의 등록협회Eingetragener Verein 형태로 설립되었던 것이 1991년에 서명된 안홀트조약the Treaty of Anholt에 근거해서 2016년에 공적 지위를 정식으로 부여받게 된다. EUREGIO는 유럽통합 과정에서 유럽석탄철강공동체ECSC, 유럽경제공동체EEC, 유럽원자력공동체Euratom와 같이 중앙정부 주도로 진행되던 통합의 제도화institutionalization of integration라는 흐름과는 별도로 지방정부 주도하에 진행되었던 또 다른 통합의 제도화라는 성격을 갖는다. 초국경 협력의 정책과 프로그램에 대한 의사결정 기구로서의 이사회와 이러한 것을 집행하는 기구로서의 상설사무국을 중심으로 발전해 온 EUREGIO의 초국경 협력은 이후 다른 접경지역에서도 이러한 초국경 협력이 태동하는 수평적 확산으로, 다른 한편으로는 EU의 초국경 협력 정책의 토대를 제공하여 유럽 층위에서의 초국경 협력 정책이 나타나는 수직적 심화로 이어진다.

초국경 협력의 확대

EUREGIO는 1950년대에 처음 태동하여 1960년대에 본격적으로 전개되면서 매우 성공적인 초국경 협력 사례로 평가되고, 이에 따라 유럽 여러 나라의 접경지역에 있는 지방정부가 초국경 협력에 관

심을 보이게 된다. 이러한 맥락에서 유럽 주요국의 접경지역 지방정
부 대표들은 1971년 6월 독일 베스트팔렌에서 유럽접경지역상설회
의the Permanent Conference of European Border Regions를 개최하고, EUREGIO
의 경험과 성과를 바탕으로 더욱 확대되고 상시적인 유럽 접경지
역 협력의 제도화에 합의하게 된다. 그리고 이러한 합의를 바탕으
로 1971년 9월 독일 본에 모여 유럽접경지역협회AEBR: the Association of
European Border Regions를 창설한다. AEBR은 접경지역들에서의 초국경
협력에 대한 정책적 및 제도적 성과를 공유하고, 다른 접경지역들에
서의 협력 노력을 공동 지원하고, 당시 중앙정부 중심으로 진행되던
유럽통합에서 접경지역 지방정부들의 이해관계를 대표했다.

AEBR은 당시 유럽에서 초국경 협력의 수평적 확산에 핵심적인

[표 1] AEBR 창립 회원으로 참여한 접경지역들

접경지역	접경국
Regio Rhein—Waal	네덜란드, 독일
Hainaut-Pas-de-Calais-Nord	벨기에, 프랑스
CIMAB(Economic Interest Grouping Middle Alsace-Breisgau	독일, 프랑스
Regio Basiliensis	스위스, 프랑스, 독일
EUREGIOe.V.	독일, 네덜란드
Groningen-Ostfriesland(Ems-Dollart Region)	네덜란드, 독일
Saarland-Lorraine	독일, 프랑스
Middle-Baden-Alsace	독일, 프랑스
Regio Bodanica	독일, 스위스, 오스트리아, 리히텐슈타인
Land Schleswig-Holstei	독일

출처: AEBR 홈페이지

역할을 수행하게 되는데, 창립 회원으로 참여한 10곳의 접경지역이 이미 초국경 협력의 필요성이 논의되었거나 제한적으로 협력이 이루어지던 지역이었다. 특히 창립 회원으로 참여한 접경지역의 대다수는 독일 접경지역 및 독일과 국경을 접하고 있는 국가들의 접경지역이었는데, 이로 인해 AEBR을 필두로 한 유럽지역 초국경 협력의 본격적인 제도화는 독일 지방정부들과 정치인들이 주요 행위자로서 활약하게 된다. 그 결과로 AEBR의 초대 의장은 독일 사회민주당 정치인이자 유럽경제공동체 집행위원회에서 일한 바 있는 알프레드 모저Alfred Mozer였으며, 이후 1980년대까지 AEBR의 의장직은 호르스트 게를라흐Horst Gerlach와 볼프강 쇼이블레Wolfgang Schäuble 등 독일 인사가 맡게 된다.[6] 그리고 AEBR의 본부 사무소를 네덜란드에 인접한 독일의 접경도시인 그로나우Gronau에 설치하고, 지부 사무소를 독일 베를린과 벨기에 브뤼셀에 설치하여 운영한다.

AEBR 창설을 계기로 유럽 여러 접경지역에서 초경협력이 본격적으로 추진되기 시작하고, 이에 따라 초국경 협력의 제도화도 가속화한다. 1972년에는 핀란드, 노르웨이, 스웨덴의 접경지역을 중심으로 크바르켄Kvarken 접경지역의 초경협력을 위한 크바르켄 위원회Kvarken Council가 조직되고, 1973년에는 독일과 네덜란드의 발강Waal 접경지역을 중심으로 라인-발 지역Rhine-Waal Euroregion이 창설된다.[7] 그리고 1976년에는 독일, 네덜란드, 벨기에 접경지역을 중심으로 뫼즈-라인 지역Meuse-Rhine Euroregion이 만들어지고, 1977년에는 독일과 네덜란드의 엠스강Ems 접경지역을 중심으로 엠스-돌라트 지역Ems Dollart Region

[그림 1] AEBR 회원 지역들이 추진해 온 초국경 협력 지역들

출처: AEBR 홈페이지

이 기구화된다.[8] 이후 유럽의 접경지역 초국경 협력은 AEBR을 중심으로 지속적으로 확대되는데, 1970년대에는 독일과 네덜란드 접경지역을 중심으로 시작하여, 1970~1980년대에는 북유럽 국가를 중심으로, 그리고 1990~2000년대에는 남유럽 국가로 점차 확산하는 양상을 보여준다.

이와 같이 1970년대 이래 AEBR을 중심으로 전개된 초국경 협력은 유럽 전역에 점진적으로 확대되는 과정을 거쳐 약 200여 개의 접경지역 지방정부가 참여하는 100여 개의 초국경 협력으로 성장하게 된다. AEBR은 유럽의 지역별로 상이하게 전개되는 초국경 협력이 성공적으로 진행될 수 있도록 회원 간 다양한 경험을 공유하고 성과를 체계화하는 데 주력한다. 이를 위해서 2017년부터 초국경 협력에 대한 정책적 및 학술적 논의를 공유하는 AEBR 초국경 학교^{AEBR} cross-border school를 운영하고 있다. 또한 중남미나 아프리카 등 다른 대륙에서 초국경 협력을 모색하는 지방정부들과 유럽의 경험을 공유하기 위해서 AEBR 글로벌 이니셔티브^{AEBR Global initiative}를 운영하고 있다. 그리고 AEBR을 중심으로 30여 년 동안 유럽 전역으로 확대된 초국경 협력은 유럽통합 과정에서 공동체 혹은 연합 차원에서의 주요 정책 중 하나로 서서히 자리매김하게 되어 1990년대부터 본격화한 EU 차원의 초국경 정책 형성의 토대를 이루게 된다.

EU의 초국경 협력 Interreg

Interreg 수립과 초국경 협력의 심화

1950년대 ECSC 창설에서부터 시작해서 1990년대 EU 창설로 이어지는 유럽통합 과정에서 초국경 협력이 유럽공동체나 EU 차원에서 주목받기 시작한 것은 1970년대부터였다. 1970년대 초반 유럽집행위원회가 EUREGIO의 초국경 협력 성과에 주목하면서 이에 대한 재정적 지원을 1972년부터 시작하게 된다. 반면 AEBR를 중심으로 확대되어가던 초국경 협력 프로젝트들에 대한 EC 차원의 지원은 매우 제한적이었다. 그러나 1980~1990년대에 EC, 그리고 이후 EU 회원국 확대가 본격적으로 이루어지면서 내경internal border의 수가 빠르게 증가하고, 기존 회원국과 신규 회원국 간 접경지역들에서의 경제적, 사회적, 문화적 차이가 큰 경우가 많아 이에 대한 정책 마련 필요성이 대두되기 시작한다. 이러한 상황에서 AEBR이 적극적인 로비를 통하여 1987년 유럽지역개발기금ERDF: European Regional Development Fund의 접경지역 초국경 협력 사용이 가능하도록 하여 초국경 협력이 유럽화하는 실질적 토대가 마련된다.[9]

1989년 유럽집행위원회는 회원국 접경지역 중 5곳에서 14개의 시범 프로젝트를 선정하여 공동체 차원에서의 초국경 협력을 시범적으로 운영하기 시작한다. 2년간 진행된 시범 프로젝트들은 상당히 성공적이라는 평가를 받았고, 이에 따라 1991년에 EC 차원의 초국경 협력 정책이 처음으로 공식화된다. Interreg라는 약칭으로 불리는 이 초국경 협력 정책은 1990년부터 1993년까지 1단계Interreg I로 31개 접경지역에서 시행되었고, 이어서 1994년부터 1999년까지 2단계Interreg II로 59개 접경지역에서 시행되었다. 그리고 2000년부터 2006년까지 3단계Interreg III로 79개 접경지역에서 초국경 협력이 성공적으로 시행된 후 Interreg는 시행 초기 시범적인 이니셔티브 성격을 넘어서 EU의 결속정책Cohesion policy의 주요 정책 중 하나인 유럽영토협력ETC: European Territorial Cooperation 정책으로 공식화된다.[10] ETC는 회원국의 다양한 국가, 지역, 지방 행위자 간 정책 교환 및 공동 행동 수행을 위한 범용 정책 패키지 성격을 띠게 된다.

Interreg에는 EU 27개 회원국과 동반국Partner States으로 규정된 노르웨이, 스위스를 포함해서 총 29개국이 참여하면서 100개 이상의 초국경 협력 프로젝트를 통해서 사실상 유럽 접경지역에서의 초국경 협력의 흐름을 주도하고 있다.[11] 그런데 이러한 Interreg의 초국경 협력 확대만큼 주목할 지점은, 기존의 초국경 협력이 AEBR이라는 느슨한 네트워크를 중심으로 각각의 지역적 맥락에 따라 상이한 제도적 및 정책적 설계에 기반해 이루어졌다면, 이제는 EU 결속정책의 일환인 Interreg를 통해서 매우 동질성이 높고 고도화된 초국경 협력으로 진화했다는 점이다. 오늘날 Interreg는 TFEU Article 178와 Regulation (EU) No 1299/2013 of 17 December 2013이라는 법원source of law에 근거하고 있는데, 이는 EU의 결속정책 중 처음으로 규

[표 2] Interreg 단계별 초국경 협력 참여 접경지역 수와 예산

Interreg 단계	시행 기간	접경지역 수	예산(백만 EUR)	회원국 수
Interreg 0	1988~1989	14	0.021	12
Interreg I	1990~1993	31	1,082	12
Interreg II	1994~1999	59	3.5	15
Interreg III	2000~2006	79	5.1	25
Interreg IV	2007~2013	92	7.8	27
Interreg V	2014~2020	100	10.1	28
Interreg VI	2021~2027	100 이상(전망)	10,100 이상(전망)	27

출처: The Interreg Experience in Bridging European Territories. A 30-Year Summary

정^{regulation}이라는 공동체 입법 형식을 사용한 것이다.¹² EU 법체계에서 규정은 지침^{directive}이나 결정^{decision}과 달리 모든 회원국에 직접 적용 가능한 법으로서, 회원국 국내법이 충돌해 개정이 요구되더라도 회원국에 의해 국내법화될 필요가 없는 입법 형식이다.¹³

그 결과 오늘날 Interreg에 기반한 초국경 협력은 정책 학습 플랫폼^{Policy Learning Platform}, 연구 및 혁신^{Research and innovation}, 중소기업 경쟁력^{SME competitiveness}, 저탄소 경제^{Low-carbon economy}, 환경 및 재원 효율

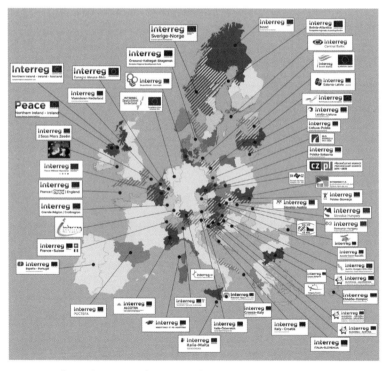

[그림 2] Interreg V(2014~2020)의 주요 초국경 협력 프로그램

출처: Interreg 홈페이지

성^{Environment and resource efficiency}이라는 EU 차원의 목표를 공유하며, 협력 활성화를 위한 전문가 지원^{Expert support}, 커뮤니티^{Community}, 지식 허브^{Knowledge hub}, 모범사례 데이터베이스^{Good practice database} 구축에 함께 주력하고 있다. 또한 과거 초국경 협력에서 협력의 주체이자 대상인 지역에 대한 공통의 기준이 부재했던바, Interreg는 EU의 지역정책 수립 및 비교 가능한 통계자료를 위해 만들어진 통계지역단위명명법^{NUTS: Nomenclature of territorial units for statistics}을 초국경 협력에 적용해 활용하고 있다. 또한 Interreg를 보다 세분화하여 초국경 협력을 위한 Interreg A, 초국가 협력을 위한 Interreg B, 지역 간 협력을 위한 Interreg C, 역외 지역과의 협력을 위한 Interreg D 등 네 가지로 세분화하여 운영하고 있다.

통계지역단위명명법(NUTS)

초국경 협력은 기본적으로 상이한 국가에 속한 지역 간 협력의 성격을 띠고 있는데, 구체적인 정책 수립을 위해서는 우선 여러 국가의 상이한 지역 단위에 기반해 어떻게 정책을 수립할 것인가에 대한 기술적 문제에 봉착하게 된다. 특히 27개 회원국으로 구성되는 EU의 경우에는 회원국별로 상이한 역사적 및 제도적 배경에 기반해 다양한 기준으로 지역이 정의되어온바, 이는 지역 간 협력을 제도화하는 데 있어 실제로 많은 어려움을 야기해 왔다. 이러한 배경에서 EU는 회원국 간 통계와 정책 수립에 활용할 수 있도록 비교 가능한 지역 단위를 규정하여 이러한 문제를 해결하고자 했는데, 그렇게 탄생한 결과물이 통계지역단위명명법[NUTS]이다.[14] NUTS의 핵심은 국민국가 단위의 국경이라는 현실을 고려하되 동시에 그것을 넘어설 수 있는 지역 간 협력정책을 만들기 위해서 회원국의 지방을 세 개의 다층적 차원으로 구분하는 기준을 마련하고 이에 기반하여 초국경 협력 정책을 포함한 복합적인 지역정책을 펼치는 것이다.

NUTS는 유럽통계청[Eurostat: European Statistical Office]이 주도하여 1970년 대부터 점진적으로 발전시켜왔다. 그리고 2000년대 들어와 이에 대한 법제화가 추진되어 공동체 입법의 형식 중 규칙[Regulation]의 형태로 제도화되어, 2003년에 입법된 Regulation (EC) No 1059/2003으로 법적인 토대를 갖추게 된다.[15] 만약 NUTS가 지침[Directive]의 형태로 제도화되는 경우에는 모든 회원국이 국내법을 이에 맞게 개정해야 하는데, 이 경우 회원국은 지침을 충족하는 범위 이상의 입법 추진이 가능하므로 회원국 간 통계와 정책 수립에 활용할 수 있도록 비교 가능한 지역 단위를 규정해야 하는 본연의 목적을 달성하기는 어려워진다. 그렇기 때문에 EU법이 우월성[supremacy]과 직접효력성[direct effect]이 모두 극대화하는 규칙이라는 입법 형태를 활용하게 된 것이다.

NUTS의 법제화에 따라 유럽의 지역은 NUTS-1, NUTS-2, NUTS-3이라는 세 개의 표준화 및 위계화된 단위로 구분하여 정책에 반영하기 시작하는데, 이는 인구 규모를 중심으로 하되 회원국의 기존 행정구역도 충분히 고려하여 설정하는 것을 원칙으로 한다. NUTS는 3년을 주기로 정례 수정이 이루어지는 것이 원칙인데, 특정 회원국의 행정구역이 대폭 변경되는 등 필요시에는 특별 수정이

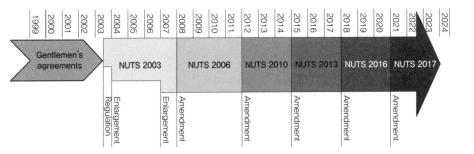

[그림 3] NUTS의 제도적 발전

출처: Eurostat(https://ec.europa.eu/eurostat)

이루어질 수도 있다.[16] NUTS-1은 사회경제적 지역^{major socio-economic} regions으로서 인구 규모 기준 최소 300만 명에서 최대 700만 명이 거주하는 92개 지역으로 구성된다. NUTS-2는 지역정책 적용을 위한 기초 지역^{basic regions for the application of regional policies}으로서 최소 80만 명에서 최대 300만 명이 거주하는 242개 지역으로 구성된다. 그리고 NUTS-3는 특별한 진단을 위한 소지역^{small regions for specific diagnoses}으로서 최소 15만 명에서 최대 80만 명이 거주하는 총 1166개 지역으로 구성된다.[17]

NUTS의 제도화에는 주목할 만한 몇 가지 특징이 있다. 첫째로, 그동안 다수의 지역정책은 NUTS-3이나 NUTS-1보다는 NUTS-2 층위를 중심으로 진행되었는데, 그 결과로 초국경 협력정책인 Interreg은 물론 EU의 지역정책^{Regional policy}도 현재 NUTS-2 층위를 중심으로 진행되고 있다는 점이다. 유럽에서는 다양한 국가 간 지역 단위 협력의 적정 규모로서 인구 기준 80만 명에서 300만 명 사이의

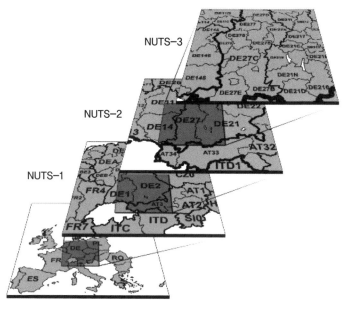

[그림 4] NUTS-1, NUTS-2, NUTS-3

출처: Eurostat(https://ec.europa.eu/eurostat)

지역 단위가 사실상 가장 최적인 협력의 단위로 여겨지고 있는 것이
다. 둘째로, NUTS를 기준으로 EU 회원국이 아닌 주변 국가도 EU
및 회원국과의 초국경 협력을 위해서 NUTS를 기준으로 한 자국 지
역호환체계를 만들어 자국의 지역구분 기준과 함께 이를 병렬적으
로 사용하고 있다는 점이다. 대표적으로 영국은 NUTS-1 12개 지역,
NUTS-2 37개 지역, NUTS-3 133개 지역으로 구분해서 정책 수립
및 집행 과정에서 자국의 지역구분 기준과 함께 병렬적으로 사용하
고 있으며, 스위스도 NUTS-1 1개 지역, NUTS-2 7개 지역, NUTS-
3 26개 지역으로 구분하여 EU와의 각종 정책 협력 과정에서 사용하

고 있다.[18]

이러한 NUTS의 제도화는 27개국이나 되는 EU 회원국이 초국경 협력의 정책을 실효성 있게 수립하고 효율적으로 집행하는 실질적 토대를 제공함은 물론, 이러한 협력의 제도화가 EU 회원국과 비회원 국가에 영향을 미쳐 초국경 협력을 역외로도 확대하고 있다는 점에서 중요한 의미가 있다. 유럽의 초국경 협력에서 협력의 제도화와 기술적 발전은 매우 중요한 의미가 있기 때문에 최근에도 EU는 NUTS의 지속적인 발전 및 진화에 노력을 경주하고 있다. 이에 NUTS-3 층위보다도 더 세밀한 지역 정책 수립을 위해서 로컬행정단위LAUs: Local Administrative Units를 추가로 도입하여 활용하고 있다.[19] 또한 NUTS-3 층위와 LAU 층위에서 EU 지역정책과의 조응성을 높이기 위해서 지역 유형TERCET: Territorial Typologies을 새로이 설정하여 도농 유형Urban-rural typology, 광역 유형Metropolitan typology, 연안 유형Coastal typology 등으로 세분화하는 통계지표를 활성화하여 정책 수립 및 집행의 정밀성을 높여가고 있다.[20]

나오며

전 세계에서 지역협력 및 통합 차원에서 가장 발전된 형태를 보여주고 있는 오늘날 EU 및 그 회원국은 초국경 협력에서도 상당한 수준의 제도적 및 정책적 성과를 만들어냈다. 유럽의 초국경 협력이 보이는 가장 큰 특징은 국가 중심적 시각에서 중앙정부 주도하에 이루어지는 하향식 동학에 기반한 초국경 협력이 아니라, 접경지역 지방정부의 필요로 태동하여 지방 주도로 확대 및 심화되어온 상향식 동학에 기반한 초국경 협력이라는 점이다. 오늘날 Interreg로 대표되는 EU 차원의 초국경 협력 정책은 이러한 지방정부 층위의 협력이 확대 및 심화하여 국가 층위를 넘어 초국가 층위의 협력으로까지 진화한 결과물이다. 그리고 NUTS와 같은 제도적 장치는 27개국의 회원국은 물론 이들과 국경을 접하는 주변국의 상이함에도 불구하고 초국경 협력을 수행하는 협력 과정의 실질적 한계를 극복하게 해주고 있다. 또한 NUTS과 같은 제도적 장치는 지속적으로 심화 및 진화하면서 초국경 협력이 확대되고 심화하는 토대를 만들어주고 있다.

이처럼 지난 반세기 넘게 유럽에서 발전시켜온 초국경 협력의 사례는 한반도 및 동북아시아에 크고 작은 함의점을 제공해준다. 그동안 동북아시아에서 지역협력이나 통합은 종종 국가 간의 협력이나 통합과 차별화되지 않은 이론적 관점에서 분석되거나 정책적 접근을 모색해 온 경향이 있다. 그러나 초국경 협력은 중앙정부보다는 지방정부의 역할에 더욱 주목하여 지방정부 중심의 지역 간 협력에 기반해 발전할 필요가 있다는 점에서 한반도 및 동북아시아 국제관계나 지역통합에서 행위자성에 대한 새로운 시각이 요구된다. 한반도 및 동북아시아 주요 국가의 경우 상대적으로 유럽에 비해 중앙집권적 성격이 강한 편이기는 하지만, 그러한 점을 고려하더라도 그동안 지나치게 중앙정부 중심의 이론적 및 정책적 접근에 치중해 온 면이 있다. 이에 중앙정부 차원에서 단기간에 성과를 내기 위한 정치적 차원의 접근이 아니라, 지방정부가 중심이 되는 지역 간 협력의 역사적 경험에 기반하여 제도적 진화가 이루어지는 과정이 필요하다는 함의에 주목할 필요가 있다.

2부

동북아 지역과 두만강 유역
초국경 협력: 관점과 전략

4

지속 가능한 북방정책과 우크라이나 전쟁 이후 대유라시아 신외교 전략

성원용
(인천대학교 동북아국제통상학부 교수)

북방정책은 남북관계와 강대국 중심의 국제질서의 역동적 변화, 북방과의 연계에 따른 비용 및 기대이익의 변화에 따라 지속성과 안정성이 결정되었다. 따라서 대외 환경의 급격한 변화에 따라 북방정책의 추동력이 일시에 위축되는 사태를 막기 위해서는 '지속 가능한 북방정책'에 대한 고민이 필요하다. 우크라이나 전쟁 발발 후 서방의 대러 제재하에서 신북방정책은 사실상 폐기되었다. 윤석열 정부 출범 이후 유라시아 외교는 방치되거나 실종된 상태이다. 미·중 전략 경쟁이 격화되고 미·러 관계가 최악으로 치닫는 현재의 국제·정치·경제 상황은 북방정책 추진을 제약하는 중대한 장애요인이다. 그러나 지정학적 리스크를 최소화하면서 유라시아권과의 이해관계를 증진하고 상호신뢰를 축적할 수 있는 다양한 방안을 적극적으로 모색해봐야 한다. 예를 들어 유라시아 국제운송회랑 활성화를 고려한 신북방-신남방 연계 전략이라든지 중앙아시아를 우회한 한국-중앙아시아-러시아 삼각협력체제 구축, 전쟁 발발 후 ICT 전문인력의 탈러 및 구소련 이주에 따른 한-유라시아 혁신 협력체제 구축 등이 대안적인 방안이 될 수 있다.

북방정책의 정의

대중에게 '북방정책'은 익숙한 용어이다. 그러나 대다수가 공감할 수 있는 합의된 개념은 아직 존재하지 않는다. 편의적으로 남북 화해 협력을 언급할 때, 또는 러시아 극동 진출 전략 등을 언급할 때 이 용어를 사용하지만 명확하게 확립된 개념은 아니다. 연구자마다 북방정책을 바라보는 관점, 접근법이 각기 다르고, 정책의 성격이나 본질에 대한 해석에서도 상당한 차이를 보인다.[1]

이렇게 북방정책의 개념적 정의가 모호하거나 그 정책의 본질 및 정체성에 대한 이해가 상이하기 때문에 과거 북방정책을 평가하는 데서 온도의 차가 크고, 그 정책을 어떻게 계승하고 발전시킬 것인가 라는 미래 전망에서도 견해의 차가 크다. 이런 이유로 한국 사회에서는 이미 오래전부터 다수의 논자들이 북방정책을 재개해야 한다는 필요성을 역설해 왔고, 그에 대한 공감대가 어느 정도 형성되기도 했지만, 과연 '북방'이란 무엇이고, '북방정책'이 설정한 지리적 공간은

어디인가의 문제가 여전히 논쟁거리로 남아 있다.[2]

위에 언급한 여러 한계에도 불구하고 나름대로 '북방정책'을 정의한다면, 그것은 다음과 같이 표현할 수 있다. 북방정책이란 북방 유라시아 지역에 대한 적극적인 외교·안보, 경제·통상, 사회·문화교류를 통하여 한반도의 평화정착과 호혜적 경제협력, 상호이해의 확대·심화를 도모하여 국익을 증진하려는 대외전략이다. 이러한 정의는 외교·안보, 혹은 경제·통상 영역에 맞추어 이해했던 과거 북방정책의 정의와는 조금 다른 차별성을 띤다. 다름 아닌 사회 문화 교류까지 포괄하는 전 영역에 걸쳐 북방지역에 대한 이해 및 이들 지역과의 관계 심화를 목표로 한다는 것이다. 이러한 맥락에서 북방정책은 특정 영역에 국한된 정책이 아니며, 본질적으로 다면적이고 다층적인 접근을 요구하는 복합적인 대외전략이자 지역전략이라고 할 수 있다.

북방정책은 역사적으로 다음과 같은 '변화와 지속'의 과정을 밟아 왔다. 첫째, 냉전 시대(1970~1980년대)의 북방정책은 북한과 체제경쟁 상황에서 한국과 사회주의권과의 교류·협력을 통한 외교관계의 다변화 및 정상화(수교)를 목표로 추진되었다. 둘째, 탈냉전 시기(1990년대 이후~최근) 북방정책은 한반도 평화정책을 위한 우호적 국제환경의 조성이라는 외교·안보적 접근과 한국기업들의 북방 유라시아 지역에 대한 적극적 진출이라는 경제·통상적 접근을 병행했다. 셋째, 지난 문재인 정부 시기 신북방정책은 그 정책을 추진하는 '컨트롤 타워' 역할을 부여받은 조직이 '대통령 직속 북방경제협력위원회'라는 명칭에서 드러나듯이 경제·통상 분야의 협력을 강조하는 맥락

에서 진행되었다.[3]

　한편 북방정책의 성격을 어떻게 정의하느냐에 따라 변화와 지속에 대한 해석도 달라질 수 있다. 만일 북방정책을 노태우 정부로부터 시작되는 것으로 상정한다면, 정책의 성격은 소련 및 중국 등 구공산권 국가와의 수교에 방점이 찍히게 되고, 이후 정책의 연속성을 담보하는 중요한 특징은 외교와 경제통상 측면에서 이들과 어떻게 연계되느냐의 문제, 즉 연결성connectivity에 집중된다. 이 경우에 김대중 정부의 햇볕정책 이래로 문재인 정부의 신북방정책은 물론이고 박근혜정부의 '유라시아 이니셔티브Eurasia Initiative'까지도 북방정책을 계승한 것으로 볼 수 있다.

　반면에 북방정책의 기원을 그 이전 시기로까지 소급한다면, 남북 간 군사적 갈등과 긴장 관계를 완화하고 한반도 주변 국가들과의 협력관계를 강화함으로써 통일을 향한 우호적인 분위기를 조성하는 정책 기조 전반을 가리켜 북방정책이라고 지칭할 수 있을 것이다. 이런 경우라면 남북 대화나 남북경협 정책이 추진된 각 정부의 통일 정책도 큰 범주에서는 북방정책의 지속으로 해석할 수 있다. 따라서 광의의 북방정책 개념을 적용하여 '통일' 정책 기조를 북방정책에 적극적으로 포함한다면, 대한민국의 역사는 곧 남북 분단 상황을 극복하기 위한 북방정책의 역사였고, 이 정책은 한순간도 중단된 적이 없다는 결론에 도달하게 된다. 결론적으로 지난 시기 정부마다 구호나 의제가 조금씩 다르기는 했지만 대외정책에서는 북방을 향한 방향성이 있었고, 남북관계와 국제정세의 변화에 따라 강조점이 이동하면서 북방정책의 성격과 정체성을 결정한 것으로 해석할 수 있다.

북방정책의 다층적 구조와 다중 벡터

앞서 언급한 것처럼 북방정책에 대한 개념적 정의는 시대의 변화에 따라 진화해 왔다. 그리고 북방정책의 최종적인 정체성은 다음과 같은 3개의 축이 상호 연계된 구조에서 어떤 에너지를 분출하고 어떤 방향으로 진행되는가에 따라 다양한 모습으로 전개되어 왔다.

첫째, 남북 축이 대립과 갈등의 방향으로 이동하는가, 아니면 대화와 협력의 방향으로 진행되는가에 따라 북방정책의 한계와 가능성이 결정되었다.

둘째, 지구적 차원에서 강대국의 관계가 우호 협력의 시대로 가는가, 아니면 강대국이 패권주의에 기초한 갈등과 충돌의 시대로 진입하느냐에 따라 북방정책의 운명이 결정되었다.

셋째, 북방과의 연계에서 기대할 수 있는 전략적 이익이나 경제적 기대 효과가 대외정책의 방향성을 전환함에 따라 발생하는 리스크를 초과할 정도로 큰 규모인가 아닌가에 따라 정책의 지속성과 안정성이 결정되었다.

바로 위에 언급한 세 번째 축과 관련하여 현실적으로 자주 언급되는 요소가 '에너지자원 협력'이다. 글로벌 에너지자원 가격의 변동이 과연 어떤 방향으로 전개되느냐에 따라 북방정책의 전략적 선택과 내용적 구성, 정책 방향이 달라지는 것으로 나타났다. 더 직접적으로 표현하자면 글로벌 에너지자원 가격의 시황과 전망이 어떤 수준과 방향성을 띠는지에 따라, 즉 간단하게 말해서 저유가 시대인가, 아니면 고유가 시대인가에 따라 북방정책이 기획, 발진, 추진되는 대내외적 동력을 형성하기도 하고, 정책 경로를 결정하기도 해왔다.

앞서 언급했듯이 북방정책을 변화와 지속의 관점에서 해석한다면 대한민국의 역사에서 북방정책은 중단 없이 지속되었다. 그런데 '대륙을 향한 한국 외교의 공간적 확장과 정향의 변화'를 폭넓게 북방정책으로 정의한다면, 북방정책은 위에 언급한 세 개의 축과 벡터가 상호 연계 교차하는 다층적 구조에서 추진되어 왔다.

예를 들어 6.15 선언 이후 국민의 정부와 참여정부로 이어지는 남북관계의 개선과 '철의 실크로드' 정책은 진보 개혁 정부 아래에서 진행된 전형적인 북방정책이었다. 이후 정권 교체와 함께 보수 정부인 이명박 정부와 박근혜 정부 시기에도 북방정책은 지속되었다. 주지하듯이 이명박 정부 시기에는 철도, 가스, 농업을 중심으로 '3大 新실크로드'로 명명한 유라시아 진출 전략이 있었고, 박근혜 정부 시기에는 '하나의 대륙, 창조의 대륙, 평화의 대륙'이라는 담론을 전면에 내세운 '유라시아 이니셔티브Eurasia Initiative'가 주창되었다.

물론 정책의 성공 여부와 결과에 대해서는 논쟁의 여지가 존재한다. 주지하듯이 이명박 정부 시기에는 철도, 전력, 가스관 연결 등의 메가 인프라 프로젝트를 추진하고 북한과의 담판을 통해 핵 문제를 해결한다는 입장을 견지했지만, 2010년 천안함 사건 뒤 5.24 조치로 남북관계가 급격하게 냉각된 뒤부터는 북방정책의 기조를 이어가겠다는 의지를 제대로 보여주지 못했다. 박근혜 정부의 '유라시아 이니셔티브'도, 한편으로는 유라시아 국가들의 산업다각화, 교통물류인프라 확대, 플랜트 건설에 한국의 경제발전 경험과 산업기술 강점을 활용함으로써 새로운 경제성장 동력을 창출하고, 다른 한편으로는 유라시아 대륙과 연계되는 사업에 북한의 참여를 유도함으로써 남북관계를 안정시키고 북한의 개혁·개방을 촉진한다는 것을 주요 목적으로 설정했다. 그러나 개념적 광범위성과 대상 지역에 대한 목표 설정의 모호성, 그리고 남북관계 경색에 따른 한계 등으로 실천성을 담보해내지 못했고, 대륙을 향한 한국 외교의 실천으로서 '북방정책'은 그 본질적 의미가 퇴색되고 대북정책에 대한 보조적 정책수단으로 전락하고 말았다.[4]

변화와 지속의 구조에서 보면 지난 시기 북방정책은 잦은 변동성을 보여주었다. 대한민국에서 북방정책의 필요성, 혹은 북방과의 연계에 대한 공감대에는 글로벌 에너지자원 가격의 변동성이 중대한 영향을 미치는 요인이었다. 예를 들어 세계 경제가 '고유가 시대'로 진입할 때에는 에너지안보 차원에서 북방국가들과의 통상협력(에너지교역)에 대한 경제적 요구와 필요성이 자연스럽게 증대되고, 그 요구를 반영한 북방정책에 대한 정당성에 대한 공감대가 확산되고, 정책 효과에 대한 기대가 커지면서 정책지지 기반이 강화되는 측면이 있다. 반면에 '저유가 시대'로 전환되면 전반적으로 에너지안보 불안심리가 하락하고, 상대적으로 시장 변동성의 폭도 축소되고 정책 대응력이 제고되면서 북방경제협력에 대한 필요성이나 매력도가 하락하는 측면이 있다.

따라서 이러한 과거의 추세와 흐름을 보더라도 향후 국제에너지 자원 가격의 변동이 어느 방향으로 진행될 것이냐의 전망에 따라 북방정책의 내부 동력 및 지지대 형성이 결정될 것으로 전망된다. 현재의 추세만 놓고 본다면 지난 2014년 하반기부터 시작된 저유가 시대는 종료되고 다시 고유가 시대로 추세 전환한 것으로 보인다. 특히 우크라이나 전쟁 발발 이후 국제유가의 고공 행진이 계속되어 왔다. 따라서 당분간 지정학적 리스크가 해소되지 않는다면 고유가 기조는 계속될 것으로 전망된다.

다음 북방정책의 결정에는 앞서 언급한 두 번째 축, 즉 국제정치 질서의 변동 및 유라시아의 지정학적 환경이 중대한 영향을 미치기도 한다. 특히 미·러 관계가 어떤 관계를 형성하느냐에 따라 정책이 교착상태에서 빠지기도 하고, 반대로 탄력을 받으며 속도감 있게 추진되기도 한다. 예를 들어 1980년대 말~1990년대 초 미·소(러) 양자관계가 비교적 우호적인 관계인 시기에 추진된 북방정책은 외부로부터 발생하는 지정학적 리스크가 최소화된 상황에서 추동력을 가지며 진행될 수 있었다. 당시 북방정책 데스크의 일원으로 참여했던 위성락 전前 주러 대사의 구술 회고 자료를 보면 미국의 암묵적 동의를 넘어 적극적인 지원이 북방정책을 가능하게 했던 것으로 판단된다.[5]

따라서 1980년대 말~1990년대 초 북방정책이 성공적으로 추진될 수 있었던 배경에는 그것이 당시 '탈냉전'의 시대적 조류 속에서 미국의 대소 정책과 궤를 같이하는 정책이었다는 사실이 중요하다. 이러한 맥락에서 "과거의 북방정책은 동서 냉전 체제가 해체되어 가는 전환기 시점에 일종의 부산물로 탄생한 것"[6] 이라는 주장도 제기할 수 있는 것이다.[7]

반면에 미·러 관계가 냉각되고 대립과 충돌이 전면화되는 시기에는 기본적으로 한미 동맹에 구속된 구조적 한계 때문에 한국이 독자적인 대외정책 노선을 결정하는 데는 많은 제약이 있을 것으로 예상된다. 실제로 과거의 정책들을 회고해 보면 그런 이유로 북방정책의 동력이 급격하게 약화하고, 장기간 침체와 정체 상태를 벗어나지 못하는 측면이 있었다. 전형적인 사례가 2014년 이후 한·러 관계이다. 러시아의 크림반도 병합 조치가 단행된 뒤 이에 대한 반발로 미국 등 서방의 대러 제재sanctions가 진행되면서 한·러 교역 및 투자 관계는 이전 시기와 비교하여 대폭 위축되었고, 2017년 문재인 정부 출범 뒤 '대통령 직속 북방경제협력위원회'를 출범시키며 '신북방정책'을 추진하겠다는 강력한 의지를 천명했지만 주목할 만한 성과를 내지 못하고 지지부진한 상태가 계속되었다. 게다가 2022년 2월 24일 러시아의 우크라이나 침공으로 시작된 러시아-우크라이나 전쟁 발발 후 러시아와 미국을 위시한 EU 등 서방 측과의 지정학적 충돌 상황이 격화되면서 일각에서는 구소련 경제권과의 협력을 강화한다는 목적의 신북방정책이 과연 이와 같은 지정학적 위기 상황을 돌파하며 지속될 수 있겠는지에 대한 근본적인 의문이 제기되는 상황이다. 러시아의 침공을 규탄하는 전쟁 반대는 물론이고 대러 제재의 국제적 연대가 진행되는 상황에서 한·러 협력을 강화해나가야 할 논거와 명분이 취약해졌다는 목소리가 커지고 있다.

결론적으로 북방정책은 지정학적 측면의 국제환경과 한반도 주변 정세의 변화, 이것과 긴밀하게 연관된 남북관계의 변화, 그리고 글로벌 에너지자원 가격의 변동성이 복합적으로 맞물린 상황에서 어느 축의 벡터가 가장 강력한 규정력을 발휘하며 다중적 공간구조를 만들어가느냐에 따라 정책의 정체성, 방향성 및 운명이 결정된다고 할 수 있다.

북방정책의 정체성: 북방경제협력 구상인가, 아니면 지역전략인가?[8]

북방정책은 '변화와 지속'이라는 양면성을 내포하며 여러 성격의 정책이 반복 재현되는 모습을 보여왔는데, 그 정책의 정체성을 해석하고 이해하는 통일된 시각이 부재하기 때문에 대외 환경의 급격한 변화에 따라 정책의 추동력이 증대되거나 위축되는 사태가 발생했다. 따라서 그 어느 때보다도 북방정책이 흔들리지 않고 '지속 가능한 정책sustainable policy'으로 자리를 잡아가도록 만드는 것이 필요하다.

지속 가능한 정책이 되기 위해서는 그 정책의 정체성에 대한 절대 대다수 국민의 명확한 이해와 공감대가 필요하다. 북방정책의 경우에는 정책의 대략적인 방향에 대해서는 일정한 공감대가 존재했지만, 안타깝게도 정책의 본질과 정체성을 바라보는 관점은 개인마다, 혹은 특정 정치세력마다 다르게 나타나고 있다. 예를 들어 문재인 정부에서 5대 국정목표 중 하나는 '평화와 번영의 한반도'였고, 신북방정책의 비전은 '평화와 번영의 북방경제공동체'로 설정되었다. 그런데 과연 이것이 어디를 지향하는가에 대해서는 해석하는 자들에 따라 의견이 분분했다. 앞서 언급했듯이 혹자는 신북방정책이 경제 산업적 분야와 외교 안보적 분야를 모두 포괄하는 복합 전략적 측면으로 해석하기도 했지만, 또 다른 일각에서는 경제 산업에 방점이 찍힌 '북방경제협력'으로 이해하기도 했다. 그 누구도 이것이 하나의 단일한 포괄적 통합전략인지, 아니면 경제 부문에 국한된 협력정책인지에 대한 명쾌한 답을 제시하지 못했다. 그 결과 다수의 논자들은 북방정책을 언급하며 편의적으로, 그리고 상황 논리에 따라 둘 중 어느 한 측면을 언급하는 데 급급했던 것으로 보인다.

또한 앞서 언급한 바와 같이 북방정책의 본질과 정체성에 대한 각기 다른 이해는 비단 국내에서만 발생하는 문제가 아니라 국제적인 차원의 문제가 되기도 한다. 우리와 신북방정책의 협력국(러시아 등) 전문가 사이에서 신북방정책이 외교안보 영역과 경제통상 영역 중 어디에 중점을 두고 있는가에 대한 현실 진단이 달랐다. 물론 정책에 대한 기대가 다르고, 자국 중심의 해석에서 발생할 수 있는 자연스러운 견해차라고 할 수도 있지만, 앞으로 시각차를 극복하고 오해를 불식시키는 특별한 노력을 하지 않는다면 신뢰 구축에 커다란 장애가 초래될 수 있다는 것을 보여주는 것이다.

남북관계와 연관된 구조에서 북방정책의 정체성에 대한 혼란이 자주 발생하고 있다. 예를 들어 일각에서는 문재인 정부 시기 신북방정책을 대^러 협력, 혹은 좀 더 확장해서 구소련(혹은 CIS) 지역과의 협력이라고 생각했지만, 또 다른 일부에서는 남북관계의 개선에 초점이 맞추어진 '한반도 신경제 구상'의 연결축이거나, 또는 이 구상의 확장판 정도로 해석하기도 했다. 무엇보다도 이것은 '신북방정책'과 '한반도 신경제 구상' 간 상호 연결고리가 명확하지 못했기 때문에 발생한 혼란이며, 북한과 그 공간을 뛰어넘은 유라시아 북방 사이에 중첩과 분리의 경계가 모호해져서 발생한 혼란이라고 할 수 있다.

본질적으로 유라시아 북방과 육상 연계 사업을 구상한다는 것은 북한 영토를 통과하는 것을 전제하는 것이기 때문에 북한도 공간적으로는 북방에 포함되는 지역이라고 할 수 있다. 그러나 남북관계의 역학 구조와는 차원이 다른 별도의 유라시아 북방 공간에서 한국과 상호 협력할 수 있는 사업들을 논의할 수 있어야 하는데, 긴박한 북핵 문제 해결 과제에 압도되어 이러한 '투트랙-이중과제'^{two track-dual task}가 진지하게 논의되지 못한 측면이 있다.

보다 심각한 문제는 문재인 정부의 98번 국정과제인 '동북아플러스 책임공동체 구현'이 신남방정책과 신북방정책으로 구성되어 있는데, 신북방정책이 신남방정책과 동일한 수준의 위상과 무게감을 갖는 '지역 정책'이었는가에 의문이 제기되고 있다는 것이다. 전문가들의 평가는 조금씩 다르겠지만 다수의 논자들은 신북방정책이 신남방정책에 비해 그 성과가 매우 미미했다고 평가하고 있다. 일부에서는 그 원인으로서 신북방정책의 접근이 기본적으로 경제적 협력은 정치적 합의의 기반을 이룬다는 (신)기능주의적 시각을 기반으로 출발한 것이었지만, 이러한 접근은 유라시아 지역의 구조적 문제로 인해 역내 협력을 추동하는 데 근본적인 한계를 가질 수밖에 없었다고 평가하고 있다.[9]

그러나 이러한 평가는 신북방정책이 '지역 정책'의 정체성을 띠고 있었고 신남방정책과 동등한 위상을 지니고 있었다는 것이 전제되어야만 객관적이고 공정한 평가라 할 수 있는데, 실상 신북방정책에게는 '지역 정책'으로서의 위상이 부여되지 않았고, 신남방정책과 견줄 만큼의 비중이 실리지도 않았다. 신북방정책의 컨트롤 타워 역할을 하는 '북방경제협력위원회'가 여타 위원회와는 비교할 수 없을 정도의 큰 규모로 출범하였고, '9-브릿지'로 대표되는 슬로건을 통해 정책이 언론에 홍보되는 경우가 많기는 했지만, '신북방정책'이 독자적인 정책 방향으로 인식되는 것이 아니라 남북관계의 개선이나 교류에 후행하는 정책, 혹은 보완적인 정책쯤으로 해석되는 경우가 많았다.[10]

실제로 문재인 정부의 신북방정책을 관찰한 전문가들의 평가에 따르면 과연 신북방정책이 신남방정책과 동등한 위상을 지니는 것이었는지, 두 개의 정책이 상호 논리적으로 밀접하게 연결되어 추진되었는지, 동일한 구조와 작동 기제를 갖는 것이었는지, 그리고 보다 근본적으로는 신북방정책의 성격이 '지역 정책'으로서 합당한 위상을 부여받았는지에 대한 의문이 제기되고 있다.

결론적으로 신북방정책은 신남방정책과 함께 '동북아플러스 책임 공동체 구현'을 위한 지역정책의 핵심적인 구성 요소이며, 유라시아 북방 대륙의 공간을 포괄하는 지역전략의 입지와 위상을 다져야 했지만, 현실에서는 기업인들의 경제통상 진출을 지원하는 '북방경제협력' 구상에 머문 측면이 강했고, 그 결과 정책의 정체성에 대한 내부 합의와 공감대가 부재한 상태에서 방향성을 상실한 채 혼란이 가중되었던 것으로 평가할 수 있다. 이하에서는 문재인 정부 시기 신북방정책의 배경과 의의, 비전과 목표, 진화과정 등을 간략하게 살펴본다.

문재인 정부의 신북방정책: 비전과 전략

신북방정책의 배경과 의의

2017년 문재인 정부 출범과 함께 시작된 신북방정책은 동북아·한반도 평화에 대한 기대감이 상승하는 국제환경의 변화를 배경으로, △대륙-해양 '가교 국가' 정체성의 회복 △미래 신성장 동력 창출 △동북아플러스 책임공동체와 한반도신경제 구상을 실현한다는 데 의의를 부여했다.

먼저 신북방정책은 해양과 대륙을 잇는 '가교국가'의 정체성 회복을 목표로 설정했다. 문재인 정부 시기 한반도신경제구상은 남북 교류와 협력을 활성화하고 경제 통일을 위한 기반을 조성한다는 차원에서 추진되었던 정책이다. 기본적으로 남북을 물리적으로 하나의

벨트와 네트워크로 연계하려고 한다면, 이를 위한 전략공간으로서 북방지역과의 협력은 불가피한 것이었다. 이것은 냉전이 해체된 21세기에도 여전히 분단 상태를 극복하지 못해 사실상의 '섬' 상태에서 벗어나지 못한 대한민국의 지리적 구속^{Prisoners of Geography}[11] 상태가 해체되어 자유롭게 외교 공간을 확장한다는 의미를 함축한 것이었다. 이것은 21세기 글로벌 복합대전환 시기에 과거 해양 중심의 대외정책의 편향성을 바로잡고 균형감 있게 대륙과 해양 모든 방향으로 경제공간을 개척한다는 것을 의미하는 것이었다.

신북방정책은 남북 분단 체제의 질곡을 극복하며 한반도 평화 체제를 구축하는 데서 중대한 의미를 갖는다. 불행하게도 냉전 체제의 유산으로 한국의 러시아관은 냉전적 사고에서 벗어나지 못하고 있다. 그 기원은 100여 년 전 제국이 이식한 공로증^{恐露症}으로까지 소급할 수 있다. 냉전 해체 이후 지금까지도 서구사회 내부에서는 왜곡된 정보와 편견을 바탕으로 러시아를 공포의 대상으로 몰아가는 '루소포비아^{Russophobia}'의 시각이 팽배해 있다.[12] 이러한 사고가 아무런 필터링을 거치지 않고 대한민국 사회에 그대로 이식, 각인되어 재생산되고 있다. 따라서 그 어느 때보다도 냉전시대의 유산을 청산하는 것이 중요한 과제이다. 이러한 관점에서 한반도 내에서는 분단 체제를 종식시키고, 남북간 대립·갈등을 화해·협력의 구도로 전환하면서 밖으로는 개방성과 유연성을 바탕으로 대외정책의 지평을 북방 유라시아로 확장하는 것이 필요하다. 신북방정책이 다시 소환되는 이유이다.

또한 신북방정책은 북방경제협력 활성화로 우리 기업에 필요한 신성장 공간을 제공한다는 것을 주요 목표로 했다. 성장동력 창출을 위한 기회의 공간이자 대서양주의에 도전하는 유라시아주의 및 신대륙주의에 부응하는 경제공간으로 북방지역을 새롭게 개척하는 것이 필요했다. 한반도 주변국들이 낙후된 접경 지역의 사회·경제 인프라를 개발하고 초국경 협력을 통해 경제성장 동력을 창출하려는 정책(중국의 新동북진흥전략, 러시아의 신동방정책 및 극동지역개발, 북한의 경제특구개발 등)이 가속하고 있는 것을 주목하여 문재인 정부는 점차 초국경 협력을 활성화할 환경이 만들어지고 있다고 판단했고, 북방 유라시아를 향한 '기회의 창'이 새롭게 열리고 있다는 인식에서 신북방정책을 추진하기 시작했다.

　문재인 정부의 신북방정책은 동북아플러스 책임공동체와 한반도 신경제구상 실현을 뒷받침할 정책이었다. 러시아는 이미 오래전부터 미국 주도의 단극체제에서 다극적 세계 질서multipolar world order로 전환하는 것이 불가피한 현실이 되었다고 주장해 왔으며, 이러한 맥락에서 준동맹에 가까운 러·중 간 전략적 협력관계를 구축하고 이후 인도 및 아세안 등을 품어 大유라시아Greater Eurasia를 구축한다는 전략을 추진해 왔다.[13] 신세계 질서의 탄생을 예고하는, 지정학과 지전략이 충돌하는 '요동치는 세계'는 도전과 위기의 시간이다. 그러나 동시에 '약한고리'가 만들어지는 시간이기도 하다. 이 '약한고리'를 뚫고나가 유라시아 경제공간을 선도적으로 개척해야 한다면, 大유라시아가 구축되기 전에 잠재적인 네트워크 국가들과 긴밀한 협력관계를 구축하는 것이 필요했다. 이러한 관점에서 대외정책의 네트워크를 남방과 북방으로 확장할 필요가 제기되었다. 신북방정책을 추진하는 데는 바로 북방으로 뻗어나가 중국, 러시아 등과 연계되고, 신남방정책으로 인도, 아세안과 연계되는 종축의 벡터를 강화함으로써 러시아의 大유라시아 전략 구상과의 접점 공간을 확장할 수 있다는 기대심리가 작동하기도 했다.

신북방정책의 비전과 목표

문재인 정부 초기에 수립된 신북방정책의 비전, 목표, 중점과제와 추진전략은 아래 그림 1과 같다.

위의 신북방정책 로드맵이 보여주는 바와 같이 신북방정책 4대 목표 중 첫 번째는 '소다자협력 활성화로 동북아 평화기반 구축'이었다. 중점과제로는 초국경 경제협력 추진, 환동해 관광협력 활성화 등이 포함되었다. 여기에서 주목할 것은 초국경 소다자협력을 가장 중대한 원칙이자 전략적 방향으로 제시하고 있었다는 것이다. 이러한 목표를 최우선적 목표로 배치한 데는 러시아의 극동지역 개발에 부응하여 남북러 삼각협력을 중심으로 다양한 형태의 소다자협력을 통해 초국경 협력cross-border cooperation을 활성화하자는 의지가 반영된 것이다. 동시에 북한의 개혁·개방을 촉진하자는 의지도 반영된 것이었다. 나아가 동북아의 지역공동체 형성이 가속할 것이라는 기대감도 작용한 것으로 보인다.

한편 2021년 3월 북방경제협력위원회는 초기에 작성된 신북방정

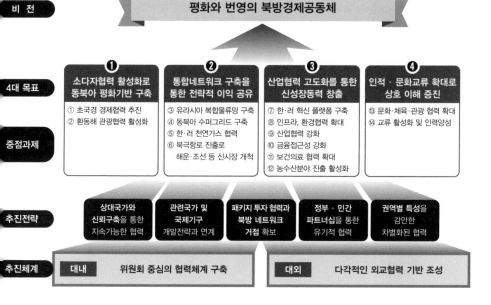

[그림 1] 신북방정책 로드맵

출처: 북방경제협력위원회(2019),"길을 열면 시대가 열린다: 신북방정책의 전략과 중점과제", 북방경제협력위원회 분과회의 발표자료(2019. 6. 14)

책 로드맵을 수정한 신북방정책 추진 전략체계도를 수정 발표하였다 (그림 2 참고). 다른 지역정책인 신남방정책의 3P$^{\text{People-Prosperity-Peace}}$ 와 연계된 새로운 로드맵 구조로 변경된 것이다. 중점 추진과제도 8개의 과제로 압축 재배치되었다.

신북방정책 로드맵을 수정하게 된 데에는 다음과 같은 요인이 작용한 것으로 판단된다.[14]

첫째, 2018년 신북방정책을 본격적으로 추진하고 난 뒤 북·미 협상 교착 및 남북관계 경색, 코로나19 팬데믹 심화, 미국 바이든 행정

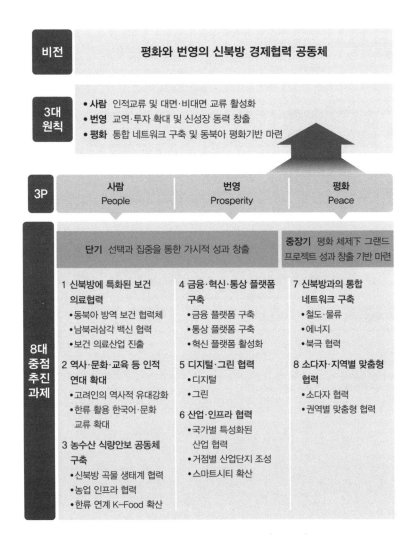

비전	평화와 번영의 신북방 경제협력 공동체

3대 원칙
- **사람** 인적교류 및 대면·비대면 교류 활성화
- **번영** 교역·투자 확대 및 신성장 동력 창출
- **평화** 통합 네트워크 구축 및 동북아 평화기반 마련

3P	사람 People	번영 Prosperity	평화 Peace

8대 중점 추진 과제

단기 선택과 집중을 통한 가시적 성과 창출

중장기 평화 체제下 그랜드 프로젝트 성과 창출 기반 마련

1 신북방에 특화된 보건 의료협력
- 동북아 방역 보건 협력체
- 남북러삼각 백신 협력
- 보건 의료산업 진출

2 역사·문화·교육 등 인적 연대 확대
- 고려인의 역사적 유대강화
- 한류 활용 한국어·문화 교류 확대

3 농수산 식량안보 공동체 구축
- 신북방 곡물 생태계 협력
- 농업 인프라 협력
- 한류 연계 K-Food 확산

4 금융·혁신·통상 플랫폼 구축
- 금융 플랫폼 구축
- 통상 플랫폼 구축
- 혁신 플랫폼 활성화

5 디지털·그린 협력
- 디지털
- 그린

6 산업·인프라 협력
- 국가별 특성화된 산업 협력
- 거점별 산업단지 조성
- 스마트시티 확산

7 신북방과의 통합 네트워크 구축
- 철도·물류
- 에너지
- 북극 협력

8 소다자·지역별 맞춤형 협력
- 소다자 협력
- 권역별 맞춤형 협력

[그림 2] 신북방정책 추진 전략체계도(2021. 3.)

출처: 북방경제협력위원회(2022), 《북방백서》, 서울: 북방경제협력위원회, p. 23.

부 출범 등으로 동북아 안보·경제 환경의 불확실성과 비예측성이 증대됨에 따라 달라진 국내외 환경에 맞추어 새로운 정책적 접근이 필요했다.

둘째, 글로벌 경제환경의 변화로 경제협력 활성화를 위한 새로운 모멘텀 확보가 필요했으며, 코로나19의 전 지구적 확산에 따른 디지털 전환, 보건 및 환경(기후변화) 협력 수요와 여타 시너지를 고려한 전략적 협력 모색이 필요한 상황이었기 때문에 이러한 필요를 충족시킬 수 있는 방향으로 전략이 수정되어야 했다.

위의 두 가지 요인 외에도 전략체계도 수정에서 눈여겨봐야 할 점은 신북방정책 추진의 개념적 체계로서 3대 원칙(사람/번영/평화)이 새롭게 편입되었다는 것이다. 이것은 신북방정책과 신남방정책이 '동북아플러스 책임공동체 실현' 과제를 구성하는 두 개의 핵심적인 축이고, '지역전략'의 관점에서 접근하면 상호 유기적인 관계를 맺으면서 통일성을 유지해야 하는데 마치 분리된 별개의 정책처럼 추진되었던 점을 반성하여 이를 바로잡으려고 했던 것으로 판단된다. 이러한 맥락에서 신남방정책처럼 3P(사람·번영·평화) 원칙에 맞추어 정책의 목표를 구체화하고 조정한 것은 바람직한 시도라 할 수 있다. 그러나 다른 한편으로는 신남방정책과 조화를 이루도록 기조를 맞추는 과정에서 신북방정책이 가진 독자성이나 특징이 소멸되고, 정책을 운용하는 전략적 공간이 위축될 수 있다는 우려도 제기되었다.

한편, 수정된 전략체계도에서는 '초국경 소다자 협력' 과제가 상대적으로 이전과 비교하면 그 비중이나 위상이 위축된 것으로 보인다.

물론 '평화'의 목표를 실현하는 두 개의 과제(△신북방과의 통합 네트워크 구축, △소다자·지역별 맞춤형 협력)가 설정되어 있고, 후자의 중점과제 아래 '소다자 협력'이 명시되어 있기는 하지만, '초국경 협력cross-border cooperation'의 실현 가능성에 대한 비전과 전략적 중요성에 대한 인식이 옅어졌다는 인상을 준다.

이러한 변화가 초래된 데는 자연스러워 보이는 측면도 있다. 북·미 협상 교착 및 남북관계 경색 상태가 장기간 지속됨으로써 과거와 같은 평화 기조가 당분간은 다시 살아나기 어렵고, 따라서 초국경 협력 사업을 실행하는 것은 곤란하다고 판단한 것으로 보인다. 가시적인 성과를 거양할 수 있는 중점과제들을 전면에 배치함으로써 생긴 자연스러운 결과일 수도 있다. 국내외 상황의 변화에 따라 정책의 강조점이 이동하고 정책의 강약을 유연하게 조정한 것으로 해석할 수도 있다. 그러나 반면에 '성과주의'에 과도하게 몰입함으로써 '신북방정책'의 중대한 가치를 너무 쉽게 포기한 것으로 해석할 수도 있다.

일부에서는 신북방정책과 관련하여 개별 부처에서 진행해 왔던 기존의 사업들이 아무런 차별성도 없이 그저 '신북방정책'이라는 이름 아래 재구조화된 것일 뿐 새로운 비전을 담아내지 못하고 있다고 비판해 왔다. 이러한 측면을 고려한다면 '초국경 소다자 협력'을 새로운 환경에서 어떻게 실현해갈 것인지 전략이나 대안적 접근을 제시하는 것이 필요했다. 그러나 수정된 전략체계도에서 이들 과제는 오히려 후위로 배치되었다. 결론적으로 수세적이고 퇴행적인 행보였다고 평가할 수 있다.

신정부의 유라시아 외교: 쟁점과 전략의 문제[15]

무엇이 일어나고 있는가

유라시아 외교는 신정부에서 사실상 방치되거나 실종된 상태이다. 대한민국은 2022년 2월 우크라이나 전쟁 발발 이후 범서방 진영의 대러 제재체제에 가담하고 있다. 현재 한·러 관계는 정치 외교, 경제, 사회, 문화 등 모든 면에서 급격하게 냉각되고 있다.

그나마 대중앙아시아 외교가 작동되고 있는 것처럼 보인다. 하지만 실상은 매우 제한적이고 소극적인 형태에 불과하다. 2022년은 그나마 한-중앙아 수교 30주년을 기념하는 해였기 때문에 다채로운 행사가 진행되었지만, 각종 포럼이나 회의는 이벤트 성격이 강했다.[16] 향후 '한-중앙아협력포럼'처럼 한국이 주도하는 다자간 협의체를 중심으로 중앙아시아 국가들과의 연례 회담(중앙아5+1)은 지속되겠지만, 코로나 팬데믹과 우크라이나 전쟁을 겪으면서 급격하게 냉각된 대유라시아 외교가 반전의 드라마를 만들어갈 가능성은 작아 보인다.

현재 유라시아 외교의 실종 사태는 유라시아 질서의 변화에 대한 한국 정부의 대응이 너무나 현실과 동떨어진 '가치', '이념', '세계관' 등에 갇혀 있고, 대유라시아 외교의 가치나 의의가 외교전략 구상에 적절하게 반영되지 못한 데서 비롯된 것이다. 〈윤석열정부 110대 국정과제〉 중 '국정목표 5: 자유·평화·번영에 기여하는 글로벌 중추국가'에서는 "자유민주주의 가치와 공동이익에 기반한 동아시아 외교 전개"를 최우선적인 과제로 설정하고 있으며, 한·러 관계에 대해서는 "국제규범에 기반한 한·러 관계의 안정적 발전 모색"을 주요 과제로 설정하며 "대러 제재 등 우크라이나 사태 해결을 위한 국제사회의 노력에 동참하는 가운데 한·러 관계의 안정적 관리 노력 지속"이라고 설정했다.[17]

여기에서 대러 관계는 마치 동아시아 외교의 외부에 위치한 부가적인 요소로만 취급되고 있다. 대러 외교의 위상이 이런 위치로 떨어지게 된 것은 지금까지 진행된 대한민국 외교의 한계를 그대로 반복하고 있기 때문이다.

첫째, '동아시아 외교'와 '4강 외교'의 범주를 무원칙적으로 섞어 표현함으로써 대외전략의 공간적 좌표에 일정한 혼란이 초래되고 있다. 글로벌정치의 공간적 범주가 이미 오래전부터 광활한 유라시아 대륙으로 확장되었는데도 불구하고, 우리 외교의 시야는 여전히 과거처럼 '동북아', '동아시아' 등의 익숙한 공간적 범주에서 벗어나지 못했다.

둘째, 우리 외교가 위기를 능동적으로 돌파하려는 노력을 하기보다는 외부세력에 의존하면서 상황 악화를 막으려는 관성적 사고에서 크게 벗어나지 못했다. 이러한 행태를 가리켜 혹자는 대외환경의 급격한 변화에 노출된 대한민국의 외교 현실을 고려할 때 모험주의와 결별한 신중한 태도라고 강변하기도 하지만, 다른 한편으로는 서구(자유주의) 중심의 '규칙기반 국제질서'에 내포된 근본적인 딜레마를 자각하지 못한 한계를 보여주는 것이기도 하다. 예를 들어 미국 등

116

서구가 요구하는 '자유민주주의' 가치, 그리고 이 가치와 규범을 따르지 않는 세력에게 가해지는 '일방적인' 제재sanction는 결코 절대 다수의 동의나 보편성을 획득한 개념이 아니다. 지금 러시아가 그 정당성에 대한 근본적인 문제제기를 하고 있는 상황인데, 우리 정부는 그 '가치'를 전제한 가운데 한러관계를 안정적으로 관리해나가겠다고 주장하고 있다. 결론적으로 모순적이고 갈등적인 성격을 내포하기에 정책적으로는 한계를 가질 수밖에 없는 것이다.

또한 〈윤석열정부 110대 국정과제〉 중 '함께 번영하는 지역별 협력 네트워크 구축'(No.97) 과제에서 유라시아는 구별된 정책 대상 지역으로서의 독자적인 위상에 오르지 못했다. 그리고 단지 '지역별 맞춤형 협력 추진'이라는 범주에서 중동, 중남미, 아프리카 다음 순서이자 마지막으로 '중앙아시아'가 언급되며 그 방향성이 명시되지 않은 채 "고위급 교류 및 한-중앙아협력포럼을 기반으로 중앙아 국가들과의 협력 강화"라는 과제가 언급되고 있다.

결론적으로 현 정부에서 유라시아 외교의 목표와 과제를 명쾌하게 제시하는 내용적 요소들은 없으며, 국정과제 중 '중앙아시아'가 여러 차례 언급되기는 하지만 그것이 과거와 비교하여 그 전략적 가치나 의의가 급격하게 격상되는 '거대한 전환'을 의미하는 것도 아닌 것으로 보인다.

러시아의 우크라이나 침공 이후 러시아를 상대로 한 신북방정책은 사실상 모든 것이 중지되고 단절된 상태에 있다. 국내에서는 전쟁 발발 이후 러시아의 '제국주의' 행태를 비난하는 여론이 형성되면서

'신북방정책'의 효용성 그 자체를 의심하는 분위기가 고조되고 있고, 그 여파로 한·러 간 이해관계가 대립하고 충돌하는 장면이 자주 발생하고 있다.

미·중 전략 경쟁 및 미·러 관계 악화에 따라 동북아 및 유라시아 정세가 요동치는 상황에서 앞으로 북방정책은 국제정치적 제약이 부과하는 상황을 어떻게 우회, 또는 극복하면서 경제통상 측면의 이해관계를 증진하고 상호신뢰를 축적할 것인가라는 중대한 도전에 직면해 있다. 지금은 누가 보다라도 대전환의 시대이다. 미·중 전략경쟁이 격화되는 상황에서 포스트 코로나 시대의 기후변화에 능동적으로 대응하고, 4차산업혁명을 선취해야만 하는 중대한 도전에 직면해 있다. 이러한 측면을 고려한다면 '지속 가능한' 신북방정책에 대한 깊은 고민이 필요하다.

국내 일각에서는 미·러 대립의 격화 속에서 최근 우크라이나 사태의 여파로 신북방정책을 추진해나갈 동력이 완전히 사라졌다고 진단하고 있다. 그러나 지정학적 환경의 변화로 초래된 '위기'에 놀라 조급하게 정책을 폐기하거나, 아니면 호의적인 외부환경이 조성될 때까지 상황을 관망하겠다는 무기력한 태도는 경계해야 한다. 오히려 조급증을 버리고, 지난 시기에 축적된 신북방정책의 성과와 한계를 되짚어 보면서 변화된 남북관계 및 복잡한 국제정치경제 환경에서 긴 호흡과 넓은 안목으로 신북방정책 2.0의 비전과 전략을 설계하는 것이 필요하다.

신세계 질서와 우크라이나 전쟁을 어떻게 볼 것인가?

러시아-우크라이나 전쟁에 따른 유라시아 국제질서의 변동을 바라보면서 이것을 '신냉전'의 서막으로 보는 견해가 있다. 그러나 '신냉전'이라는 용어 사용은 두 가지 측면에서 현실 인식을 왜곡할 요소가 있다.

우크라이나 전쟁은 오래전에 시작된 강대국의 패권 경쟁(이데올로기)이 갈등과 충돌의 지점을 지나 전쟁의 형태로 발화된 것이다. 무력 충돌이 발생하면서 국제사회가 충격으로 받아들이고는 있지만, 사실 이미 오래전부터 폭발의 에너지를 응축해 온 사건이었다. 여기에서 우리는 그저 외부충격에 압도될 것이 아니라 세계 질서가 어떠한 방향성을 가지며 폭발 에너지를 응축해 왔는지를 분석하고, 향후 우크라이나 사태가 기존의 경향성을 어떻게 가속화, 혹은 지연할 것인가를 분석해야 한다.

우크라이나 전쟁으로 국제사회에서는 '신냉전'으로의 복귀 가능성이 초미의 관심사로 떠오르고 있다. 그러나 이러한 용어는 과거 냉전 시기와 마찬가지로 세계 질서가 완전한 세력 및 지역 블록화로 갈 것이라는 오해를 낳을 수도 있다. 사실 현실에서 전개될 상황은 일반의 전망과 다를 수 있다. 냉전과의 연계성보다는 세계화의 역전 현상으로 해석하는 것이 옳다. 세계화를 추동한 신자유주의의 토대가 침식되어 최종적인 파산 선고를 받은 것으로 해석해야 한다.

한편으로 우크라이나 전쟁은 지정학의 충돌이면서, 동시에 미국 등 서방의 대러 제재^{sanctions}에 대응하여 러시아가 역제재^{counter-sanctions}

로 응수하는 제재 체제$^{sanction\ system}$의 본격적인 등장을 의미한다. 물론 이러한 제재 체제는 전후 세계 체제에서 오래전부터 관찰되어 온 현상이다. 특히 구소련의 해체와 함께 글로벌 단위에서 제재 건수는 지속적으로 증대되어 왔다. 제재가 무력 충돌보다 부수적인 피해가 적고, 세계화로 경제적 상호의존성이 증대됨에 따라 제재의 운용 능력이 좋아졌다고 판단하여 비용 대비 효과가 좋은 압박 수단으로 손쉽게 채택되었다.

우크라이나 전쟁으로 촉발된 제재-역제재 대항 체제는 '경제전쟁'이라는 측면에서 다음과 같은 의미를 함축하고 있다.

첫째, 미국 주도의 단극적 자유주의질서와 신자유주의 이데올로기에 기초한 미국식 자유자본주의 체제에 대항하는 국가자본주의$^{state\ capitalism}$ 세력의 반격이 시작되었다는 것을 의미한다.[18]

둘째, 미국 등 서구의 금융자본주의에 대항하여 러시아와 중국을 필두로 한 산업자본주의 사이의 경제전쟁이 진행되고 있는 것이다.[19]

셋째, 유라시아 패권 경쟁을 향한 강대국간 신거대게임이 하드파워 대립으로 격화하고 있다.

넷째, 제재 체제에서 불가피하게 서구 의존적인 러시아의 혁신^{innovation} 및 현대화^{modernization} 전략이 방향 전환을 하고, 협력의 파트너를 새롭게 모색해야만 하는 상황이 도래했다는 것을 의미한다.

강대국간 신거대게임이 하드파워 대립으로 격화한다면 향후 이 과정에서 세력간 연대(동맹)의 추세가 보다 강화될 것으로 예상된다. 일차적으로는 미국을 위시한 EU 등 서구의 대서양 동맹(대러 제재 체제)에 대항하여 중·러 연대가 강화될 것이고, 이것이 지구적 단위에서는 광범위한 BRICS 연대로 확장될 것으로 전망되며, 최종적으로는 BRICS 통화결제 체제와 지역통합 메커니즘이 새롭게 구축되는 BRICS+ 움직임으로 진화되어 나갈 것으로 전망된다.[20]

지금까지 러시아의 역사는 세계경제의 변동(호황-침체)에 따라 개혁과 반개혁이 주기적으로 교체되는 전통을 보여왔으며, 이러한 전통에 비추어볼 때 향후 러시아의 정치경제 환경은 권위주의적 통치 질서와 국가자본주의적 성격의 경제 체제가 유지될 가능성이 높으며, 세계경제의 침체가 상당기간 지속된다면, '폐쇄-생존-전통' 경제로 회귀하고 세력 간 연대와 동맹을 강화하는 지역주의에 의존할 가능성이 크다. '폐쇄-생존-전통' 경제란 과거 냉전시기와 같은 블록화된 경제 체제를 의미하는 것이 아니라 세계화의 충격에서 벗어나 독자적인 경제권을 형성하고, 외부의 제재로부터 오는 충격을 완화하기 위해 국가의 '통제와 조정' 역할을 강화하는 시스템으로 해석해야 할 것이다.

이러한 경제 체제는 전통적인 시장경제 체제에서도 특별한 시기(특히 전시 체제에서!) 생산에 필요한 자원의 효율적인 조달 및 안정적인 사회경제 체제를 유지하기 위해 활용되었던 경제 체제이다. 러시아의 경우에는 역사적으로 그것이 사회주의 계획경제 체제이든 자본주의 시장경제 체제이든 다양한 방식으로 활용했던 경험과 노하우를 갖고 있고, 이를 통해 위기 극복에 성공했던 사례가 있다. 그런 맥락에서 앞으로 '폐쇄-생존-전통' 경제와의 친화성은 높다고 전망된다.

지금 세계경기순환 구조에서 러시아가 직면한 가장 큰 딜레마는 서구와 대치하면서 어떻게 혁신체계를 현대화할 것인가의 문제이다. 결국 현실적으로 이것을 해결할 수 있는 방법은 다음과 같은 이중전략^{dual strategy}을 구사하는 것이 될 것이다.

첫째, 당분간은 수입대체산업화 전략을 유지하면서 유라시아 경제벨트를 강화하고, BRICS 유대를 강화함으로써 '생존 경제'의 물적 토대를 구축하면서 지구전을 전개하는 것이 될 것이다.

둘째, 서구의 강력한 제재가 작동하는 상황에서 일방적으로 서구에만 의존해 왔던 혁신체계전략은 이제 그 실행이 불가능하게 되었다. 결국 러시아로서 선택지는 독자적인 발전 모델을 운용하거나 함께 혁신을 모색할 연대의 축을 탐색해나가는 것이다.

글로벌 복합 대전환 시대와 유라시아 외교

글로벌정치에서 신자유주의 이데올로기에 기초한 '세계화' 담론은 퇴조하고, 지정학의 위기가 고조되면서 지역적 대분열이 심화하는 상황이 도래할 것으로 전망된다. 그러나 지역적 대분열은 과거 냉전 시기처럼 세계를 거시적으로 양분하는 이원적 구조가 아니라, 다양한 중심이 세력권을 형성하며 지역적으로 분할되고, 글로벌 차원의 광역 연대와 결합이 사안별로 유연한 형태로 재구조화하는 방식으로 전개될 것이다. 이제 대한민국의 외교는 근본적으로 이전과는 전혀 달라진 외교환경에서 국익 실현의 공간 개척이라는 심각한 도전에 직면하고 있다. 그러나 지정학의 충돌과 경제전쟁 상황으로 바뀐 환경에 신속하고 유연하게 적응한다면 역설적으로 새로운 '기회의

창'이 열릴 가능성도 존재한다.

러시아-우크라이나 간 무력 충돌이 지속되고 있고, 이러한 갈등이 어떻게 종결될지 모르지만 지금까지 진행된 일련의 사태와 전황을 고려하면 '전쟁'과 '제재'가 맞붙는 상황 속에서 '지구전'의 방식으로 전개될 가능성이 매우 크다. 우크라이나 전쟁과 제재하에서 정치경제적으로 피로도는 급격하게 높아질 것이다. 일단 유럽 내 우파의 진격 및 사회계층 분열에 따른 격렬한 반정부 저항이 예상된다. 중장기적인 전쟁 수행 가능성은 러시아가 우위를 보이게 될 것이다. 푸틴 대통령에 대한 러시아 국민의 지지도는 여전히 높고, 권위주의 통치 구조에서 지배엘리트 내부의 분열적 징후를 아직은 발견하기 어렵다. 러시아 경제도 서방의 제재 충격과 변동성의 '위기'를 무사히 통과하여 이제는 서서히 안정화 추세에서 관리되고 있고, 2024년부터는 본격적인 경제성장이 예측되고 있다.

따라서 이제 대한민국은 글로벌 복합 대전환 시대의 성격과 특징을 정확하게 이해하고, 유라시아 국제질서의 대변동에 능동적으로 대응하는 국가전략을 수립해야 한다.

첫째, 미·중 전략경쟁의 지속이라는 방향성과 양국 관계를 규정하는 3C(대결-경쟁-협력)의 복합적인 역학 구조가 공존하는 국제질서에 대한 종합적인 이해가 필요하다.

둘째, 한반도 4강 중심 외교에 고착된, 동북아 공간 구조에 대한 '지리적 구속'에서 벗어나 대변동의 중심에 위치한 유라시아 전체의 합종연횡 구조와 지정학적 단층선을 간파하고, 유라시아를 외교력을 증대해야 할 전략공간으로 설정하는 인식의 전환이 필요하다.

셋째, 대한민국이 국력과 국위의 신장에 맞추어 글로벌 차원의 대한국 수요를 충족할 수 있는 국가라는 자각과 함께 지정학적 중간국으로서 동일한 전략환경에 위치한 유라시아 국가들 간 광범위한 연대를 모색하면서 생존과 활로를 모색하는 전략이 필요하다.

넷째, 미·중·러 전략적 삼각관계의 향방에 따라 재구조화 위험에 노출된 북·중·러-남·미·일 냉전 구도의 재연[21]을 차단하기 위해 '신북방전략 2.0'을 추진해야 한다.

우크라이나 전쟁 이후 유라시아 신외교 전략

자유자본주의와 국가자본주의(state capitalism) 사이에서 전략적 유연성 확보

우크라이나 사태의 발생은 신자유주의 세계화 시대의 종언을 알리는 서막이며, 향후 세계는 지정학적 이해와 정체성^{identity} 판단에 기초한 경제의 지역적 대분열이 가속할 것으로 전망된다. 남북 분단 상태를 포함한 한국의 복잡한 지정학적 환경을 고려할 때 가치와 이념에 순응하는 방식으로 자유자본주의를 추종하고, 반대로 국가자본주의를 비난하는 서방의 흐름에 동조하는 것은 대한민국 산업화 및 현대화의 역사적 맥락, 혹은 자기정체성을 부인하는 분열적 태도이다. 글로벌 가치와 원칙으로서 '자유'와 '국제규범'이 강조된다고 하더라도 현실에서는 국익을 앞세우는 실용주의적 태도가 외교의 제1원칙으로 견지되어야 한다. 따라서 앞으로는 국가자본주의 국가들과의 이익 공유지대를 어떻게 전략적으로 확장할 것인가의 문제에 집중하는 것이 바람직하다.

이슈의 다변화, 이슈 연계성(통상-기술-안보 연계)의 강화, 협력 주체의 다양화 현상이 동시다발적으로 분출되는 글로벌 복합위기의 시대에는 민간이 집중할 부분과 정부가 집중할 부분으로 분리하여 정책 리스크를 헤징하는 위기관리가 필요하다. 21세기 현대자본주의 체제에서 엄밀하게 말해 순수한 형태의 '자유자본주의'란 존재하지 않는다. 정도의 차이만 있을 뿐 국가자본주의는 가장 광범위한 시장경제 체제를 포괄하고 있다. 서구의 '가치' 외교 선동에 무장해제되어 무비판적으로 '가치' 동맹에 편승하기보다는 국가자본주의의 다양성에 주목하며 국익을 극대화하는 실용주의 외교전략이 필요하다.

'지역전략'으로서 신북방정책의 정체성 강화

과거의 북방정책이 냉전 해체 시기 열린 기회의 창을 활용함으로써 비교적 저비용으로 성공적인 결과를 도출할 수 있었다면, 지금은 정반대로 지정학의 충돌이 격화하는 상황으로 진전되고 있다. 따라서 정책 추진과 실행에 상당한 부담과 비용이 따를 수밖에 없는 상황이다. 그러나 과거와는 비교할 수 없을 정도로 최근 한국의 국력/국위/국격이 격상했다는 측면도 고려해야 한다. 과거처럼 양 진영 사이에서 과도한 '눈치보기'식 관망으로 일관하거나, 혹은 편의적으로, 그리고 비전략적으로 전통적인 동맹 구조에 안주하기보다는 각기 다양한 방식으로 한국에 대한 역할 기대를 활용하고, 사안별로 협력의 공간과 지대를 확대해 가는 전략이 필요하다.

현재의 세력 간 각축을 제도와 체제적 관점에서 보면 자유주의질서와 권위주의질서 간 대립으로 해석할 수 있지만, 공간적인 구조에서 보면 인도–태평양 중심의 해양세력과 유라시아 북방 중심의 대륙세력 간 갈등으로도 해석할 수 있다. 이러한 측면을 고려하여 한반도의 지정학적 위치의 이점을 최대한 살리는 방식으로 두 세력 간 갈등을 완화하는 접근이 필요하다.

미·중 전략경쟁이 격화하는 상황에서 우크라이나 전쟁이 발발함에 따라 러시아의 가치나 역할에 대한 관심이 줄어들 수 있지만, 반대로 한미 동맹 관계 강화와 한·미·일 군사안보협력이 본격화하면 러시아는 전략적 열세를 만회하기 위해 러·북 관계를 밀착시킬 가능성이 농후하다. 따라서 이를 차단하기 위한 다각적인 노력이 요구되며, 지정학적 갈등과 충돌을 완화하기 위해 지경학적 네트워크 연대의 의지를 지속적으로 발신하면서 한·러 상호 불신의 골이 깊어지는 것을 차단해야 한다. 과거와 달리 북한 우회로의 관점이나 극동지역 개발 차원이 아니라 유라시아 '지역전략'의 관점에서 신북방정책의 정체성을 보다 강화하고, 물류 및 에너지 안보 차원의 네트워크를 구축하는 사업을 전개해야 한다.

최근 공급망 위기와 관련하여 유라시아물류체계의 변화를 추적하면 현실은 단순하게 해운 중심, 또는 대륙철도 중심으로 이원화되어 발전하는 것이 아니라 상호 연계된 복합물류 시대로 빠르게 발전하고 있다. 따라서 이러한 추세를 활용하여 대륙철도-해운항만 연계 인프라 개발과 유라시아 ITC 루트 활성화 전략을 추진하는 것이 필요하다. 지금까지의 국가전략은 해운과 대륙철도에 대한 강조점이 정권 교체시마다 바뀌면서 불균형의 문제점을 노정했다. 앞으로는 해륙복합운송시대에 맞추어 한반도를 넘어 해양과 대륙 사이의 연계를 강화하는 해외복합물류사업 등을 적극 발굴하고, 이를 통해 공급망 위기를 낮춰나가는 노력이 필요하다. 동일한 맥락에서 유라시아 대륙 서부에서 발생하는 강대국 간의 군사적 대립과 갈등에 위축되어 편의적으로 미국 중심의 해양 동맹에 편입하기보다는 국익 증대의 관점에서 해륙복합시대를 적극적으로 개척해 나가고, 그것에 맞추어 신북방정책의 전략적 목표도 수정해 가는 것이 필요하다.

신북방정책과 신남방정책의 상호연계성 제고

지금까지 단순한 거버넌스 차원의 연계를 강조했다면, 우크라이나 전쟁 이후 지역전략으로서 신북방정책과 신남방정책은 그 이름이 어떤 식으로 불리든 목표의 상호연계성을 확보해야만 흔들리지 않고 지속될 수 있다. 설사 평화협정 체결 등으로 이어지는 종전 상황이 오더라도 미국 등 서방의 대러 제재 체제는 장기간 지속될 것으로 전망된다. 이러한 상황에서 대러 직접투자가 정상화되기까지는 상당한 시일이 소요될 것인바, 다음과 같은 방식으로 양국의 전략적 이해관계를 실현할 수 있는 대체 투자모델이 수립되어야 한다.

첫째, 당분간은 아세안과 인도 등 신남방지역에서 한·러 협력의 경험을 축적하고, 국제환경의 변화와 제재 완화 과정을 지켜보면서 투자 대상지를 북방으로 전환해 가는 전략적 사고가 필요하다.

둘째, 미국의 인도-태평양 전략과 러시아의 大유라시아$^{\text{Greater Eurasia}}$ 파트너십 건설이 충돌하고 중첩되는 지역을 중심으로 네트워크를 구축하고 유연하게 제재 체제를 극복해 가는 노력이 필요하다.

셋째, 터키, 중앙아시아, 이란, 인도, 파키스탄, 인도네시아, 베트남 등 일련의 국가는 러시아와의 정치경제 관계가 긴밀하고, 러시아 비즈니스 관행에 대한 이해가 깊은 국가이며 한국과의 경제적 유대관계가 깊은바 이들을 중개로 보다 긴밀한 가치사슬로 연계된 삼각협력 체제를 구축할 수도 있다.

유라시아 국제운송회랑 활성화를 고려한 신북방-신남방 연계

최근 중국이 주도적인 역할을 하는 상하이협력기구^{SCO}와 러시아가 주도적인 역할을 하는 유라시아경제연합^{EAEU} 사이에는 교통물류 부문의 협력이 강조되고 있다. 2015년 5월 8일 중·러 정상회담(모스크바)에서 양국 정상은 EAEU의 인프라 개발과 중국의 '일대일로' 건설을 상호 연계하여 협력하기로 합의했다. 2016년 6월 25일 타슈켄트 SCO 정상회담에서는 러시아의 푸틴 대통령이 EAEU와 '일대일로'를 연계한 다양한 운송회랑 구축 프로젝트를 상기하면서 향후 유라시아대륙 전체를 포괄하는 공동경제공간 구축 가능성에 대한 비전을 천명하며 아시아와 유럽을 연계하는 국제운송회랑의 구축, 경제

성이 확보된 교통사업의 확대, 통과수송 잠재력transit potential을 실현할
수 있는 공동의 교통인프라 프로젝트 등을 강조하기도 했다.

유라시아 국제운송회랑에는 최근 두 개의 흐름이 동시에 나타나
고 있다. 일단 중-몽-러 국제운송로와 중국-중앙아시아-러시아 국
제운송로의 개발을 촉진하면서 유라시아 동-서 축 연결 노선 중에서
중앙아시아를 관통하고 가스피해와 터키를 경유하여 유럽으로 연결
되는 '동-남서' 축이 활성화되고 있다. 이것과 함께 또 다른 한편으로
는 북유럽에서 출발하여 러시아-중앙아시아-이란-인도로 연결되거
나, 중앙아시아에서 아프가니스탄과 이란, 파키스탄을 지나 인도양
으로 나가는 '남-북' 국제운송회랑이 활성화되고 있다. 한마디로 유
라시아 대륙의 서부 지역에서 '동-서' 축과 '남-북' 축이 교차하는 국
제복합운송의 십자로가 형성되고 있는 것이다. 이러한 교통물류 동
향은, 서쪽에서는 러시아-중앙아시아-인도-동남아를 연계하고, 동
쪽 한반도에서는 남·북·중, 남·북·러, 남·북·중·러로 교차하는 대
륙물류체계를 구축함으로써 남방과 북방의 물류축이 하나의 일원화
된 유라시아물류체계로 통합될 수 있는 잠재력이 형성되고 있다는
것을 의미한다. 만일 이와 같은 유라시아 전략환경의 변화와 최근 유
라시아 물류지도의 새로운 흐름에 주목한다면, 앞으로 신북방정책과
신남방정책은 그 어느 때보다도 긴밀하게 전략적 목표와 실행 과제
를 연계하여 추진할 필요가 있다.

중앙아시아를 우회하는 한국-중앙아시아-러시아 삼각 체제 구축

다음과 같은 이유로 제재하에서 중앙아시아에 특별한 관심을 가져야만 한다.[22]

첫째, 신냉전 기류가 격화하고 경제 블록화가 가속하면 '지정학적 중간국'의 위치에 있는 국가들간의 연대 전략이 필요하다. 중앙아시아 5개국은 러시아, 중국, 미국, EU 간 세력 각축전이 전개되는 공간에서 생존을 모색해야만 하는 지정학적 중간국이다. 한반도의 운명과 유사한 측면이 있다. 중앙아시아와의 전략적 연대를 강화함으로써 우리의 대외정책의 공간이 보다 확장될 수 있다.

둘째, 경제안보 측면에서도 중앙아시아는 매력적인 국가이다. 중앙아시아는 유라시아의 '심장지대'이자 석유·가스 등 에너지자원의 보고이다. 또한 최근 희토류 등 전략광물의 안정적 공급 문제가 주요 현안으로 떠오르고 있는데 중앙아시아도 전략광물의 보고로서 그 가치가 다시 주목받고 있다.[23]

셋째, 서방의 대러 제재가 진행되면서 중앙아시아를 우회하여 신북방정책을 추진할 여건이 조성되고 있다. 대러 제재 이후 일부 러시아 기업이 중앙아시아에서 철수할 수 있다는 전망도 제기되고 있는데, 중앙아시아에서 러시아 기업이 주도한 에너지자원 개발 및 각종 인프라 투자가 중단되는 등 '경제 공백'의 충격이 발생할 수도 있고, 그간 러시아에서 수입하던 일부 경공업 제품의 공급이 불안정해지자 일부 중앙아시아 국가들은 자국 내에서 제품을 생산하겠다는 의지가 있다. 따라서 우리 기업이 그 '공백'을 메우는 전략을 펼쳐나간다면 제재하에서도 신북방시장 개척은 지속될 수 있다.

넷째, 최근 서방의 대러 제재 체제가 강화되면서 ICT 분야의 러시아 기술인력이 사업지를 중앙아시아 등으로 이전하거나, 더 나은 보수 및 안정된 일자리를 찾아 해외 이주를 검토하는 사례가 증가하고 있다. 따라서 ICT 인력 양성과 관련한 협력 체제를 구축하거나 대중앙아시아 ICT 부문의 투자 진출 기회로 활용하는 전략이 필요하다. ICT 부문의 협력은 한국의 강점을 활용하면서 지금 중앙아시아 국가들이 직면한 디지털화, 투명성 제고 등 사회개혁을 촉진하는 방향성이 결합된 중대한 사업이다.[24]

혁신(innovation)을 위한 전략적 동반자 관계 강화

제재하에서 유라시아 국가들의 발전은 이들이 과연 경제 현대화나 4차 산업혁명과 관련된 '혁신' 과제를 얼마나 성공적으로 완수할 수 있는가 그 여부에 따라 명암이 크게 달라질 것이다. 따라서 혁신을 향한 운명공동체로서의 군건한 기반을 만드는 것이 중요하다. 러시아는 수입대체 전략을 실행해 가는 데서 한국이 동반자가 되기를 은근히 기대하고 있다. 그런데 앞으로 서방의 대러 제재는 그 어느 때보다도 러시아의 '혁신' 전략을 무력화하는 데 집중될 것으로 예상된다. 따라서 한·러 간 전략적 협력 구조가 결합할 수 있는 잠재적인 지점도 '혁신' 분야이다. 일단 현재 한-러 혁신 협력센터의 거버넌스 구조를 '한-유라시아 혁신 협력센터'로 확대 개편하고, 제재 환경에서 한-중앙아시아 간 제조·공정 혁신을 통한 경제체질 개선 및 신산업 창출 확대에 기여할 수 있는 방안을 찾아야 한다. 한·러 혁신 플랫폼의 Non-Stop 기술협력-스타트업-시장진출 지원 인프라를 활용함으로써 대중앙아시아 기술협력 확대 발판을 마련하는 것은 물론이고,[25] 우크라이나 전쟁 발발 이후 러시아의 과학기술인력 유출 추세에 주목하여 이들을 국내로 유치하고 활용하는 전략을 추진할 수도 있다.

제재하에서 극동지역 대중 균형추로서 한국의 역할 증대

미국 등 서방의 대러 제재가 장기화할수록 러시아의 대중국 경제 의존도는 심화할 것으로 전망된다. 중장기적으로 동북아의 지정학적 구도나 역학관계가 과도하게 중국에 쏠리는 것은 한국과 러시아 모두에게 큰 부담이 된다. 따라서 지금은 역발상 전략이 필요한 시점이다. 제재 리스크 공포에 과민하게 반응하거나 위축될 것이 아니라 오히려 극동에서 한국의 위상과 가치를 '조용히', '드러나지 않게' 한 계단씩 높여가는 전략이 필요하다. '제재의 역설'을 준비하는 차원이라면 러시아의 서부지역은 시장 공략의 차원으로 접근하고, 극동지역은 제재 완화(또는 해제) 이후를 준비하면서, 그리고 향후 동북아 초국경 협력 활성화가 다시 재개할 시점을 바라보면서 극동 진출 지원에 필요한 기초인프라를 전략적으로 구축해 가는 노력이 필요하다.

5

러시아가 바라보는 태평양-두만강-북한: 유엔 광역두만강개발계획(GTI) 중심의 초국경 협력[1]

바딤 아쿨렌코
(중앙대학교 중앙사학연구소 HK+접경인문학연구단 연구교수)

본 장은 러시아 연방에서 가장 넓은 지역인 극동 러시아 또는 태평양 러시아에 대한 러시아 연방의 정책과 GTI 프로젝트를 통해 북한과의 관계 현황을 분석한다. 이 지역을 개발하는 데 직면한 문제점과 국제협력의 중요성을 강조한다. 또한 러시아 연방이 발전의 원천으로 태평양에 주목하여 대북극해 항로를 통해 세계 경제 및 과학 분야에서 선진국 중 하나로 발전할 수 있다는 전망을 제시한다. 하지만 석탄 수출 촉진 전략과 사회발전에 대한 문제점들이 존재하며, 이 지역 국제협력 메커니즘 중 하나인 GTI의 중요성을 강조한다. 두만강 지역 또한 중요한 발전 가능성이 있지만, 중국뿐만 아니라 북한, 한국, 일본 및 몽골도 참여해야 한다는 점을 강조한다. 이 장은 공식 통계, 러시아 과학자의 논문, 러시아와 한국 국가기관의 공식발표, 러시아 연방법률 등 여러 가지 정보를 사용하여 작성되었다. 결론적으로, 두만강 지역의 국제협력 허브 개발이 21세기 러시아 경제, 사회, 과학 발전의 중요한 요소가 될 것으로 예상한다.

들어가며

과학자들은 무엇인가를 연구할 때마다 먼저 큰 대상에 초점을 맞춘 다음에 점차 작은 대상에 접근하기 시작한다. 필자는 이 장에서 러·북 관계를 탐구하기 위해 먼저 러시아 연방의 제일 넓으면서도 가장 미발전된 지역인 극동 러시아(태평양 러시아)에 대한 러시아 연방의 정책을 살피겠다. 왜냐하면 모스크바에 있는 러시아 정부가 극동지역의 경제적 역할 및 투자 가능 분야, 그리고 장기적 목표를 파악하는 것은 중국, 한국 또는 일본과 같은 이웃 아시아 국가와의 관계에 큰 영향을 미치기 때문이다. 이어서 GTI 프로젝트를 통해서 러·북 관계 현황도 살펴보겠다.

21세기 러시아는 다시 한번 동쪽으로 시선을 돌리며 태평양 러시아 개발에 많은 투자를 하고 있다. 따라서 그 지역에서 접경하는 국가와의 협력 또한 중요성이 커지고 있다. 북한은 그 나라들 중 하나이다. 19세기 러시아 외교관들의 선견지명 덕분에 두만강 유역은

21세기 러·중·북 협력 지역이 될 수밖에 없다. 더 중요한 것은 다른 동북아 국가도 이 국제 협력에 참가할 수 있다는 사실이다. 이 협력을 통해서 동북아 지역에서 평화와 안정을 이룰 수 있을 것으로 보인다. 따라서 동북아 지역의 모든 국가 간 협력을 새로운 차원으로 끌어올릴 수 있는 GTI 프로젝트의 중요성이 그 어느 때보다도 높아지고 있다. 그리고 러시아는 두만강 유역을 북극항로를 통해 유럽 국가와 연결할 수 있기 때문에 GTI가 명실상부한 글로벌 프로젝트로 변할 수 있다고 생각한다.

필자는 본 장을 작성하며 공식 통계, 위 주제와 관련 러시아 과학자의 논문, 러시아와 한국 국가 기관의 공식 발표, 러시아 연방 법률 등 여러 가지 정보를 사용했다.

러시아가 바라보는 태평양

러시아 극동지역을 이른바 태평양 러시아라고도 한다. 러시아 지리학자는 태평양 러시아가 극동지역 외 200마일 해상 경제 구역 그리고 러시아 북극 대륙붕의 동쪽 부분을 포함하는 지역이라고 한다.

이 광대한 지역을 발전시키기 위해서 러시아 정부는 21세기 초부터 30개 이상의 법률과 150개 이상의 법령을 채택했다. 그 법률 중에는 특별한 경제개발구역인 선도개발구역에 대한 연방법[2], 블라디보스토크 자유항에 대한 연방법[3], 극동 헥타르에 대한 연방법[4] 등이 있다. 이 지점에서 러시아 정부가 공식적으로 극동연방관구라고 하는 태평양 러시아 발전에 대해 많은 관심을 보이고 있음을 알 수 있다.

러시아 정부가 위 법률을 채택한 이유는 다음과 같다. 첫째, 21세기 초 이후 태평양 러시아 인구는 계속해서 감소했다. 사망률이 출생률을 초과했으며 사람들은 러시아 중부 지역이나 외국으로 계속 이주하고 있다. 둘째, 러시아 중부와의 경제적 관계가 감소하면서 동아시아 국가에 대한 경제적 의존도가 상승했다. 셋째, 생산 자산이 노후했으며 제조된 제품의 부가가치가 낮다. 넷째, 인구, 경제 및 군사 면에서 성장하는 중국과의 불균형 때문이다.

이 문제를 극복하기 위해서 러시아 정부는 위와 같은 법률과 법령을 채택했다. 태평양 러시아를 발전시키기 위한 입법적인 노력 외에 특별한 기관도 창립한 바 있다. 러시아 극동 연방관구 대통령 전권대표 직위, 북극 극동개발부, 북극 개발 국가위원회 등 여러 가지 기관과 직위를 창립해 왔다. 사실상 이런 기관이 2010년대까지 너무 많이 생겼기 때문에 복잡한 제도를 간소화할 수밖에 없었다. 정부 관련 기관 외에 태평양 러시아 발전 프로젝트에 적극적으로 참가하는 여러 회사와 공사도 있다. "Rosneft", "Gazprom", "Sovkomflot", "러시아 철도" 등이 대표적이다.

러시아 정부는 이른바 프로그램이라는 방법을 통해서 태평양 러시아를 발전시켜 왔지만 2014년 이후 태평양 러시아 개발 프로그램 규모(2015년 기준 252억 루블)는 크림반도 개발 프로그램 규모(2015년 기준 957억 루블)보다 4배 이상 적어졌다.[5] 또한 태평양 러시아 지역

발전은 2014년 전까지 국가 투자에 의존한 인프라 개발을 통해서 진행해 왔으나 서양의 경제제재로 인해서 민간 투자에 의한 발전으로 전환되었다. 2014년 이후 정부는 특별경제구역을 통한 개발 방법도 활용하기 시작했다. 현재로는 선도개발구역 23개 외에 이른바 블라디보스토크 자유항 제도가 있다. 전자는 투자자에게 국가 소유 산업 인프라와 더불어 주요 세금 면제 등 행정적 특권을 제공하는 제도이다. 후자는 광대한 영토에 퍼져 있으며 투자자를 위한 최소 요구 사항을 제시하면서 미미한 혜택을 제공하는 제도이다. 2600여 개의 회사가 선도개발구역의 참여자가 되었으나 광대한 태평양 러시아의 발전을 근본적으로 가속하는 데 충분하지 않다. 또한 특별경제구역들은 이른바 "경제적 청소기"가 되었다. 즉 투자와 노동력을 주변 지역에서 흡입하는데도 극동지역의 성장점이 되지 못했다.

태평양 러시아 지역경제 현황은 다음과 같다. 2013년 기준 총생산은 1020억 달러였으나 2015년 661억 달러까지 떨어졌다. 2020년 기준 838억 달러에 달했지만 2013년 기준 총생산을 초과하지 못했다.[6] 물론 총생산이 2014년부터 계속 떨어지는 이유는 루블화의 약화 때문이다. 단 태평양 러시아 총생산을 루블로 표시하면 2013년에는 3조 2396억 루블, 2015년에는 4조 339억 루블, 2020년에는 6조 443억 루블이 되었다. 2020년 1인당 지역 총생산은 1만 달러(741,938.3루블) 이상에 달했으며 러시아 연방 지구 중 4위이다.[7]

러시아 정부는 외국 투자를 유치하기 위해 위에서 언급한 법률을 채택했으나 지금까지 태평양 러시아 지역 투자의 90%가 러시아 국내 자본이다. 왜 외국 투자자는 선도개발구역이나 자유항에 관심이 없는가? 이와 관련해서 고려할 여러 가지 문제점이 있다.

- 극동지역 거주자의 구매력 수준이 아주 낮다. 특히 루블화 약화 이후 많이 감소해 왔고 지금도 매년 감소하고 있다.
- 외국 투자자의 성공 사례가 거의 없다. 일례로, 한국의 어업 기업은 계속해서 연해주 진출 의사를 표했지만 아직 프로젝트를 실행하지 못했다. 2018년 한국 Korea Trading & Industries Co. Ltd.가 블라디보스토크의 발전된 교통 인프라를 사용하고자 블라디보스토크 어항 근처에서 수산물 가공공장 건축 프로젝트 실행을 시도했다. 그러나 연해주 전 주지사가 블라디보스토크에서 약 400킬로미터 떨어진 라쿠시카항을 제안하자 한국 기업은 단호하게 철수했다.[8]
- 러시아 법률의 변경이 잦다. 연방법에서 세금 제도가 자주 바뀌곤 하는데, 이러한 상황에서 장기 계획을 수립하는 것은 매우 어렵다.
- 노동력이 부족하고 노동비용은 비교적 높은 수준이다.

러시아 정부는 태평양 러시아 지역 발전을 위해 "Zvezda" 조선소 같은 대규모 프로젝트, 대기업, 국영공사에 의존하고 있다. 반면 중소기업은 배제되면서 전혀 발전하지 못하고 있다. 게다가 태평양 러시아 지역에서 영업하는 대기업은 해당 지역정부가 아닌 러시아 중부, 즉 모스크바에 관세를 납부하고 있다. 또한 코로나19로 인해서 많은 중소기업이 파산했다. 관광산업도 큰 피해를 봤다. 2019년에 블라디보스토크에만 50만여 명의 외국 관광객이 방문했으나 현재는 내국 관광객만 이 지역을 방문하고 있다. 따라서 호텔이나 식당이 영업하기가 훨씬 어려워졌다.

또 다른 문제는 석탄 수출이다. 최근 석탄 수출은 러시아 태평양 지역 대외무역의 우선순위가 되었다. 하지만 이 전략은 2개의 단점을 갖고 있다. 첫째, 극동지역 항구에서 석탄을 선적할 때 석탄 분말이 발생하여 공기 오염이 심각하다. 둘째, 국제적으로 10년에서 20년 이내에 석탄 사용을 포기할 가능성이 큰데도 러시아 기업들은 이러한 사실을 무시하는 것으로 보이며, 석탄 수출 인프라에 대한 투자를 확대하고 있다. 북극해 연안에서도 석탄 광산에 대한 투자를 지속하고 있다. 물론 현재 러시아 연방이 우크라이나에서 진행하는 이른바 특수 군사작전^{CBO}으로 인해서 석탄 사용이 증가하겠지만 장기 예측에 따르면 21세기 중반까지 수요가 많이 줄어들 가능성이 크다.

필자는 러시아 태평양 지역의 경제적 전문화를 도모할 수 있는 분야 중에서 무엇보다도 화물 운송이 중요하다고 생각한다. 이 사실은 특히 요즘 특수 군사작전으로 인해 분명해졌다. 현재 러시아 서부 항구를 통한 수출은 거의 중단된 상태이고 태평양 지역 항구가 러시아의 '해양 관문'이 되었다.

태평양 지역에서 교통 인프라는 발전이 더디고 노후한 상태인데, 철도 운송은 큰 비중을 차지하고 있다. 그래서 중앙정부는 철도 발전에 관심이 많지만 철도를 통해서 물량을 대규모화하기가 매우 어려운 실정이다. 이에 러시아는 아시아 시장에 적극적으로 진출하기 위해 철도뿐만 아니라 북극해 항로 발전에도 노력을 기울이고 있다.

푸틴 대통령은 북극과 태평양 지역이 사회, 경제적 그리고 인프라 개발의 새로운 단계를 경험하고 있다며, 북극해 항로는 러시아 북쪽과 태평양 지역을 연결할 수 있다고 지적한 바 있다. [9]

지난 2021년 초 상트페테르부르크, 모스크바, 아르한겔스크, 사할린, 캄차카 주지사는 이른바 대북극해 항로$^{Great Northern Sea Route}$, 즉 상트페테르부르크부터 블라디보스토크까지 항로 추진을 제안하며 이를 위한 국가정책 채택 및 예산을 주문했다. 대북극해 항로는 노르웨이 국경에서 북한 국경까지 이어지며 바렌츠해와 동해를 잇는 항로이다. 블라디보스토크는 대북극해 항로 동남 종점이라고 하지만 시베리아 횡단철도의 종점은 이제 블라디보스토크가 아니라 북한 라진시라는 점을 고려할 때, 북한 라진항도 대북극해 항로의 일부가 되면서 동남 종점이 될 수 있다.

따라서 대북극해 항로는 러시아 태평양 지역에서 가까운 미래에 철도의 대안이 될 수 있다. 뿐만 아니라 철도가 극동 남부 지역의 운송회랑이라면, 대북극해 항로는 러시아 북부와 동부 해안을 잇는 해상 운송회랑이다. 그래서 철도와 항로는 서로 대체하는 운송 수단이 아니라 서로 보완하는 운송 수단이 될 수 있다.

앞에서 북극해 항로의 중요성을 살펴봤는데 현황은 어떤가? 알렉세이 체쿤코프$^{Aleksey Chekunkov}$ 북극극동개발부 장관에 따르면 2020년

북극해 항로를 통해서 계획한 2900만 톤 화물보다 많은 3300만 톤의 화물을 운송했으며 외국화물 통과량은 130만 톤까지 증가했다. 북극 개발을 위한 로사톰^{ROSATOM} 블라디미르 파노프 ^{Vladimir Panov}특별 대표에 따르면, 북극해 항로를 통한 물류량은 급속히 증가하고 있으며 2024년 말에 8000만 톤까지, 2030년에는 1억 5000만 톤까지 증가할 수 있다. 현재 정치적 상황 때문에 물량은 더 늘어날 수도 있다. 알렉세이 리하체프 ^{Alexey Likhachev} ROSATOM 대표이사에 따르면 2020년대 중반까지 외국화물 통과량은 상당하지 않겠지만 2030년대에는 200~300만 톤까지 증가할 수 있다.[10] 한편 특수 군사작전으로 인해서 2022년 현재 외국 수송회사들은 대북극해 항로 사용을 포기한 상황이다.[11]

대북극해 항로 계획은 지난여름 상트페테르부르크에서 검토했으며 2021년 9월 초 블라디보스토크 동방경제포럼에서도 많이 논의했다. 필자는 러시아 정부가 지금까지 북극해 항로를 국제 물량 통과를 위한 항로로 활용하기보다는 러시아 북극 지역 자원 수출 수단과 러시아 태평양 지역 내 연안항로로 여겨왔다고 판단했다.

한편 북극해 항로 인프라를 개발하지 않을 경우 이 항로를 사용하기가 어려울 것이 분명하다. 그래서 블라디미르 파노프 특별 대표는 동방경제포럼에서 다음과 같은 북극항로 인프라 개발계획을 발표했다. 첫째, 구조^{rescue}를 위한 제도를 만들어야 한다. 빙산으로 인해서 북극해 항로는 비교적 위험한 곳으로, 안전-구조 제도는 필수이다. 파노프 특별 대표에 따르면 러시아 정부는 장래에 헬기 비행 중대

(MI-38; MI-8)를 포함하는 구조 센터 네트워크를 형성할 것이다. 또한 항로 빙상 현황을 계속 관찰하기 위한 통신, 기상, 지구 원격 감지 위성으로 된 위성 네트워크도 형성할 계획이다. 필자는 일부 통신 위성이 이미 우주에 있고 나머지 위성들을 2024년까지 발사할 예정이라는 사실을 알고 있다. 또한 항구 인프라도 발전시켜야 한다. 물류를 증가하기 위해서 적재 기계나 보관시설 등이 필요하기 때문이다. 그 외에 현대적인 아이스 라우팅 시스템 개발도 필요하다. 파노프 특별 대표에 따르면 국영 아이스 라우팅 시스템이 개발될 예정이다.[12]

파노프 특별 대표는 환경 문제도 언급했으며, 오염 발생을 차단하기 위해 특별한 LNG 쇄빙선도 개발한다고 했다. 북극 지역은 지속 가능 발전에 아주 중요하기 때문에 러시아도 북극해 항로를 개발할 때 환경 문제를 주의 깊게 해결하겠다는 의지로 해석된다.

인프라 발전 외에도 특별한 선박이 필요하다. 2025~2030년까지 북극해 항로 화물량이 많이 증가하므로 쇄빙선이 부족할 것으로 보인다. 이 문제를 해결하기 위해 핵쇄빙선 2척(프로젝트 22220)과 LNG 쇄빙선 4척을 만들 계획이다. 2030년까지 북극해 항로 선박 총수는 120척으로 증가할 것으로 보인다.[13]

러시아가 태평양 연안을 자국의 미래 발전 지역으로 여긴다고 해도 과언이 아니다. 태평양은 원료 수요처뿐만 아니라 전략적인 교통로로서도 중요하다. 그렇지만 러시아 정부의 태평양 정책은 아직 완성되지 못한 상태이다.

필자는 태평양 항구를 통한 석탄 수출은 장기적으로 경제적 의미가 없고 효율성이 낮다고 생각한다. 게다가 심각한 환경오염으로 태평양 러시아의 자연이 파괴되고 인구가 줄어들게 된다. 또한 러시아 정부의 태평양 연안 거주자에 대한 태도도 매우 이원적이다. 지역 사람들을 위해 극동 헥타르, 극동 저당권 등의 프로그램도 있지만, 다른 한편으로 태평양 러시아에서 영업하는 대기업은 러시아 중부(즉 모스크바)에 관세를 납부하기에 태평양 지역 지자체는 인프라의 현대화는 커녕 유지를 위한 예산조차 부족하다. 이로써 태평양 지역 인구는 계속 감소하며 정부의 전략적인 프로젝트를 실행할 노동력이 사라지고 있다.

러시아가 바라보는 북한-두만강

두만강은 백두산에서 발원하여 흐르는 강이다. 두만강 길이는 521km로 남한에서 가장 긴 낙동강보다도 길다. 두만강 남쪽은 북한 양강도와 함경북도에 속하고, 북쪽은 중국 지린성 연변 조선족 자치주에 속한다. 이처럼 두만강은 북한-중국 국경을 이루고 있다. 두만강 하구는 북한 라선시와 러시아 하산스키 지역 사이의 국경이기도 하다. 두만강 하구는 북·중·러 3국의 국경 지역인 것이다.

　　그런데 유럽 국가인 러시아는 역사적으로 두만강 유역에 어떻게 접근했는가? 러시아는 16세기부터 시베리아와 극동지역 진출을 시작했다. 이른바 나선정벌[14]도 러시아의 극동지역 진출 과정에서 발생한 사건이다. 두만강 접근이 본격적으로 진행된 시기는 19세기 중반부터다. 러시아와 청나라가 체결한 북경조약(1860)에 따라 두만강이 한·러 경계가 되었다. 주목할 만한 것은 조약 제1조에 따라 두만강이 바다와 합류하는 지점에서 위쪽으로 20리^里를 러시아와 청국의 국경으로 확정하기로 합의했다는 점이다. 러시아가 의도했던 것은 만주와 동해의 차단이었다. 만주에서 동해로 가는 화물 통로를 차단하면 만주로 수출입되는 화물은 러시아의 항구들을 통해서만 통과할 수 있게 된다. 이로써 연해주의 경제적 자생력을 확보할 수 있다는 아이디어이다. 사실상 21세기 러시아의 두만강에 대한 정책을 살펴보면 19세기와 크게 다르지 않다. 이러한 맥락에서 1990년대에 광역두만강개발계획이 창립되면서 러시아는 이에 가입할 수밖에 없었다.

이론적 관점에서 GTI는 지역경제협력의 형태로 성공적으로 전환한 유일한 프로젝트라고 해도 과언이 아니다. GTI는 러시아 극동 남부의 인프라 개발에 기여할 수 있는 중요한 국제 포럼이다.

한편 북한이 2009년 GTI로부터 철수했다는 사실과 러시아 연방에 대한 서방 제재의 강화를 참작하면 GTI의 발전 전망은 점점 더 불확실해 보인다. 반면 중국과 러시아는 GTI에 많은 관심을 두고 있다. 특히 러시아는 GTI를 통해 극동지역의 교통 통로 및 무역을 확대할 의지가 있어 보인다. 이와 관련하여 한국의 입장은 GTI의 미래에 매우 중요하다.

GTI는 1990년대 초 유엔개발계획이 주도한 두만강유역개발계획 TRADP에 이어 추진된 정부 간 협력체제이다. 러시아는 처음부터 두만강유역개발계획에 대한 관심을 보였다. 러시아는 1991년 7월 몽골 울란바토르 개발계획 회의를 시작으로 공식 활동을 시작했으며 1991년 11월에 두만강유역개발계획 회원국은 러시아와 일본 측에 TRADP 가입을 제안했다.

1995년 회원국은 자문위원회 설립에 대한 협정을 체결했다. 2005년 9월 회원국은 프로그램 실행 기간을 2015년까지 연장했으며 광역두만강개발계획GTI으로 변경했다. 또한 협력 범위를 과거 러시아, 중국, 북한 중심에서 한국의 동해안 항구, 몽골 동방 지역, 일본으로까지 확대하는 조치를 취했다.

두만강 유역 개발 프로그램 시행 과정에서 러시아 극동지역의 항구와 철도를 통해 최적의 경로를 열어 여러 특정 인프라 프로젝트가 구현되었다. 그중에는 속초(한국)에서 훈춘(중국)까지의 국제 여객 노선이 러시아 자루비노항을 경유하는 프로젝트가 있었다. 필자도 대학생이었을 때 자주 사용한 교통수단이었다. 불행하게도 현재 이 프로젝트는 존재하지 않지만 이를 대체하는 동해–블라디보스토크 화물 겸 여객 노선이 생겼다.

두만강 경제 지역을 지리적인 측면에서 보면 두만강 유역만이 아니고 러시아 연방의 연해주(블라디보스토크, 나홋카, 보스토치니, 자루비노), 중국(내몽고 그리고 소위 동북 3성), 북한의 라진–선봉 경제특구, 몽골 동부 지방 그리고 한국의 동해안 항구(부산, 속초, 울산, 포항, 동해 등)를 포함한다.

2008년 8월 25일 이후 러시아는 연방정부의 법령에 따라 GTI에 적극적으로 참여하고 있다. 이 과정에서 러시아 경제개발부는 다른 연방 집행기관의 활동을 조정하여 그와 관련 정책을 담당하는 역할을 맡고 있다.

GTI의 제10차 자문위원회 회의(2009)에서 두만강 유역 교통개선 협력을 확대하기 위해 교통협의회를 설립했다. 이 협의회는 GTI 회원국이 두만강 유역 교통 네트워크 즉 주요 항구, 철도 및 고속도로를 건축 및 현대화할 목표로 설립된 것이다. 이로써 상품과 사람 이동의 운송비용을 절감하고자 했으며 2018년 울란바토르 선언에서도 동북아 통로 관리의 중요성을 재확인했다.

러시아 연방은 운송 프로젝트 개발에 가장 적극적으로 참여하고 있다. 두만강 유역에 인접한 연해주 남쪽의 지역 항구, 철도 및 고속도로 노선을 개발하고 현대화함으로써 GTI 회원국을 연결하는 수송 회랑을 창건하고자 한다. 훈춘-마할리노 철도선 현대화 및 확대, 자루비노항만 재건, 시베리아 횡단 철도와 한국 횡단 철도의 연결, 나진항의 개발과 같은 지역의 교통 인프라 개선 프로젝트는 주목할 가치가 있다.

마할리노(카미쇼바야) 철도국경 교차점의 현대화 및 확대를 위한 프로젝트는 그중 하나다. 철도국경 교차점은 '프리모리예-2' 국제운송회랑의 일부이며 중국 길림성과 러시아 자루비노항을 잇는 교통로이다. 중요한 것은 마할리노 철도국경 교차점을 통해서 화물뿐만 아니라 여객도 통과할 수 있다는 점이다. 국경 교차점 개선의 첫 단계는 2021년 8월에 완료되었다. 2024년까지 1일 운송 능력을 열차 8~

9개로 증가시킬 뿐만 아니라 국경을 통과하는 열차의 길이도 연장함으로써 1년 통과량을 800톤까지 늘릴 수 있다. 특히 서양의 경제제재 상황에서 국경 교차점의 중요성이 커졌으며 이로써 아시아 국가들에 대한 러시아 석탄 공급이 크게 증가했다. 코로나19 대유행 기간에도 마할리노-훈춘 국경 교차로의 2020년 화물 회전율은 2019년에 비해 27% 증가하여 260만 톤을 초과했다. 물량 대부분은 러시아 석탄으로, 2021년에는 280만 톤의 화물 중 260만 톤이 석탄이었다. 석탄만이 통과하는 것이 아니다. 2022년 9월에 첫 번째 러시아 액화천연가스 운송 기차가 이 교차점을 통해서 중국에 입국했다. 기차는 중국 훈춘역에 21대의 액화천연가스 탱크(1대당 대략 300톤)를 운반했다.[15]

복합 운송회랑인 '유럽-중국 서부', 국제운송회랑인 '프리모리예-1' 및 '프리모리예-2', 러시아-몽골-중국 등의 개발은 전체 지역에서 큰 관심사이다. 이로써 상호 무역량을 늘리고 인접 지역을 개발하는 데 큰 도움이 되기를 기대한다.

러시아 연방 정부가 2016년 12월에 채택한 '프리모리예-1' 및 '프리모리예-2'의 개발 구상과 제732번 연방정부령에 따르면 화물은 자루비노, 포시에트, 블라디보스토크, 보스토치니, 나홋카 항구에 도착한 후에야 서류 검사를 하기 시작하므로 국경 통과 기간이 상당히 감소했다. 따라서 위 항구로 향하는 국제 화물은 내륙 국경을 자유롭게 통과할 수 있게 되었다.[16]

두만강 유역 관광산업 발전도 러시아 연방정부의 과제 중 하나이다. 연해주 행정부는 국내외 관광객 모두에게 지역의 매력을 높이기 위해 노력을 경주하고 있다. 코로나19로 인해 국경 간 관광이 일시적으로 중지되었으나 주변 국가의 제한이 점차 약화하기 시작했다.

지정학적 변화가 일어났다는 사실은 분명히 GTI 교통 프로젝트 발전에 상당한 영향을 미칠 것이다. 서쪽에서 동쪽으로 러시아 국내 물류 노선의 재배치는 이미 소위 극동 철도 인프라와 태평양 해안 항구의 전체 부하를 주도하고 있다. 이와 관련해 새로운 지정학적 조건에서 중국 북부와 남부 지방 사이의 통신을 위한 물류 경로로 개발된 프리모리예-1 및 프리모리예-2는 극동 항구의 혼잡한 상황으로 인해 이전의 기능을 수행할 수 없다고 생각한다. 다른 한편 일부 국제 운송 회랑은(마할리노-훈춘 국경교차점 등) 중국과 러시아 간 상품 공급을 위한 중요한 연결점으로서 역할을 하기 시작했다.

또한 러시아 태평양 해안 항구 혼잡으로 인한 수출입 문제는 북한 동해안 항구를 활용함으로써 해결할 수 있을 것이다. 이처럼 북·러 협력의 필요성이 다시 한번 제기되고 있다.

에너지 수출 문제도 중요해졌다. 특히 서방 제재로 인해서 유조선을 통한 러시아산 천연가스와 석유 수출길이 막혔다. 하지만 파이프라인도 교통수단이 될 수 있다. 그리고 3국 국경에 접한 지역인 두만강 유역에서도 가스관뿐만 아니라 송유관도 설치하면 아시아 시장에 안정적으로 공급할 수 있다. 블라디보스토크까지 설치된 가스관을 두만강 방향으로 연장하면 한국까지 천연가스를 공급할 수도 있다.

두만강 전망에 대해서 말하면 동북아 국가 간 수산무역, 수산가공, 쿼터 배정·교환, 불법어업방지 등 여러 가지 분야에서 어업 협력이 적극적으로 진행되고 있다. 러시아, 일본, 한국, 중국은 이 협력에 적극적이다. 북한 역시 이 협력에 참여할 의지가 있는데 UN 제재로 인해서 참여하지 못하고 있다.

동북아 어업협력의 적극적 발전 및 풍부한 서북태평양 수산자원, 두만강 유역의 특별경제구역제도, 물류센터와 항구 접근 등 때문에 앞으로 중·북·러 접경지역인 두만강 유역에서 대규모 수산 가공 및 무역 허브가 생길 가능성이 크다. 협력사업 중 일부가 완성 가능한 것으로 보인다. 러시아 대게나 명태는 크라스키노와 마할리노 국경 교차점을 통해서 중국에 공급되고 있다.

러시아 전문가에 따르면, 두만강 유역 협력에 대한 낙관적인 견해에도 불구하고 중국, 한국, 몽골 간 무역량은 증가했으나 러시아 경우는 그렇지 않다는 점에 주목해야 한다. 특히 러시아 극동지역은 두만강 유역 국가와 적극적인 경제협력을 추진하지 않는 것으로 분석되었다. 즉 두만강 유역 국가의 주된 무역은 지리적으로 가장 가까운 연해주가 아니라 러시아 중앙연방 지구 등이 무역을 적극적으로 하면서 연해주의 무역량 비율은 높지 않다.

현재 러시아가 바라보는 두만강은 19세기와 크게 다르지 않다. 러시아 정부는 여전히 두만강 유역을 통해서 인접 국가들과 경제협력 프로젝트를 실행할 수 있으며, 더 나아가 아시아-태평양 지역 국가들과도 협력관계를 발전시킬 수 있을 것으로 생각한다. 이러한 이유로 러시아 연방은 교통 프로젝트 개발에 적극적으로 참여하고 있다. 연해주 남쪽의 영토는 바다, 철도 그리고 고속도로 운송회랑의 도움으로 GTI 회원국을 연결하는 수송 회랑으로 여겨지고 있다. 두만강 지역은 다른 역할도 할 수 있다. 교통로보다는 생산과 과학 중심지가 될 수도 있다. 풍부한 러시아 자원, 한국과 중국 자본과 기술, 북한의 노동력을 합치면 광대한 생산기지가 될 수 있으며, 블라디보스토크 극동연방대를 토대로 선도기술센터와 주변국 전문가의 만남의 장이 될 수도 있다. 이처럼 두만강 유역 국가 간 협력을 강화할 수 있으며 러시아 정부는 이러한 전략적인 의미를 깨닫기 시작한 것으로 보인다.

나오며

필자는 본 장에서 대상이 된 러시아에 대한 태평양 및 두만망-북한 전략적 태도를 분석했다. 본 주제는 앞으로 더욱 많은 연구가 필요할 것으로 보이지만 다음과 같은 결론을 내릴 수 있다.

러시아 연방은 태평양 연안을 자국의 미래 발전을 위한 원천으로 간주한다. 태평양은 중요한 운송 경로이기 때문에 러시아가 21세기 전 세계 경제 및 과학 분야 선진국 중 하나가 되는 과정에서 태평양 연안을 포함하는 이른바 대북극해 항로는 크게 이바지할 수 있을 것이다. 따라서 21세기 러시아 연방은 이른바 태평양 러시아의 물류, 산업 및 사회 인프라 개발에 많은 투자를 할 계획이며 이 지역의 인구 성장에 상당한 관심을 기울이는 중이다.

그러나 지금까지 러시아 연방 정부는 이 장대한 목표를 실현하는 데에 여러 가지 문제를 겪고 있다. 첫째는 태평양 항구를 통한 석탄 수출 촉진 전략이다. 이 전략은 해당 지역의 인구와 환경에 상당한 악영향을 미친다. 이러한 상황이 계속되면 항구도시 환경이 악화됨과 동시에 인구가 점차 줄어들며, 인구 성장점이 될 수 있는 항구도시로의 발전은 불가능해질 것이다. 둘째, 이 지역의 사회발전 정책은 여전히 미비하다. 이주 추진 프로그램이 존재하긴 하나, 효율성이 낮으며 개선해야 할 점이 매우 많다. 또한 모스크바와 거리가 멀기 때문에 지역 당국이 자체 개발을 위해 더 많은 독립성과 재정적 자원을 확보할 수 있어야 한다.

러·북 양국 관계 발전에 관해서 필자는 GTI가 매우 중요한 역할을 할 수 있다고 주장한다. 모스크바가 서쪽에서 동쪽으로 시선을 돌리기 시작했으나 여전히 이 지역 국제협력 메커니즘에 불충분한 관심을 기울이고 있다. 이러한 메커니즘 중 하나는 GTI이다. 유감스럽게도 21세기 러시아의 두만강에 대한 태도는 19세기와 크게 다르지 않다. 이 지역의 모든 프로젝트는 사실상 중국 물류를 러시아 동해안 항구를 통한 수출 프로젝트가 불과하다. 그러나, 두만강 지역 잠재력은 훨씬 더 크다. 일단 두만강 지역과 관련 러시아 국제협력 프로젝트는 중국뿐만 아니라 북한, 한국, 일본 및 몽골도 포함해야 한다. 한편 위에 살펴본 비전이 점차 러시아 공무원 및 사업계에서 나타나기 시작한다.

따라서 두만강 유역의 국제협력의 허브 개발은 21세기 러시아 경제, 사회, 과학 발전 목표를 이룩하는 데 크게 기여할 수 있다고 생각한다. 그리고 러시아는 마침내 명실상부한 이른바 동방으로의 전환(피봇 투 아시아)을 이루며 북한과의 협력 수준을 높일 수 있을 것이다. 이로써 한반도는 경제의 잠재력을 더욱 열어 평화화, 무핵화, 안정화된 지역으로 발돋움할 수 있다고 확신한다.

6

북한과 중국의 두만강 유역 개발정책과 남·북·중 협력방안에 대한 모색[1]

최문
(연변대학교 교수)

한국은 '한반도신경제지도구상'과 '신북방정책'을 중심으로 유라시아 대륙과 태평양을 연결하는 교량국가로 부상하고자 한다. 북한은 김정은 시대에 들어와 20여 개의 대외경제지대를 창설하고 대외경제발전의 청사진을 펼쳤다. 중국은 '일대일로' 건설을 중심으로 이미 100여 개 국가와 공동건설 협력문서를 체결했다. 이러한 배경하에 본 장은 두만강 지역을 중심으로 하는 남·북·중 협력방안을 제시했다. 우선 중국의 두만강 지역은 3국의 대외경제정책이 겹치는 핵심 거점에 있기에 한국은 두만강지역개발에 적극적으로 참여할 필요가 있다. 다음으로 향후 두만강 지역의 중국 허룽시와 안투현 그리고 북한 삼지연 간 초국경 관광이 실시될 것이며, 따라서 한국 국민의 북한 관광이 허용될 경우, 새로운 관광 붐이 조성될 것이다. 마지막으로 중국 두만강 지역의 훈춘시와 투먼시는 러시아 자루비노항과 연결한 환동해 물류센터 건설을 추진하고 있는바, 향후 한국 기업들의 참여는 신경제지도구상의 한 축인 환동해경제권 형성에 기여하게 될 것이다.

들어가며

현재 한국은 '한반도신경제지도구상'과 '신북방정책'을 중심으로 한국을 대륙의 변방이나 해양의 변방이 아닌 유라시아 대륙과 태평양을 연결하는 교량국가로 건설하고자 하고 있다. 다시 말하면 환동해권과 환황해권 양 날개 전략을 핵심으로 한국과 북한 그리고 중국과 러시아를 연결하는 거대한 산업경제권을 구축하고, 평화를 기반으로 한-EAEU (유라시아경제연합) 간 FTA 추진과 중국 '일대일로' 건설 참여 등을 통해 한반도와 유라시아 전반 지역을 연계해 나가는 국가로 우뚝 서는 것이다. 그러나 2022년 2월에 발발한 러시아-우크라이나 전쟁으로 한국의 대러시아 경제협력은 큰 암초에 부딪치게 되었으나 장기적인 차원에서 유라시아 및 동북아의 평화와 경제협력은 여전히 중요한 과제임은 틀림없다.

북한은 2012년 김정은 시대로 들어선 이후, 대외무역의 다각화와 다양화를 적극적으로 모색하며, 무역거래 상대를 늘리고, 대중국 무역에 지나치게 의존하는 국면을 타개하고자 하고 있다. 그리고 2013년 11월에는 13개의 경제개발구와 1개의 특수경제지대를 창설했으며, 그 후 2017년까지 추가로 9개의 경제개발구를 창설했다. 이로써 북한이 창설한 대외경제지대는 27개에 달한바, '점'에서 '선'으로 확장하는 대외개방의 청사진이 펼쳐졌다. 그러나 전례 없는 국제제재로 실질적 진전을 보이지는 못하는 상황이다.

중국은 아시아와 아프리카 그리고 유럽을 연결하는 거대 실크로드 경제권을 구축하고자 2013년에 '일대일로' 구상을 밝히고, 주변 국가들과 공상(共商: 공동협상), 공건(共建: 공동건설), 공향(共享: 공동향유)의 기본 원칙하에 '개방과 협력開放合作', '화목과 포용和谐包容', '시장메커니즘의 운용市场运作', '상호이익과 공동번영互利共赢'을 추구하고 있다. 그 결과 2020년 1월 말까지 이미 138개 국가와 30개의 국제기구와 200건의 '일대일로' 공동건설 협력문서를 체결했다.

남·북·중 3국이 최근 펼치는 이러한 대외경제 정책에 대하여 구체적으로 살펴보고 그 특징을 분석하며, 상기 정책들의 연관성을 도출하고 나아가 향후 3국이 협력하여 새로운 동북아 시대의 경제공동체를 형성하고, 동북아 지역의 평화와 경제의 선순환 구조를 구축하고자 하는 연구는 매우 의미 있다 하겠다.

북한의 대외경제 정책과
두만강 유역의 주요 경제개발구

2000년대 들어 북한 경제는 점진적인 하향세를 보였으며, 이러한 하향세는 2005년을 기점으로 더욱 뚜렷해져, 2006년과 2007년, 그리고 2009년과 2010년 4개년 동안 연속 마이너스 성장을 기록했다. 2008년과 2011년에 소폭의 플러스 성장을 기록했으나, 이러한 수치는 전년의 연속적인 마이너스 성장에 따른 기술적인 반등이라는 측면 이외에는 별다른 의미를 두기 어렵다. 다시 말해 2012년 북한 경제는 2000년대 중반 이후 뚜렷해진 경기침체로부터 벗어나지 못한 상태에서 시작되었다.[2]

즉 김정은 총비서가 정식으로 집권한 2012년의 북한 경제 상황은 좋은 편이 아니었다. 따라서 체제전환을 모색하지 않고, 기존의 경제 시스템을 고수하면 침체된 경제 상황을 개변할 수 없었으며, 장기간 누적된 민생 문제를 해결하기 쉽지 않았다.

2012년 4월 김정은 총비서는 김일성 주석 탄생 100주년 기념 열병식에서 북한 주민에게 경제적 궁핍에 더는 내몰리지 않도록 하겠다고 약속했다. 그리고 2013년 3월 노동당 중앙위원회 전원회의에서는 대내적으로는 '우리식의 경제관리방법'을 중심으로 하는 경제 체제 개혁을 실시했으며, 대외적으로는 무역의 다각화와 다양화를 모색하고, 2013년부터 2017년까지 27개의 경제개발구를 창설했다. 이로써 '점'에서 '선'으로 확장하는 대외개방의 청사진이 펼쳐졌다.

대외무역의 다각화와 다양화 전략

대외무역의 다각화와 다양화 전략이란 세계의 여러 지역·나라의 각이한 대상과 여러 가지 제품을 가지고 다양한 방법으로 진행하는 무역활동전략을 가리킨다. 무역의 다각화와 다양화는 무역을 폭넓게 하기 위한 기본방도이며, 국가는 무역을 여러 나라와 회사를 대상으로, 여러 가지 형식과 방법으로 하도록 한다.[3]

대외무역을 다각화한다는 것은 무역을 무역성만이 아니라 위원회·성에서도 하고, 도를 비롯한 여러 단위에서도 하며, 여러 나라의 각이한 대상을 통하여 무역의 폭을 넓혀 나간다는 것을 의미한다.

대외무역을 다양화한다는 것은 여러 나라를 대상으로 하여 상품을 직접 팔기도 하고, 사기도 하며, 다른 나라 상품을 사서 되넘겨 팔기도 하고, 또 원료나 반제품을 사다가 가공하여 다시 파는 식으로 다양한 방법으로 무역활동을 벌인다는 것을 의미한다. 따라서 무역 대상에서나 제품의 종류 및 거래 방법에서 폭이 넓은 것이 특징이며, 전반적으로 무역의 확대를 가져오게 한다.

무역을 다각화·다양화하는 데서 중요한 것은 무역거래 대상을 늘리고, 무역을 여러 가지 방법으로 진행하며, 수출 원천을 적극적으로 탐구 동원하고, 신용제일주의 원칙을 지키는 것이다. 그리고 무역의 다각화·다양화는 국제적으로 자주적인 무역체제와 다각적 결제제도 및 결제통화의 안정화를 필요로 한다.

다각화·다양화의 주요 방도는 무역 단위와 수출품의 결정적 증가에 있다. 무역 단위와 수출품을 결정적으로 늘리는 것은 강성국가 건설의 현실적 요구에 맞게 대외무역을 다각화·다양화하기 위한 가장 중요한 방도이다. 이를 위해서는 무역 단위와 수출 품종과 가짓수를 늘려야 한다. 무역 단위와 수출품을 결정적으로 늘려야 든든한 뱃심과 물질적 담보를 가지고 대외시장을 확대하고 무역거래를 다양한 형식과 방법으로 벌여나갈 수 있다.[4]

대외무역의 다각화·다양화는 실리를 보장하는 원칙에 의거해야 한다. 나라의 대외무역을 발전시키는 데서 더 많은 실리를 보장하기 위해서는 사회주의제도의 본성과 경제발전의 합법칙적 요구에 부합되는 원칙적 문제들에 기초하여 올바른 무역 전략을 세우고 대외무역을 특색 있게 발전시켜야 한다.

첫째, 전 사회적 이익을 첫자리에 놓고 그에 맞게 개별적 무역회사의 이익을 실현해 나가도록 해야 한다. 둘째, 투자가 적게 들고 상환 기간이 빠른 당면한 이익과 투자가 많이 들고 상환 기간이 오래 걸리는 전망적인 이익을 옳게 결합해야 한다. 셋째, 대규모 수출기지를 조성하는 문제와 중소규모 수출기지를 조성하는 문제를 잘 결합해야 한다. 넷째, 자기의 안정한 대외시장을 마련하는 문제에 깊은 관심을 돌려야 한다.[5]

경제발전의 현실적 요구와 가능성 그리고 국제시장의 조건과 환경을 과학적으로 분석한 데 기초하여 최대의 실리를 보장하는 정확한 대외무역 전략을 세워 나라의 대외무역이 경제강국 건설에 적극 이바지하도록 해야 할 것이다.

경제개발구의 창설

2013년 3월, 조선로동당 중앙위원회 3월전원회의 보고서에서 김정은 총비서는 "각 도들에 자체의 실정에 맞는 경제개발구들을 내오고 특색 있게 발전시켜야 합니다"[6]라고 지적했다.

이에 따라 북한의 도道들은 자체의 실정에 맞는 경제개발구를 설정하고 이를 발전시킬 창설신청서를 제정하기 시작했으며, 내각도 경제개발구의 건설과 관련된 법제도의 정비에 착수했다.

2013년 5월, 북한에서는 최고인민회의 상임위원회 정령 제3192호로 《경제개발구법》을 채택했다.[7] 그리고 10월에는 최고인민회의 상임위원회 정령 제3404호로 국가경제개발총국을 국가경제개발위원회로 개편했으며, 민간급 단체인 북한경제개발협회도 조직했다.[8]

나아가 11월에는 13개의 경제개발구 즉 압록강경제개발구·만포경제개발구·위원공업개발구·신평관광개발구·송림수출가공구·현동공업개발구·흥남공업개발구·북청농업개발구·청진경제개발구·어랑농업개발구·온성섬관광개발구·혜산경제개발구·와우도수출가공구를 창설했다. 그리고 평안북도 신의주시 일부를 특수경제지대로 지정했다.[9]

상기 경제개발구는 지방 특색을 살리고, 지방의 비교우위에 입각한 맞춤형 소규모 공단으로 창설되었다. 그리고 북한에서 지리적 위치가 상대적으로 유리한 중국 접경지역과 해안 항구도시에 자리 잡도록 했다. 창설과 운영은 지방정부의 주도로 이루어지며, 외화도 벌고 지방경제 발전에 필요한 기술도 얻으면서 도민들의 생활 향상에

이바지하도록 했다.[10]

또한 경제개발구의 정상적이고 원활한 운영을 위하여 2013년 11월에 《경제개발구 창설규정》,《경제개발구 관리기관운영규정》,《경제개발구 기업창설운영규정》을 채택했다. 그리고 12월에는 《경제개발구 노동규정》, 2014년 2월에는 《경제개발구 환경보호규정》, 3월에는 《경제개발구 개발규정》 등 일련의 법규를 채택했다.

나아가 2014년 7월에 추가로 6개 경제개발구 즉 은정첨단기술개발구·강령국제녹색시범구·청남공업개발구·숙천농업개발구·청수관광개발구·진도수출가공구 등을 창설했으며, 신의주시의 일부 지역에 내온 특수경제지대(2013년 11월 지정)를 신의주국제경제지대로 하기로 했다.

2015년 4월에는 양강도 삼지연군 무봉로동자구 일부 지역에 무봉국제관광특구, 10월에는 함경북도 경원군 류다섬리의 일부 지역에 경원경제개발구를 추가로 창설했으며, 2017년에는 평양시에 강남경제개발구를 추가로 창설했다.

그 외에도 2014년 6월 강원도에 원산-금강산국제관광지대가 지정되었으며, 140개의 역사유적과 10여 개의 백사장, 여러 개의 해수욕장과 자연 호수, 670여 개의 관광명소, 4개의 광천자원과 약 330만 톤의 감탕자원개발을 포함했다.[11]

이로써 북한은 기존의 3개 경제특구와 새로 신설한 24개 경제개발구 등 총 27개의 대외경제지대가 있으며, 그중에서 중앙급 대외경제지대가 8개이고, 도급 대외경제지대가 19개이다. 그러나 국제제재의

[그림 1] 북한의 27개 주요 경제지대의 분포

자료: 《조선민주주의인민공화국 주요 경제지대들》, 평양: 외국문출판사, 2018.

영향으로 실질적 진전은 없으며, 현재까지 그렇다 할 성공 사례도 없고, 북한 지방정부도 경제개발구의 실질적 운영 경험이 적으며, 경제지대 담당 전문 인력도 부족한 상황이다. 다만 향후 대외경제발전의 청사진은 보였다.

두만강 유역의 경제개발지대

현재 두만강 유역에는 6개의 경제개발지대가 있는바, 이들은 각각 라선경제무역지대, 무봉국제관광특구, 청진경제개발구, 온성섬관광개발구, 어랑농업개발구, 경원경제개발구이며, 이하에서는 이들의 주요 실태를 소개하고자 한다.[12]

라선경제무역지대(Rason Economic Trade Zone)

위치: 라선시

면적: 470km^2

업종: 국제적인 중계수송, 무역 및 투자, 금융, 관광, 봉사업

소개: 라선경제무역지대는 북한의 동북부에 자리 잡고 있으며, 중국 지린성 훈춘시, 러시아의 하산과 인접하고 있다. 경제무역지대는 무역 및 투자, 중계수송, 금융, 관광, 서비스업 발전지역으로 선포된 북한의 첫 특수경제무역지대이다.

경제무역지대에는 나진항, 선봉항, 웅상항이 있어 동북아시아와 유럽, 북미의 여러 나라와 연결되는 교통요충지, 해륙수송의 유리한 통로가 될 수 있다.

나아가 원자재공업, 장비공업, 첨단기술산업, 경공업, 서비스업, 현대 고효율 농업 등 6대 산업을 발전시켜, 지대를 동북아시아의 선진 제조업 기지, 물류 중심, 관광 중심으로 건설하는 것을 총개발 목표로 하고 있다.

무봉국제관광특구(Mubong International Tourist Special Zone)

위치: 량강도 삼지연군

면적: 20km^2

업종: 백두산지구 참관과 관광객에 대한 종합봉사, 관광상품 생산

소개: 무봉국제관광특구는 량강도 삼지연군 무봉노동자구의 일부 지역에 있다. 무봉국제관광특구는 백두산지구에 대한 관광과 관광객에 대한 종합서비스, 관광상품 생산을 위주로 하는 관광개발구이다.

삼지연군에는 백두산을 비롯하여 삼지연, 리명수, 무포 등 명승지가 있다. 그리고 백두산지구와 무봉노동자구에는 3만여 정보의 들쭉밭이 있다. 관광특구에는 백두산지구를 관광하는 관광객을 위한 호텔, 관광상품 봉사망, 식당, 관광상품 생산기지를 비롯한 종합적인 봉사망이 있다.

석을천(무봉호) 기슭에 30여 정보의 호수를 이용하여 물놀이장과 종합봉사시설을 건설하고 승마탑승구역, 민속촌, 체육 및 오락시설, 실내사격장, 민속음식거리를 건설하려고 계획하고 있다.

청진경제개발구(Chongjin Economic Development Zone)

위치: 함경북도 청진시

면적: 5.4km^2

업종: 금속, 기계, 건재, 전자제품 등 산업, 중계수송, 대외무역

소개: 청진경제개발구는 청진시 송평구역 월포리와 수성동 일부 지역과 남석리를 포함하고 있다. 개발구는 금속가공, 기계제작, 건재

생산, 전자제품과 경공업 제품의 생산 및 수출가공업을 기본으로 하며, 청진항을 이용한 국제화물중계수송을 결합한 경제개발구로 건설하고자 한다.

나아가 청진항을 개건·확장하여 중국 지린성, 헤이룽장성을 비롯한 주변 나라들과의 화물중계수송과 이를 통한 보세가공 및 무역이 발전하도록 하며, 주변의 풍부한 인력자원과 과학기술 자원에 의거하여 기술집약형 가공업의 비중을 높여나가는 방향으로 건설하면서 향후 첨단기술개발구역과 현대적인 물류봉사구역을 결합한 복합형 경제개발구로 발전시키고자 하고 있다.

온성섬관광개발구(Onsong Island Tourist Development Zone)

위치: 함경북도 온성군

면적: 1.69km²

업종: 골프장, 수영장, 경마장, 관광봉사

소개: 온성섬관광개발구는 골프장, 수영장, 경마장, 민족음식점을 비롯한 봉사시설을 갖추어 놓고 외국인에 대한 전문적인 휴식관광봉사를 기본으로 하는 관광개발구로 건설하고자 한다.

두만강을 사이에 두고 중국 지린성 도문시와 인접해 있는 함경북도 온성군 온성읍 일부 지역이다. 두만강에 있는 섬으로서 북·중 두 나라 사이에 국경통과 지점이 개설되면 개발과 관광휴양에 필요한 인원 및 물자의 유출입에 유리하다. 숙박소들과 휴식장소, 골프장을 비롯한 오락시설을 비롯한 서비스망을 갖춘 관광휴양지구로 건설하게 된다. 섬 주변의 수역에는 유람선을 비롯한 유람시설을 배치하여 두만강유람봉사를 제공한다.

어랑농업개발구(Orang Agricultural Development Zone)

위치: 함경북도 어랑군

면적: $5.1km^2$

업종: 고리형순환생산체계를 도입한 농축산기지, 채종과 육종을 포함한 농업과학연구개발기지

소개: 어랑농업개발구는 어랑군 룡전리와 부평리의 일부 지역을 포함하고 있다. 개발구는 동해안북부농업지대의 대표적 단위로서 앞으로 농업연구와 생산을 기본으로 하면서 축산, 양어까지 배합한 현대적인 고리형순환생산체계가 도입된 고효율 농업기지로 발전시키고자 한다.

경제개발구는 육종, 채종 생산을 위한 시범기지로 꾸리며, 온실에서의 물 절약 및 무토양 재배를 포함한 남새와 화초 생산을 위한 선진 영농법 도입과 축산, 과수, 양어까지도 배합한 고리형순환체계에 의한 현대적인 축산기지로 건설하고자 한다.

시범 단계의 농업개발구 건설경험을 주변 지역으로 확대하여, 어랑지구의 유명한 배와 추리 등 과수재배업도 추가로 발전시키며, 가까이에 있는 자연 호수인 장연호와 바닷물을 이용한 양어와 물고기 가공업기지들도 꾸리고자 한다.

경원경제개발구(Kyongwon Economic Development Zone)

위치: 함경북도 경원군

면적: $1.91km^2$

업종: 전자제품생산, 수산물가공, 피복가공, 식료가공업, 관광업

소개: 함경북도 경원군 류다섬리에 자리하고 있다. 국제적 경쟁력을 지닌 공업을 위주로 하고 무역, 관광을 배합한 종합적인 경제개발구로 건설하고자 한다. 동북아시아 황금의 삼각주국제경제지대의 영향권에 있는 경원군 류다섬에 종합적인 경제개발구를 설치하여, 이 지역의 경제활동에 관심이 있는 투자자들을 인입하여, 경제무역활동에 유리한 조건을 조성해줌으로써 함경북도 경제발전에 이바지하는 것이다.

[표 1] 두만강지역 6개 경제개발지대의 주요 실태

개발지대	위치	면적	개발계획
라선경제무역지대	함경북도 라선시	$470km^2$	중계수송, 무역 및 투자, 금융, 관광, 봉사업
무봉국제관광특구	량강도 삼지연군	$20km^2$	백두산관광과 종합봉사, 관광제품 생산
청진경제개발구	함경북도 청진시	$5.4km^2$	금속, 기계, 건재, 전자 등 공업과 중계수송 및 대외무역
온성섬관광개발구	함경북도 온성군	$1.7km^2$	골프장, 수영장, 경마장, 관광봉사업
어랑농업개발구	함경북도 어랑군	$4.0km^2$	농축산기지, 채종과 육종 중심 농업과학연구개발기지
경원경제개발구	함경북도 경원군	$1.9km^2$	전자, 수산물, 피복, 식료품 공업 및 관광업

출처: 저자가 정리.

166

전체 섬을 2개 영역으로 나누어, 왼쪽 두만강 상류 부분은 국제상업, 관광지역으로 하며, 오른쪽 두만강 하류 부분은 산업개발지역으로 계획하고 있다. 국제상업관광지역에는 검사지역, 보세물류지역, 회의전시 중심과 생태온실지역, 음식거리와 민속건축지역, 휴양 및 요양촌을 계획하고 있으며, 산업개발지역에는 첨단산업지역과 일반 산업지역을 계획하고 있다.

중국의 '일대일로' 건설과 동북진흥정책

'일대일로' 건설

중국의 '일대일로The Belt and Road: B&R'는 '육상 실크로드 경제벨트'와 '21세기 해상 실크로드'의 약칭이다. 일대一帶는 중국과 아시아·유럽을 연결하는 육상 실크로드 경제권을, 일로一路는 중국에서 출발해 동·서남아시아를 거쳐 유럽과 아프리카로 이어지는 바닷길을 의미한다. 2013년 9월, 중국 시진핑 주석은 카자흐스탄을 방문하며, 혁신적인 협력모델인 '실크로드 경제벨트'를 공동건설하자고 제안했으며[13], 동년 10월에 인도네시아를 방문하며, '21세기 해상 실크로드' 건설 구상을 밝혔다[14].

2015년 3월, 중국 발전개혁위원회·외교부·상무부는 "실크로드 경제벨트와 21세기 해상실크로드의 공동건설 추진을 위한 비전 및 행동推动共建丝绸之路经济带和21世纪海上丝绸之路的远景与行动"을 발표했다. 그리고 구체적으로 '일대일로' 추진의 '시대배경', '건설원칙', '전반적인 틀', '협력중점', '협력메커니즘', '중국 각 지방의 개방추세', '적극적인 행동', '아름다운 미래 창조' 등 8가지 내용으로 '일대일로'의 주장과 함의 및 공동건설 방향과 과업에 대해 설명했다. [15]

구체적으로 일대일로는 공상共商(공동 협상), 공건共建(공동 건설), 공향共享(공동 향유)를 기본 원칙으로 하고 있으며, 정책소통政策溝通, 시설연통設施聯通, 무역창통貿易暢通, 자금융통資金融通, 민심상통民心相通을 주요 내용으로 하고 있다. 그리고 '일대일로' 건설에서는 '개방과 협력开放合作', '화목과 포용和谐包容', '시장메커니즘의 운용市场运作', '상호이익과 공동번영互利共赢'을 추구한다.

2020년 1월 7일에 발표한 "일대일로" 계획에 18개 성·자치구·직할시가 포함되었다. 구체적으로 "실크로드 경제벨트"에는 신강, 중경, 섬서, 감숙, 녕하, 청해, 내몽골, 흑룡강, 길림, 요녕, 광서, 운남, 서장 등 13개 성·자치구·직할시가 포함되었으며, "21세기 해상 실크로드"에는 상해, 복건, 광동, 절강, 해남 등 5개 성·자치구·직할시가 포함되었다. 그리고 현재 6개 노선을 건설하고자 하는바, 이들은 다음과 같다.

1. 북쪽노선 A: 북미주(미국·캐나다) ─ 북태평양 ─ 일본·한국 ─ 동해 ─ 블라디보스토크(자루비노항·슬라브양카항) ─ 훈춘 ─ 연길 ─ 길림 ─ 장춘 ─ 몽골국 ─ 러시아 ─ 유럽

2. 북쪽노선 B: 베이징 ─ 러시아 ─ 독일 ─ 북유럽

3. 중간노선: 베이징 —정주 —서안 —우루무치 —아프가니스
    탄 —카자흐스탄 —헝가리 —파리

4. 남쪽노선: 천주^{泉州} —복주^{福州} —광주^{广州} —해구^{海口} —북해
    ^{北海} —하노이 —쿠알라룸푸르 —자카르타 —콜롬보 —캘커
    타 —나이로비 —아테네 —베네치아

5. 중심노선: 련운항^{连云港} —정주^{郑州} —서안^{西安} —난주^{兰州} —신강
    ^{新疆} —중앙아시아^{中亚} —유럽^{欧洲}

6. 21세기 해상 실크로드: 중국 연안항구에서 남해를 지나 인도양
    을 거쳐 유럽에 도착, 중국 항구도시로는 상해, 대련, 중경, 성도,
    녕파, 주산, 무한, 장사, 남창, 합비, 심천, 잔장^{湛江}, 싼터우^{汕头}, 청
    도, 연태, 하문, 싼야^{三亚} 등이다.

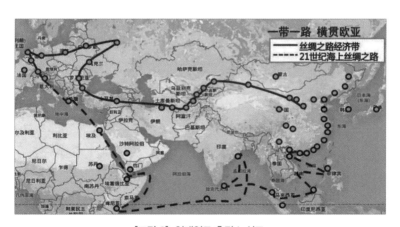

[그림 2] 일대일로 추진 노선도

자료: "일대일로가 경과하는 도시는 어떠한가?", "신화실로(新华丝路)", 2020년 1월 7일
(https://www.imsilkroad.com/news/p/397749.html)

"실크로드 경제벨트와 21세기 해상실크로드의 공동건설 추진을 위한 비전 및 행동"에 의하면 '일대일로'는 아래와 같은 특징이 있다.[16] 첫째, 협력 범위와 사업대상 지역 등에 제한을 두지 않으며, 개방과 협력을 추구한다. 즉 모든 국가가 일대일로 프로젝트에 참여할 수 있으며, 따라서 지역적 범위를 한정하지 말아야 한다. 현재 추진 로드맵에 포함되지 않은 국가도 향후 협력 대상국이 될 수 있는 것이다. 따라서 중국 정부의 계획대로 일대일로 프로젝트가 진행된다면 세계 최장 길이의 경제회랑이자 발전 잠재력이 가장 높은 경제권이 형성되는 것이다.

둘째, 중앙정부의 정책 방향에 따라 지방정부 및 부처별로 추진체계를 빠른 속도로 구체화해 나가고 있다. '일대일로'는 시진핑 시대를 대표하는 중국 국가급 프로젝트로 각광받기 시작했지만 사실상 새로운 전략이라기보다는 그동안 중국이 추진해 온 정치·경제·외교 등 분야의 다양한 정책을 종합한 것이다. 공간적 범위 설정 역시 기본적으로는 개방원칙에 입각하고 있으나, 기존에 추진해 오던 중국 내 각 거점의 지역별 발전전략(서부대개발, 동북진흥, 중부굴기 등)을 바탕으로 육·해상 노선과 6대 경제회랑을 확정했다. 또한 이미 성숙된 양자, 다자 협력체 등을 충분히 활용함으로써 일대일로 추진을 가속해 나가고 있다.

셋째, 일대일로는 5대 중점 협력분야, 즉 정책소통·인프라 연결·무역원활화·자금융통·민심상통의 다섯 가지 분야를 유기적으로 연결하고자 한다. 교통·에너지·통신 인프라의 연결은 초기 투자금이 많이 필요하고 시간도 오래 걸리는 한편, 가시적인 성과가 뚜렷하고 주변 국가의 수요도 많기 때문에 기초적인 협력 분야라고 할 수 있다. 그리고 인프라 구축 및 상호 연계에는 AIIB, 브릭스개발은행, 실크로드 기금 등을 활용한 적극적인 금융지원이 요구되는바, 자금융통 관련 협력도 동시다발적으로 추진되고 있다. 또한 연선국가 간 인프라 건설 및 기술표준체계의 연계가 강화되면 무역원활화에도 긍정적인 영향을 미친다. 이와 더불어 다양한 국가 및 지역과의 신뢰 구축이 바탕이 되어야 한다는 점에서 정책교류와 민간소통 역시 중요하다.

'동북진흥전략'과 신시대 전면적 진흥

중국의 "동북진흥전략"

중국의 동북지역은 일반적으로 동북 3성을 가리키는바, 랴오닝辽宁·지린吉林·헤이룽장黑龙江성을 의미한다. 중국은 건국 이후 구소련과 동구라파 국가에서 대량의 공업 프로젝트를 도입하였는바, 그중 156개의 중점 프로젝트가 있었으며, 3분의 1 이상을 동북 3성에 배분했다. 이로써 동북지역은 중국의 주요한 장비제조, 석유화학, 철강, 선박제조, 자동차제조 등 중화학공업기지로 부상했으며, 또한 비옥한 토지와 풍부한 삼림·원유자원을 보유하여 중국의 중요한 농산품·목재·원유 생산기지이기도 하며, 건국 이후 계획경제시대 중국의 경제성장을 견인했다.

개혁개방 이후, 특히 1990년대 이후 경제 체제가 계획 경제에서 시장경제로 전환하고, 산업발전이 경공업과 민간기업 주도로 이뤄짐에 따라 동북지역의 중화학공업과 국유기업 중심의 경제구조는 시장화 대응에 민감하지 못했고, 생산효율이 낮아 경제성장이 완만했다. 따라서 중국경제에서 차지하는 지위도 갈수록 하락할 수밖에 없었다.

이러한 국면을 타개하기 위하여 중국 정부는 2003년에 '동북지역 노후공업기지 진흥에 대한 의견^{中共中央国务院关于全面振兴东北地区等老工业基地}^{的若干意见}'을 발표하고, '동북진흥전략'을 본격적으로 추진하기 시작했다. '동북진흥전략'은 1980년대의 연해지역 개방과 1990년대 상하이 푸동^{浦东} 개발, 그리고 2000년대 서부대개발과 함께 중국의 중요한 국가급 정책이었다. 이에 따라 동북진흥에 관한 각종 정책법규 및 우대조치가 등장했으며, 2007년에 종합적인 '동북지역 진흥 종합계획', 2009년 '동북진흥정책의 진일보 실시에 관한 의견', 2012년 '동북진흥 12·5계획' 등 관련 정책이 추가로 발표되었다.

상기 정책에 힘입어 동북지역 경제는 2003~2012년에 걸쳐 빠른 발전을 이뤘다. 그러나 2014년부터 동북지역의 경제성장률은 또다시 전국 평균 수준을 하회하기 시작했으며, 2015년과 2016년 랴오닝의 경제성장률은 전국 최하위를 기록했다. 따라서 2016년에 "동북지역 노후공업기지의 전면적 진흥에 관한 의견"과 "동북지역 노후공업기지 진흥 3개년 실시방안" 등 정책이 잇달아 발표되었다.

신시대 전면적 진흥

2018년 9월 시진핑 주석은 동북 3성을 시찰하고, 동북진흥에 관한 좌담회를 조직했으며, 중요한 담화문을 발표했다. 시진핑은 동북지역은 중국의 중요한 공업과 농업기지로서 국가의 국방·식량·생태·에너지·산업안전에서 매우 중요한 전략적 지위를 차지한다고 지적했다. 따라서 신시대의 동북진흥은 전면적이고 전 방위적인 진흥이어야 하며, 6가지 분야에서 새로운 진전을 가져올 것을 요구했다.[17]

첫째, 경영환경의 최적화를 바탕으로 전면적으로 개혁을 심화해야 한다. 지역발전방안을 적극적으로 제시하고, 돌출된 문제를 적극적으로 해결하고, 현장개혁의 창의력을 유발해야 한다. 경제의 신성장 동력을 빠르게 육성하고 시장주체의 활력을 불러일으키며, 국민의 소득 만족감을 제고하여 안심하고 안락하게 생활할 수 있도록 여건을 마련해야 한다.

둘째, 신성장 동력의 육성을 중점으로 창의적인 내생동력을 발굴해야 한다. 혁신에 의거하여 실물경제를 튼튼하고 강하고 우수하게 해야 하며, 신흥산업을 적극 지원하고 발전시켜 여러 산업이 견인하고, 여러 업종이 활력을 띠고, 다원화된 산업발전 구도를 형성하도록 해야 한다.

셋째, 현대화된 도시권을 육성하고, 중점 구역과 중점 영역의 협력을 강화하여, 동북지역의 협력과 합력을 형성해야 한다. 동북지역과 동부지역의 맞춤형 협력을 바탕으로 동북진흥과 징진기京津冀의 공동발전, 창장長江경제벨트 발전, 웨강아오(광둥성＋홍콩＋마카오)대만구

건설 등 국가 중대전략과의 연계와 교류협력을 심도 있게 추진하여 남북이 연동하도록 해야 한다.

넷째, 생태건설과 식량생산을 적극 지원하여 녹색발전의 우위를 공고히 해야 한다. 국유자연자원자산관리, 생태환경관리감독, 국립공원, 생태보상 등 생태문명의 개혁조치를 적극 이행하며, 산천수목이 더욱 아름답도록 해야 한다. 동북지역의 독특한 자원과 우위를 활용하여 빙설氷雪경제발전을 가속해야 한다.

다섯째, "일대일로" 건설에 깊이 융합하여 개방협력과 건설의 높은 지점에 올라서야 한다. 랴오닝성 자유무역시험구 중점 임무를 적극 추진하고, 중점 변경통상구의 기반시설을 보완하고, 우위 산업군을 발전시켜 다자간 협력과 다자간 이익을 실현해야 한다.

여섯째, 민생분야의 단점을 보완하고 동북진흥의 성과를 국민들이 공유할 수 있도록 해야 한다. 양로연금이 제때에 충족하게 지급되고, 빈곤탈퇴임무를 제때에 완성하며, 사회구조체계를 정비해 도농생활이 어려운 사람들의 기초생활을 보장해야 한다. 동북지역의 공공인프라 분야의 투자를 늘리고 동북지역의 궤도교통·집중난방·인터넷 등 도시기반시설 투자를 늘려야 한다.

두만강지역개발에서의 남·북·중 협력방안의 모색

동북 3성 '일대일로' 건설에 동참하고 북한 참여를 유도

중국 동북지역의 랴오닝성과 지린성은 북한과, 헤이룽장성은 러시아와 접하고 있으며, '일대일로' 건설과 더불어 동북지역의 중요성은 더욱 증대되고 있다.

헤이룽장성은 바다와 인접하지 않은 내륙지역으로 일대일로 추진에 있어 접경국가인 러시아와 초국경 경제협력을 활발히 추진하고 있다. 우선 헤이룽장성의 주요 도시와 러시아를 연결하는 철도·도로·교량 등의 인프라 건설을 적극 추진하고 있다. 나아가 중국의 광주·녕파·상해항과 한국의 부산항 그리고 일본의 니카타항에서 러시아의 블라디보스토크항을 거쳐 철로로 헤이룽장성의 쑤이펀허·하얼빈·만저우리를 지나 러시아 시베리아철도와 연결해 발트해 연안국가와 로테르담항에 이르는 육해운송노선을 건설하고 있다. 나아가 전력·에너지·농업·임업·채광업·물류 등 영역에서 러시아와의 초국경 산업투자협력도 강화하고 있으며, 금융 분야에서도 미 달러 대신 초국경 위안화 결제를 적극 늘리고 있다.

지린성은 바다를 인접하지 않은 내륙지역이지만 바다와 멀지 않은 지리적 특성으로 인하여 북한 및 러시아와의 협력을 통해 해상진출을 기대하고 있다. 이에 지린성은 '일대일로' 건설에서 동북아 지역 개방협력의 중심지와 중·몽·러 경제회랑의 육·해상 연계운송의 핵심지가 되기 위해 중국의 광주·녕파·상해항과 한국의 부산항 그리고 일본의 니카타항에서 러시아의 자루비노항을 거쳐 지린성의 훈춘과 길림 및 장춘을 지나 러시아 시베리아철도와 연결해 발트해 연안 국가와 로테르담항에 이르는 육해운송노선을 건설하고 있다. 이와 더불어 실크로드기금, AIIB 등의 국제금융기금을 활용한 인프라 건설 확대와 지린성의 공사수주기업이 해외 프로젝트 입찰에 참여하여 자금조달비용을 축소할 수 있도록 격려하고 있다.

랴오닝성은 동북 3성 중 유일하게 바다와 인접해 항구를 보유하고 있다. 2018년 9월 랴오닝성 정부는 '랴오닝 일대일로종합실험구건설 총체방안'을 발표하고, "단둥을 관문으로 한반도 내륙으로 연결한다"고 명시해 '일대일로'의 한반도 연결 구상을 밝혔다. 즉 단둥-평양-서울-부산을 철도와 도로, 통신망으로 상호 연결하는 것이다. 또한 신의주와 단둥 사이 압록강의 섬 황금평에 있는 북·중 경제구, 단둥의 북·중 호시互市무역구를 단둥중점개발개방실험구와 함께 대북 경제협력의 중요한 지대로 조성하겠다고 명시했다. 나아가 중·몽·러 경제회랑과 한·중·일＋X 모델을 융합해 6개국 협력을 전면 심화하는 '동북아운명공동체'를 건설하겠다는 계획도 밝혔다.

동북지역의 상기 '일대일로' 건설은 한국의 '한반도신경제지도' 구상의 서울-평양-신의주-단둥 고속철도 연결 계획과 겹치며, 중·몽·러 경제회랑 건설도 한국의 "신북방정책"과 겹친다. 그리고 지린성과 헤이룽장성의 러시아 블라디보스토크항과 자루비노항에서 출발해 중국 대륙을 거쳐 러시아 시베리아철도와 연결해 발트해 연안국가와 로테르담항에 이르는 육·해 운송노선도 부산항과의 물류연결을 적

극 희망하고 있다. 즉 중국의 동북지역은 '일대일로' 건설과 '한반도신
경제지도' 및 '신북방정책'의 핵심 거점에 자리하고 있다. 따라서 한국
은 중국의 동북 3성 지역의 '일대일로' 건설에 적극적으로 참여할 필
요가 있으며, 나아가 북한의 참여를 적극적으로 유도할 필요가 있다.

북한 관광을 돌파구로 남·북·중 경제협력의 길을 개척

현재 국제제재로 남·북·중 경제협력은 제대로 실시될 수 없는 상
황에 처해 있으며, 북한을 이용하는 그 어떤 경제협력도 구상에 불과
하며, 현실적 적용가능성이 매우 적다. 따라서 실질적 추진 의미가
있는 것은 국제제재에 속하지 않는 분야인바, 가장 대표적인 것이 관
광업이다.

북한 국가관광총국에 의하면, 2018년 북한 관광을 다녀온 외국인
관광객은 20만 명에 달하며, 2019년에는 30만 명을 넘겼다. 타 국가
에 비해 저렴한 가격, 아름다운 금수강산, 외부에 알려지지 않은 신비
함, 잘 보존된 전통문화 등으로 북한 관광은 해외 관광객 특히 중국
관광객에게 큰 인기가 있다.

한편, 북·중 초국경 관광협력에서 낙후한 교통 인프라가 늘 문제
점으로 제기되었으나, 현재 중국은 북한과 접해 있는 동북지역, 즉 랴
오닝성과 지린성의 북한까지 가는 고속도로와 고속철로 및 항공노선
등 교통 인프라가 상당히 잘 마련되어 있다. 문제는 북한이었으나 북
한도 적극적으로 낙후한 관광시설과 교통 인프라를 개선하고 있다.

대표적인 사례가 무봉국제관광특구가 있는 삼지연건설과 원산갈

마해안구건설인바, 삼지연 건설은 이미 2021년에 완공을 마쳤고, 고급호텔과 스키장·쇼핑시설·도로 등 현대화 관광시설이 들어섰으며, 원산갈마해안구건설도도 머지않아 완공될 것이다.

향후 북·중 간 백두산 관광을 중심으로 초국경 관광협력이 본격적으로 실시될 것이다. 특히 중국 연변주의 허룽시와 안투현 그리고 삼지연 간 초국경 관광이 적극 실시될 것이다. 중국 백두산 국내 관광객의 일부만 북한쪽 백두산 및 삼지연군을 관광할 경우, 적어도 100만 명의 관광객이 형성된다. 이는 또한 북한의 무봉국제관광특구의 발전을 견인할 것이며, 북한 관광산업 활성화에 큰 도움을 줄 것이다.

나아가 이러한 초국경 관광의 진전은 두만강삼각주 즉 훈춘 일대를 중심으로 하고, 북한 라선시 두만강동과 러시아 연해주 하산구에서 각각 10km^2 토지를 편입해 북·중·러 3국이 공동으로 조성하는 총 30km^2 규모의 '초국경 국제관광구' 건설에도 큰 탄력을 줄 것이다.

계획 중에 있는 두만강삼각주의 '초국경 국제관광구'에는 온천 호텔과 골프장을 포함한 관광·레저·오락 시설이 종합적으로 조성될 것이며, 북·중·러 국민은 물론이고 외국인 관광객도 별도 비자 없이 이곳을 방문해 3국 문화와 자연을 체험하고, 골프와 면세점 쇼핑 등을 할 수 있다. 한국도 북한 관광에 실질적으로 참여해야 할 것이며, 최소한 한국 국민의 개인적 북한 관광과 북·중 초국경 관광은 허용할 필요가 있다. 구상은 누구나 할 수 있으나 실질적 행동이 구상보다 중요하다. 행동이 우리에게 항상 행복을 가져다줄 수는 없지만, 행동 없이 행복은 있을 수 없다. 남·북·중 관광협력은 남·북·중 경

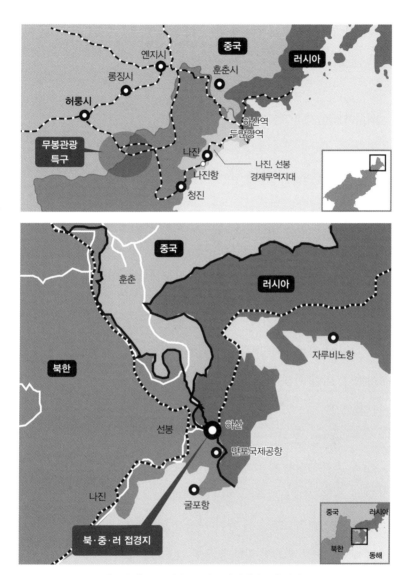

[그림 3] 무봉관광특구와 두만강삼각주의 위치

출처: 최장호 외, 〈한반도 접경국과의 초국경 관광·교통 협력〉, 《KINU 연구총서》, 통일연구원, 2019, 69쪽.

제협력의 기반이 될 것이며, 이는 기타 경제협력과 보건, 의료, 환경, 삼림 등 협력에도 큰 파급효과를 가져올 것이다.

러시아 극동지역 개발에서 한·중 협력 북방경제공동체 조성[18]

한국의 대통령 직속 북방경제협력위원회는 2018년 6월 남북한 단일시장 형성을 유라시아 통합에 대응하여 해양과 대륙을 잇는 한반도의 지리적 이점을 활용하고, 남·북·중·러·몽 등 주변국과의 초국경 다자협력을 통해 역내 공동번영과 평화 기반의 조성을 '신북방정책'의 핵심 로드맵으로 제시했다.

특히 중국의 '일대일로'와 러시아의 신동방정책 등으로 극동지역에서 경제협력의 기회가 높아진 만큼 평화와 번영의 북방경제공동체를 조성하여 한반도와 동북아 평화협력의 기반을 마련하는 비전을 제시했다. 이를 위해 한국 정부는 네 가지 정책 목표를 그림 4와 같이 제안하고 있다.

첫째, 소다자협력 활성화로 동북아 평화기반 구축
둘째, 통합 네트워크 구축을 통한 전략적 이익 공유
셋째, 산업협력 고도화를 통한 신성장동력창출
넷째, 인적·물적 교류 확대를 통한 상호이해증진 등이다.

더 나아가 '한반도신경제지도' 구상의 접경지역 협력을 강조한 신북방경제정책은 한반도 주변 국가들의 경제발전 전략에 적극 호응하

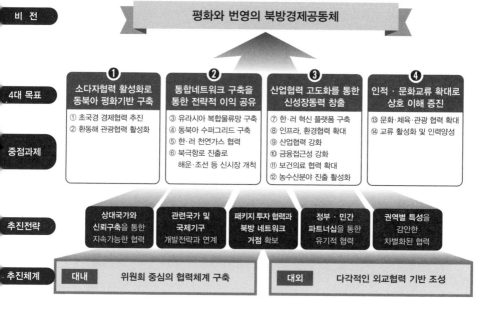

[그림 4] 신북방정책의 비전과 목표

출처: 현승수 외, "한반도 평화 · 번영 실현을 위한 국경 협력", 《통일연구원》, 2019, 19쪽.

면서 역내 국가들 간 다양한 방식의 양자 및 다자 간 교류협력을 추진해 성과를 도출하고자 한다. 남북관계 개선과 병행하여 주변국 경제권과의 관계를 전 방위적으로 제고하고, 한반도 평화와 동북아 공동번영을 함께 모색하여, 북한의 개방을 견인하고, 남북경협의 안정적 추진 여건을 마련하는 등 평화경제를 통한 동북아경제공동체 형성에 기여하고자 한다.

특히 한반도 평화경제가 중국의 '일대일로'와 러시아의 신동방정책과 연계되면 한국경제의 새로운 돌파구로서 크게 기여할 것이다.

한·중·러 삼국의 국가전략이 교차하는 환동해경제권을 중심으로 관광·물류·에너지 사업 분야에서 협력을 시작할 수 있다. 현재 중국은 훈춘·투먼·단둥과 러시아의 자루비노항 그리고 북한의 나진과 청진을 연결하는 환동해 물류센터를 추진하고 있다. 향후 동북아지역에서 강력한 물류중심지로 부상하는 이곳에 한국의 기업들이 적극적으로 참여한다면 신경제지도 구상의 한 축인 환동해경제권 형성에 큰 기회가 될 수 있다.

러시아 극동지역과 중국의 동북지역에서 한·중이 협력하여 평화와 번영의 북방경제공동체를 조성하게 되면 이는 평화협력의 새로운 모델이 될 것이며, 향후 한반도 지역 정세의 변화에 따라 북한에도 그 영역을 확장할 수 있으며, 북한의 경제개방을 가속할 수 있다. 그러나 한국은 또한 이에 대한 미국의 견제와 제지에 대비해야 할 것이다.

3부

두만강 유역 초국경 협력과
사회연대경제 네트워크

7

사회연대경제(SSE)를 통한
두만강 유역 초국경 협력모델 탐색[1]

조성찬
(하나누리 동북아연구원 원장)

두만강 유역은 동북아의 변방에 해당한다. 만주로 상징되는 이곳은 근대화 시기 이후 줄곧 대결의 공간이었다. 두만강 유역이 대결의 공간에서 연대의 공간으로 전환하는 것은 동북아뿐만 아니라 한반도의 평화와 경제번영에 매우 중요하다. 이를 위해 다자간 협력사업으로 두만강유역개발계획(TRADP, 1991)과 광역두만강개발계획(GTI, 2005) 등을 추진했지만 큰 성과는 없었다. 중앙정부 주도여서 지정학적 영향을 크게 받았기 때문이다. 본 장은 기존 한계를 극복할 대안으로, UN-SDGs가 실천전략으로 강조하고 있는 '사회연대경제(SSE)'가 두만강 유역 초국경 협력에서 갖는 의미와 가능성을 살펴보았다. 이를 위해 프랑스에서 태동한 사회연대경제 개념을 살펴보고, 스위스·프랑스·독일 접경도시인 스위스 바젤(Basel)의 사회연대경제를 통한 초국경 협력 사례를 살펴보았다. 마지막으로, 실제 두만강 유역에서 전개되고 있는 주요 사회연대경제 프로젝트를 살펴봄으로써 '사회연대경제를 통한 두만강 유역 초국경 협력'이 가능함을 결론으로 제시했다.

들어가며

우리에게 간도로 알려진 땅 만주는 과거 고구려의 영토였으며 이후 만주족이 지배하던 공간이었다. 그러다가 만주족이 한족을 지배하고 청나라를 세우면서 금단의 땅이 되었다. 이후 만주는 조선 말기, 그리고 일제강점기에 가난한 조선 백성에게 해방구가 되었으며, 독립 운동가에게는 자신의 울분을 토해낼 수 있는 공간이 되었다. 그 흐름은 이웃 땅 연해주로 자연스럽게 이어졌다.

청나라와 조선은 국경선을 놓고 갈등하다가, 1909년 일제가 청나라와 간도협약을 맺어 남만주의 안동-봉천 간 철도 부설권을 얻는 대신, 당시의 간도를 청나라에 넘겨버렸다. 경계비도 1931년 만주 사변 당시 일제가 철거해버렸다. 만주는 '대동아공영권'大東亞共榮圈이라는 허구적인 평화 체제를 만들려던 일제의 손에 들어갔으며, 급기야 1932년에 만주국이 설립되었다. 이처럼 굶주린 조선 백성에 의해 두만강 유역 초국경 협력이 태동했으나, 일제가 영토에 대한 욕구를 드러내면서, 만주는 청나라, 일본, 러시아, 식민지 조선이 투쟁하는 '대결의 장'으로 변해버렸다.

오늘날 동북아 초국경 협력을 상징하는 두만강 유역은 중국의 연변조선족자치주와 러시아 연해주 그리고 북한의 라선이 만나는 곳이다. 대결의 공간이었던 두만강 유역을 어떻게 하면 초국경 협력의 장으로 전환할 수 있을까? 과거 굶주린 조선 백성의 생명을 이어가려는 인내가 초국경 협력의 동력이었다면, 오늘날에는 일국一國 중심에서 벗어나 인접한 다국적 도시들이 평화의 정신에 기초하여 공동 발전을 도모하려는 상생의 철학이 중요하다.

"변방은 변화의 공간이고 창조의 공간이며 생명의 공간이다."[2] 두만강 유역은 만주의 변경邊境이자, 동북아의 변방에 해당한다. 두만강 유역이 대결의 공간에서 연대와 협력의 공간으로 전환하는 것은 동북아뿐만 아니라 한반도의 평화와 경제번영에 매우 중요하다. 이러한 방향에서 1990년대 초부터 변화의 움직임이 있었다. 대표적으로 UN이 추진한 두만강유역개발계획(TRADP, 1991)과 광역두만강개발계획(GTI, 2005)이 있다. 그런데 이러한 계획들은 그 타당성이나 필요성에도 불구하고 복잡한 국제변수와 맞물려 제대로 추진되지 못했다. 그나마 2009년에 중국 주도로 '북중러 두만강 삼각주 국제관광합작구'를 설립하고 북·중·러 공동 발전구역을 지정하여 개발하려는 움직임을 보였다. 그런데 중국 주도의 구상에 북한과 러시아는 수동적인 모습을 보였으며, 한국과 일본은 아예 참여조차 못 했다. 이 프로젝트 역시 2023년 현재 중단된 상태다.

새로운 공간은 새로운 체제를 요구한다. 제1차 및 제2차 세계대전 이후, 대결의 장이었던 유럽은 힘겹게 연대의 노력을 경주하고 있다. 그 중심에는 같은 프랑크 왕국에서 나왔지만 양차 세계대전에서 적대국 관계가 되어 버린 프랑스와 독일이 있다. 그 성과로 오늘날 유럽연합EU이 출범했으며, 프랑스와 독일의 대결 공간이었던 알자스·로렌이 평화와 경제협력 공간으로 변하고 EU 본부가 들어선 사례도 있다. 그렇다고 EU 평화 체제에 위기가 없는 것은 아니다. 2022년 2월 24일 러시아의 우크라이나 수도 키이우 침공으로 시작된 전쟁은 유럽 평화 체제를 새로운 시험대 위에 올려놓았다. 동북아에도 유럽통합 사상에 버금가는 중요한 사상이 있었다. 바로 안중근이 만주를 대상으로 제시한 《동양평화론》(1910)이다. 조선, 청나라, 일본이 만주에서 동북아식 평화 체제를 모색한 안중근의 동양평화론은 우리 세대가 실현해야 할 미완의 사상이다.

이러한 고민에 기초하여 본 장은 '사회연대경제'SSE: Social and Solidarity Economy라는 국제협력 담론을 토대로 시민사회가 주도하는 두만강 유역 초국경 협력의 의미와 가능성을 탐색했다. 구체적으로, 사회연대경제에 대한 논의의 기초를 정립한 후, 두만강 유역을 둘러싼 기존 개발계획의 한계를 살펴보았다. 그리고 새로운 접근법으로 스위스·프랑스·독일 3국 접경도시인 스위스 바젤Basel의 사회연대경제를 통한 초국경 협력 사례를 살펴본 후, 사회연대경제에 기초한 두만강 유역 초국경 협력모델을 탐색했다.

논의의 기초

안중근의 동양평화론이 갖는 의의와 한계

2023년은 안중근 의사 순국 113주기가 되는 해이다. 1909년 10월 26일, 대한의군 특파대 대장으로 러시아 관할 하얼빈 철도정거장에서 이토 히로부미를 저격하고 체포된 안중근은 1910년 3월 26일 사형이 집행되기 전 5개월 동안 옥중에서 동북아 평화에 중요한 의미를 갖는 기록들을 남겼다. 대표적으로, 사형선고 후 사흘째 되는 날인 1910년 2월 17일 히라이시 고등법원장과 진행된 면담 내용인 '청취서'(일본어)와, 사형이 집행되기 전까지 평화로운 세상에 대한 자신의 견해를 정리한 '동양평화론'(한자)이 있다. 동양평화론은 사형 집행 연기신청이 받아들여지지 않으면서 앞부분만 작성된 미완의 유고다. 다행히도 청취서를 통해 안중근이 동양평화론에서 제시하려던 개요를 파악할 수 있다.

안중근이 내세우는 '평화'는 서양의 평화 개념인 'pax'와는 근본적으로 다르다. 라틴어 'pax'가 강자의 지배와 제국의 패권을 지칭하는 반면, 안중근이 제시하는 '평화'는 강자와 약자 모두 상생한다는 개념이다. 안중근은 이를 실현하고자 '동양평화회'라는 경제공동체를 제안했다. 안중근의 동양평화론은, 군사력에 입각한 제국의 지배 전략을 펼친 이토 히로부미의 극동평화론을 논리적이며 체계적으로 반박하기 위한 것이었다. 동양평화론은 오늘날 동북아 평화 체제에 주는 의미가 크다. '동북아 평화와 경제협력'이라는 개념을 이끌어낼 수 있으며,

초국경 협력을 위한 사회연대경제의 사상적 기초로 삼을 수 있다.

'청취서'에 담긴 동양평화론을 정리하면 다음과 같다: 우선 영토는 주인이 바뀔 수 없는 것이므로 일본이 전승 대가로 차지한 다롄과 뤼순을 중국에 돌려주어야 한다. 그리고 이곳을 대한제국, 중국, 일본 등 세 나라가 동양평화 실현의 중심지로 삼는다. 이를 위해 세 나라가 그 땅에 모여 동양평화회라는 경제공동체를 만들고 전 세계에 공표한다. 재정확보를 위해 개인 회원을 모집하고 회비를 징수한다. 은행을 설립해 각 나라가 공유하는 화폐를 발행하고, 중요한 지역마다 평화지회를 마련하는 동시에 은행 지점을 두어 금융 및 재정 문제를 해결한다. 이렇게 하면 동양 평화는 완전해지지만, 세계열강에 대비하기 위해 세 나라로부터 대표를 파견해 무장을 담당하고, 청년을 모아서 군단을 편성한다. 이때 청년들로 하여금 두 나라의 언어를 배우도록 하면 형제 나라라는 관념이 강해질 것이다. 마지막으로, 일본, 청, 대한제국의 황제가 그 당시 세계 종교의 3분의 2를 차지하고 있던 로마 가톨릭 교황에게 맹세하고 왕관을 쓰면 전 세계 민중으로부터 신용을 얻게 되어 더 강한 세력을 형성할 수 있을 것으로 보았다.[3]

그가 제시한 동양평화론은 시대를 초월하는 보편성과 가치가 있지만 오늘날의 시각에서 볼 때 한계를 갖는 것도 분명하다. 번역상의 한계나, 일본 중심주의, 유럽과 동양의 대결구도라는 지역주의, 로마 가톨릭에 대한 지나친 의존이라는 한계는 시대적 맥락에서 어느 정도 이해의 여지가 있다. 그런데 자본주의와 사회주의 간 이데올로기 대립 구도를 반영하지 않은 한계, 동학혁명에 대한 지나친 편견은 안중근이 계급구조에 대한 문제의식이 높지 않았음을 보여준다. 그런데 오늘날 동북아 긴장구조의 핵심은 바로 안중근이 간과한 두 가지한계와 직결된다. 따라서 초국경 협력을 위한 접근법은 이데올로기대립구조와 계급구조를 극복할 수 있어야 한다. 그 가능성은 사회연대경제를 통해 보완할 수 있다.

프랑스에서 발전된 사회연대경제(SSE) 개념

프랑스에서 200년의 역사가 있는 사회적 경제(프랑스어: économie sociale)는 한국에서도 2007년에 사회적기업육성법 시행으로, 2012년에는 협동조합기본법 시행으로 구체화되었다. 2010년에는 지방선거를 계기로 사회적 경제가 지역발전전략으로 본격 대두하기도 했다.[4] 사회적 경제라는 용어는 유럽은 물론이고 한국에서도 보편적인 표현법으로 굳어진 지 오래다.

프랑스의 사회적 경제가 시작된 계기는 프랑스 혁명(1789) 이후 1791년 6월 14일 헌법제정의회가 노동자의 단결을 금지한 르 샤플리에Le Chapelier법으로 거슬러 올라간다. 이 법이 노동자의 단결을 금지했는데도 19세기 초부터 상호구제조합이나 재난공제조합이 조직되었으며, 1830년부터 노동조합이 결성되었다. 그러다가 1884년에 이 법이 폐지되면서 합법적인 틀에서 각종 조합이 결성되었지만, 본격적인 시작은 그에 앞선 1840년대에 시작된 산업혁명이었다.[5]

긴 시간이 흘러 1981년 말에 '사회적 경제'라는 표현이 프랑스 법에 명시된다. 1981년 10월 15일 법령에서 사회적 경제 담당정책조정실 창설이 명시되고 사회적 경제를 '협동조합, 공제조합과 결사체로 이루어진 집합'이라고 처음으로 정의했다. 이후 사회연대경제법 제정을 공약에 포함한 프랑수아 올랑드 대통령은 당선(2012년) 후 첫 내각의 사회연대경제 담당 장관으로 브누아 아몽을 임명하고 사회연대경제법을 준비토록 했다. 사회연대경제법은 2014년에 제정된다.[6]

현재 프랑스에서 사회적 경제가 전체 GDP에서 차지하는 비중이 10%를 넘는다. 1980년대 초반의 6~7%와 비교했을 때 꾸준히 발전하고 있음을 알 수 있다. 금융이 프랑스 사회적 경제의 발전에 중요한 역할을 감당했다. 프랑스 예금의 60%를 협동조합에서 운용하고 있다. 그리고 2600만 명이 공제조합손해보험에 가입할 정도로 상호부조가 프랑스의 사회보장체계를 보완하고 있다.[7]

그렇다고 프랑스의 사회적 경제 플랫폼이 문제가 없었던 것은 아니다. 가장 핵심적인 한계는 협동조합, 공제조합, 결사체, 재단이라는 네 개의 법적 형태만을 사회적 경제 조직으로 인정하고 있었다는 점이다. 사회적 경제는 실로 다양하고 전 분야에서 활동하고 있기 때문에 조직, 영토 등으로 한정할 수 없다는 점에서 한계가 명확했다.[8]

이러한 한계를 인식한 프랑수아 올랑드 대통령은 '사회적 경제' 개념 대신 보다 포괄적인 '사회연대경제' 개념을 사용하여 2014년 7월 31일에 사회연대경제법을 제정한 것이다. 사회연대경제법에 포함되는 조직은 기존의 4가지 유형 외에 사회적 기업이 포함된다. 여기서 사회적 기업은 이익공유 외의 목적을 추구하며, 민주적 거버넌스를 가지고 이익의 대부분을 조직의 유지·발전에 사용하고, 의무적 사업

준비금 조건을 충족하고, 사회적 효용을 추구하고, 이익의 일정액 이상을 준비금으로 적립해야 한다. 올랑드 대통령은 사회적 성격의 스타트업도 포함된다고 강조했다.

프랑스의 사회연대경제는 다음과 같은 특징을 지닌다. 우선, 프로젝트를 중심으로 모인 사람들이 자발적으로 주도한다. 따라서 자본을 우선시하지 않는다. 다만 필요한 경우 사회연대경제 조직이 아닌 다른 조직과 출자금을 연계하기도 한다. 다음으로, 자연인은 '이중 지위'를 지닌다. 회원이면서 동시에 임금노동자, 소비자, 자원봉사자가 될 수 있다. 셋째, 소유권은 분할 불가 원칙이며, 구성원 전체에게 속한다. 넷째, 창출된 이익은 '공평하게' 나눈다.[9] 이러한 원칙은 협동조합의 기본원칙과도 공통되며, 여타의 사회적 가치를 중시하는 개념들과도 공통된다.

좌우를 가리지 않고 거의 모두의 찬성으로 제정된 사회연대경제법 제정 과정을 살펴보면, 사회연대경제는 결국 사회적 경제의 진화된 버전임을 알 수 있다. 따라서 두 개념을 대립적 구도로 볼 이유가 전혀 없다. 결국 법적으로 규정된 특정 조직이 중요한 것이 아니라, 조직과 영토를 초월하여 같은 가치와 철학, 운영 원리로 돌아가는 경제 생태계와 그 안에서 활동하는 조직들이 중요한 것이다.

이처럼 사회적 경제는 그 개념이 갖는 한계로 인해 사회연대경제로 발전해 오면서, 이제는 국제화하고 있는 추세이다. 쿠바의 베탕쿠르 교수도 언급했듯이, 사회적 경제 조직과 연대경제 조직이 사회연대경제로 묶이는 경우도 다양하게 전개되고 있다. 그 대표적인 예가 사회연대경제 추진 대륙 간 네트워크^{RIPESS}이다.[10] 유엔 산하기관이 주도하는 사회연대경제 태스크포스인 UNTFSSE 역시 또 다른 국제화 사례이다.

사회주의 국가 쿠바의 사회연대경제

사회연대경제는 자본주의 시장경제하에서뿐만 아니라 사회주의 체제전환국에서도 중요한 의미가 있다. 남미 국가의 일원이자 사회주의 국가인 쿠바는 '사회연대경제' 플랫폼을 중시하고 있다. 쿠바 하바나대학교의 라파엘 베탕쿠르^{Rafael Betancourt} 교수가 내세우는 쿠바 사회연대경제의 강점은 다양한 의미와 개념을 아우른다는 점이었다. 그는 사회연대경제를 다음과 같이 정의한다.

- 사회적, 환경적 목표를 우선시하고 집단적으로 연대하여 일하는 생산자, 노동자, 소비자, 그리고 시민과 함께하는 사회적 활동
- 자본의 재생산이 아닌 노동이 삶의 중심인 사회적 경제를 구성하는 새로운 사회적 관계의 창출이 목표
- 모든 집단—가족, 커뮤니티, 지역, 국가, 그리고 전 세계—차원에서 구성원 간 연대의 가치함양

크게 세 가지로 구성된 쿠바의 사회연대경제 비전은 다음과 같은 특징을 보인다. 첫째, 사회연대의 핵심인 거시경제 분야는 대부분의 경제적 주체를 포함한다. 여기에 공기업과 예산조직은 물론 심지어

자영업자도 포함된다. 경제 전체가 사회연대경제라고 해도 과언이 아니다. 둘째, 포용적 지역발전을 통한 번영, 민주적 지속 가능한 사회주의 건설이라는 공동 목표를 추구한다. 셋째, 쿠바의 사회연대경제는 아래에서 시작되는 사회주의이다.

프랑스의 사회연대경제와 쿠바의 사회연대경제는 사회적 가치를 도모한다는 점에서 철학적인 공통성이 있다. 그러나 프랑스의 사회연대경제가 자본주의 시장경제 체제하에서 그 한계를 극복하기 위해 노동자와 시민 주도로 발전해 왔다면, 쿠바의 사회연대경제는 사회주의 국가 형성 시기, 혼합경제 전략으로 활용한 협동조합 경험이 오늘날 사회주의 경제 체제 전환 과정에서 사회연대경제라는 흐름으로 발전했다는 점에서 차이가 있다.[11] 이러한 플랫폼은 비단 유럽이나 중남미 국가만이 아닌 북한과 같이 사회주의 경제 체제를 전환하려는 국가들에도 의미 있는 시사점을 준다.

UN의 사회연대경제 접근법 선택

2016년부터 2030년까지 새로 시행되는 지속가능발전목표^{SDGs} 프로젝트를 주도하고 있는 유엔은 SDGs와의 맥락 속에서 프랑스 전문가들과 함께 사회연대경제의 가능성을 탐색하고 있다. SDGs는 2015년 제70차 UN총회 및 UN지속가능개발 정상회의에서 193개국 만장일치로 제정되었을 정도로 국제적인 합의 수준이 매우 높은 공동의 목표다. 북한도 '식량 및 영양 안보', '사회개발 서비스', '복원력과 지속가능성', '데이터와 개발 관리'라는 4대 목표를 설정하여 참여하고 있다.[12] UN 회원국인 북한은 2021년 7월 13일에 처음으로 UN 지속가능발전을 위한 고위급정치포럼(HLPF) 화상회의에서 '자발적 국가별 검토 보고서'VNR: Voluntary National Review, 이하 VNR를 제출하고, 자국의 지속가능발전목표SDGs 이행 현황 및 전략, 그리고 추진체계를 보고했다.[13]

UN은 SDGs 플랫폼의 효과성을 제고하기 위해 사회연대경제를 적극적으로 확대 적용하고자 노력하고 있다. 과거 '세계 사회적 포럼'이나 '다보스 포럼'이 부적절한 공간으로 인식되면서 새로운 담론 공간으로 2005년 초반 몽블랑 미팅RMB이 조직되었다. 이는 후에 사회연대경제 지도자 국제포럼Fidess/RMB으로 명칭을 변경하고 초국경, 초사업, 초조직군을 모토로 활동을 전개하기 시작했다. 2013년의 6차 미팅 주제는 "사회연대경제와 세계화의 방향 바꾸기: 2015년 이후 새 천년개발목표MDG를 향해"였다. 이미 지속가능발전목표SDGs와의 연결을 중요하게 고민했다는 사실을 알 수 있다. 그러다가 프랑수아 올랑드 프랑스 대통령 주도로 2013년 말에 '사회연대경제 글로벌 시범 그룹'을 창설했다. 이 그룹은 국가, 국제기구, Fidess/RMB를 중심으로 구성되었다. 이 그룹은 2014년 9월에 창립총회를 하고, 2015년 9월에 개최된 1차 정상급 회의에서 '사회연대경제 글로벌 시범 그룹의 공동선언문'을 채택했다[14]. 공동선언문에 따르면 "사회연대경제는 SDGs의 실현을 위한 전략적인 실행 방안이다".

공동선언문에서 눈에 띄는 것이 UN 산하 17개 국제기구가 함께 사회연대경제를 국제 의제화하기 위해 만든 태스크포스이다.

이를 '유엔기구 간 사회연대경제 태스크포스^{UNTFSSE}로 부른다. UNTFSSE에는 유엔유럽경제위원회^{UNECE} 등 십여 개의 국제기구가 회원단체로 참여하고 있으며, 시티즈^{CITIES}, 지세프^{GSEF} 등 12개 단체가 옵서버로 함께한다.

국제기구들도 지속가능발전목표 실현을 위해 사회연대경제를 강조하고 있다[15]. 대표적으로 국제노동기구^{ILO}, 국제협동조합연맹^{ICA}, 경제협력개발기구^{OECD}, 유엔개발계획^{UNDP}, 유엔난민기구^{UNHCR} 및 UN 산하 포용적 사회개발분과^{DISD} 등이 있다.

2023년 4월 18일, UN은 한 걸음 더 나아가, 총회 결정으로 "지속가능한 발전을 위한 사회연대경제 활성화"Promoting the Social and Solidarity economy for sustainable development(A/77/L.60)라는 결의문을 채택했다. 결의문은 사회정의, 빈곤문제 해결, 기후위기 대응, 지속 가능한 발전, 약자의 권리 보호 등 사회연대경제가 어떤 역할을 감당해 왔는지에 대한 논의를 근거로, 회원국들로 하여금 지속 가능한 경제적 사회적 발전을 위해 가능한 모델로써 사회연대경제를 지지하고 강화할 것을 요청했다. 이러한 점에서 향후 UN을 중심으로 사회연대경제 개념을 더 강하고 분명하게 내세울 것으로 보인다.[16]

이처럼 UN이 지속가능발전목표^{SDGs}의 정책수단으로 사회연대경제를 확대하려는 노력에서 알 수 있듯이, 향후 '사회연대경제를 통한 SDGs 플랫폼'은 북한과의 교류협력 물꼬를 틀 수 있는 하나의 방안이 될 수 있다.

초국경 협력을 위해 사회연대경제를 선택한 이유

이러한 흐름에서 사회연대경제 개념은 초국경 협력에서도 새로운 확장 가능성을 발견할 수 있다. 즉, 밑으로부터 시민과 사회적 가치를 추구하는 기업들이 주체가 되어 초국경 지역 간 연대를 강화하는 개념으로 발전이 가능하다는 것이다.[17]

본 장에서 초국경 협력을 위해 사회연대경제를 선택한 이유는 크게 5가지로 정리할 수 있다. 첫째, 사회연대경제는 뒤르켐의 '불평등 없는 사회적 연대로서의 평화론'과 연결된다. 둘째, 사회연대경제는 조직과 영토를 초월하는 포괄성이 있다. 특히 상호 배타적인 것처럼 보이는 자본주의와 사회주의 체제를 이어주는 다리 역할을 할 수 있다. 셋째, UN의 지지로 SDGs와 사회연대경제의 연결성이 높아졌다. 넷째, 사회연대경제는 소유권 및 거버넌스 측면에서 북한식 사회주의와 충돌하지 않는다. 북한의 '협동경리'는 사회연대경제로 해석할 수 있으며, 특히 헌법에서 토지는 국가 및 사회협동단체 소유로 명시되어 있다. 다섯째, 사회연대경제는 쿠바 사례가 보여주듯이, 사회주의 경제 체제의 전환 가능성을 높여준다.[18]

정체된 두만강 유역 개발계획

두만강 유역의 지경학적 중요성

두만강 유역은 중국의 동북 3성에게는 출해 통로이면서, 러시아에게는 극동개발의 전초기지이고, 북한에게는 중·러와의 경제협력을 이어주는 다리이다. 그리고 한국에게는 유럽 대륙으로 나아가는 길목이기도 하다. 일본에게도 동북아 대륙으로 나아가는 길목이다. 대륙 세력과 해양 세력을 이어주는 두만강 유역은 이처럼 지경학적으로 매우 중요한 곳이어서 UNDP는 이른 시기부터 이 지역을 주목했다. 또한 두만강 유역을 둘러싼 국가들은 초국경 경제협력 관점에서 중앙정부 주도로 개발계획을 수립하고 인프라 건설 등 다양한 사업을 진행했다.

두만강 유역 개발계획의 정체를 가져온 지정학적 요인들

특정 지역이 지경학적 중요성이 있다고 해서 그러한 이유로 각종 개발계획이 순조롭게 진행되는 것은 아니다. 오늘날 두만강 유역의 지정학적 위상은 초국경 협력을 막거나 지체시키는 요인이 되고 있다는 점을 분명하게 보여준다. 초국경 협력에 있어서 지리적 접근성만으로는 충분치 않고, 국경을 맞대고 있는 국가 간 정치적 역학관계, 즉 지정학적인 관계성이 매우 중요하다. 인접하고 있는 국가의 정치적 관계가 협력적이어야 초국경 지역에서 이동성과 협력 프로젝트에 긍정적인 영향을 미치기 때문이다. 그런 후에야 거버넌스, 유사한 언어와 문화의 공유, 신뢰 구축 등이 가능해진다.[19]

이러한 관점에서 볼 때 동북아 및 두만강 유역의 지정학적 위상은 어려운 상황이다. 탈냉전 이후 전개되기 시작한 동북아 초국경 협력 가능성은 부침을 겪어왔다. 그런데 두만강 유역에서 지정학적 위기를 초래한 결정적인 이유는 바로 북한의 핵실험이다. 핵실험에 따른 대북 경제제재는 협력을 막는 중대한 장애 요인으로 작용했다. 러시아의 우크라이나 침공(2014, 2022)으로 인한 경제제재 역시 사람과 물자의 흐름을 차단했다.

북한의 핵실험에 따른 경제제재 외에 또 다른 중요한 지정학적 요인은 미·중 패권 갈등이다. 중국의 부상에 따라 미국의 오바마 행정부가 2011년에 아시아 재균형전략 혹은 아시아 회귀전략pivot strategy to Asia을 취하면서 동북아는 군사적 갈등이 강화 및 지속되고 있다.[20] 이에 대해 중국은 자국을 견제하고 봉쇄하려는 미국과 일본의 동맹체제와 확산을 저지하고, 중국 주도의 다자간 협력체제를 구축한다는 기본 입장을 취하고 있다.[21] 이 외의 지정학적 갈등 요인으로, 2016년 사드 문제로 인한 한중관계 악화, 2019년의 코로나19로 인한 국경 봉쇄, 최근 일본의 선제 타격 합법화가 있다.[22]

주요 개발계획

다자협력: TRADP, GTI

탈냉전 이후 초국경적 네트워크가 구성되면서 이를 통한 이동과 흐름이 증대되어 왔다. 그 결과 새로운 지역주의에 대한 기대가 커졌다. 신범식(2020)은 핸슨Hansen의 접경지대borderland 개념을 차용하여 '초국경 소지역' 개념을 이끌어내고, 이러한 소지역을 이해하는 것이 동북아시아 지역주의를 이해하는 데 매우 중요하다고 밝혔다.[23] 이러한 흐름은 '자연경제구역NETs: National Economic Territories에서 중앙의 통제를 우회하는 자발적인 교류 현상에 주목한 유엔개발계획UNDP의 소지역 개발 프로젝트인 '두만강유역개발계획'TRADP 입안으로 이어졌다.[24]

두만강유역개발계획TRADP(1991)과, 다음 버전인 광역두만강개발계획GTI(2005)은 동북아 유일의 다자간 경제협력체이다. 두만강유역개발계획이 국제기구가 주도했다면, 광역두만강개발계획은 개별 국가가 주도한 다자간 협의체 성격이다. 1990년 중국 지린성에서 개최된 동북아 경제·기술협력 회의에서 두만강 유역 개발정책 아이디어가 처음으로 제기되었다. 이후 유엔개발계획UNDP 주도로 관련국들과 협의를 진행했으며, 1991년 10월 24일 뉴욕본부에서 북·중·러 접경지역 두만강 유역 삼각주를 국제적인 자유무역지대로 개발할 것을 공식적으로 선언했다. 처음에는 관련국이 공동출자하여 국제기구로 결성하려고 했으나, 참여 부진으로 '정부 간 협의체'로 결성되었다. 이때 한국, 북한, 중국, 러시아, 몽골이 회원국으로 참여했으며, 일본은 옵서버로 참여했다.[25] TRADP는 중국 훈춘-북한 라선-러시아 포시에트Posyet로 연결되는 소삼각 지역을 두만강유역경제지구TREZ: Tumen River Economic Zone로 하는 자유무역지대로 개발함으로써 주변의 확대된 두만강유역경제개발구TREDA: Tumen River Economic Development Area 전체의 발전 동력으로 삼고자 했다. 주변 지역은 중국 연변과 북한 청진과 러시아의 블라디보스토크를 포함하는 배후지역(대삼각 경제개발구역)까지 포괄한다. 하지만 TREZ를 공동으로 개발하는 안이 표류하고 관련국들이 자국 영토 내 지역을 개발하면서 그 연결성을 강화하는 방향으로 정책 기조가 바뀌었다. 이로써 대삼각 경제개발 구역을 지향하는 정책으로의 전환이 이루어진다.

UNDP는 1991년부터 2005년까지 3단계 사업을 끝으로 그 주도권과 역할을 마무리하게 되었다. 이러한 배경에서 TRADP의 다음 버전인 GTI가 탄생하게 된 것이다. UNDP의 주도성이 마무리된 2005년에 TRADP 협력위원회(CC)는 기존 명칭을 '광역두만강개발계획GTI: Greater Tumen Initiative'으로 변경하고, 프로젝트 기간을 10년 연장하여 'GTI 전략사업 구상: 2005-2015'를 합의했다. 이 구상에는 교통, 관광, 에너지, 투자, 환경 및 추후 농업 분야를 추가하여 역점사업으로 선정하고 공동기금도 설립하고, 협의체 대상 범위도 광역 두만강 지역으로 확대하기로 했다.[26]

이후 중국 정부는 2009년에 GTI를 동북 3성 개발계획과 연계하여 중앙정부 사업으로 격상하고, 러시아는 신극동지역 개발계획(극동개발, 에너지·교통 장기전략 2020, 에너지자원 통합공급시스템 구축)과 연계했다. 그런데 아쉽게도 핵심 당사국인 북한은 제2차 핵실험으로 초래된 국제사회의 경제제재와, GTI의 두만강유역 라선특구 개발이 저조한 것에 불만을 품고 탈퇴했다. 이후 GTI는 최고 의결기구를 장관급으로 격상하고, 2016년까지 국제기구로 전환하기로 합의했으며, '2017-2020 전략적 행동계획'을 채택하여 동북아 번영 및 공동목표 달성을 위한 회원국 간 전략적 파트너십 구축과 시너지를 창출하기로 했다. 그러나 오늘날 GTI의 국제기구 전환 방향성만 재확인하

고 있을 뿐 실제적인 진전은 없다.[27]

양자협력

북한의 핵실험 등으로 GTI가 유명무실해지면서 오늘날 북·중·러 접경지역 협력은 다자협력 대신 개별 국가가 자국의 개발 프로젝트를 주도하는 가운데, 필요한 경우 인접국과 제한적 협력을 모색하는 '양자협력' 형태로 전개되고 있다.[28]

북·중 간 경제협력

라선 경제특구는 두만강유역개발계획^{TRADP} 전략과 맞물려 1991년 12월 '라진-선봉지역 경제자유무역지대' 설립으로 시작했다. 이후 20년의 시간이 흐르면서 다자협력을 포기하고 양자협력으로 전환했다. 2009년에 중국의 동북 3성 창지투 개발계획이 출해^{出海} 통로인 북한의 라진-선봉항과 연결되면서 중국 투자로 철도, 도로, 항구 인프라를 개선했다. 2010년 1월에는 라선특별시로 승격하고, 《라선경제무역지대법》을 개정했다. 중국의 '차항출해' 및 러시아의 '신동방정책'과 연계하여 나진항을 장기 임차해 주었다. 향후 발전계획은 라진항을 중심으로 선봉항, 웅기항 등을 종합적으로 개발하는 것이다.

GIT에 가장 적극적인 모습을 보였던 중국은 2009년에 GTI를 동북 3성 개발계획과 연동하여 중앙정부 사업으로 격상했다. 이후 중국(훈춘)국제합작시범구를 설치하고 북한 라선과 긴밀한 경제협력을 도모하고 있다. 대표적으로 신두만강대교(훈춘-라선) 개통(2016.10.)

이 있다. 이 외에도 2001년과 2010년에 추진된 경계하천 도로대교 수리사업이 있다.

중·러 간 경제협력

2009년에 GTI를 동북 3성 개발계획과 연동하여 중앙정부 사업으로 격상한 중국은 북한이 GTI를 탈퇴하면서 라선항을 활용할 수 없게 되자, 대신 러시아 연해주의 자루비노항으로 시선을 돌렸다. 중국은 일대일로 추진에 따른 중·몽·러 경제회랑 구축 차원에서 자루비노항으로의 출해 전략을 도모한 것이다. 이러한 전략은 2016년 6월 '중·몽·러 경제회랑 건설 프로그램'의 32개 프로젝트 중 하나로 포함되었다.

마침 러시아는 극동·시베리아 개발을 위한 동방정책 가속화와 유라시아 경제통합을 위한 EAEU 확대를 시도하고 있었다.[29] 러시아는 2012년 5월에 '러시아 대외정책 실현을 위한 방안', 즉 신동방정책을 발표하고 아시아 태평양 국가들과 협력을 통해 러시아의 낙후된 극동과 시베리아 지역을 개발하여 국토의 균형발전과 신성장 동력을 확보하려는 전략을 추진하고자 했다. 그중, 연방 정부는 극동개발부를 신설(2012)하고, 2013년에 '극동·바이칼지역 사회경제 발전전략 2025(신극동정책)'을 발표했다. 2015년 3월 25월에는 러시아 연방법을 발효하여 극동에 사회경제선도개발구역(2017년 12월 기준 18개)을 지정하고 다양한 혜택을 제공해 수출을 위한 전략 지구로 추진 중이다. 또한 블라디보스토크 등 5개 항구도시는 2016년 7월 발효된

'블라디보스토크 자유항에 관한 연방법' 개정안에 따라 홍콩과 같은 자유항으로 지정하여 동북아의 물류 허브로 육성한다는 방침이다.[30] 자유항에는 자루비노항도 포함되었다.

러시아가 추진한 '신동방정책'은 자국의 발전전략 외에도 동북아 및 아태지역을 철도와 에너지망[註]으로 연결하여 이들 지역과의 통합을 가속한다는 전략도 포함한다. 그리고 두 국제운송통로(프리모리예 −Ⅰ, Ⅱ)가 제시되고, 2030년까지 러시아 재무부는 연간 1000억 루블 (약 17억 달러)을 투입하기로 했는데, 프리모리예−Ⅱ 루트가 지린성 창춘, 지린, 옌지, 훈춘을 거쳐 러시아 자루비노항으로 가는 길이었다.[31] 중국 주도로 추진된 '중·몽·러 경제회랑 건설 프로그램'이 러시아의 신동방정책과 만나는 지점에 동해 출구인 자루비노항이 있다.

중국의 필요와 러시아의 필요가 맞물리면서 추진된 인프라 개발사업은 2013년 12월에 재개통된 훈춘-마하리노 철도사업, 2016년의 통관센터와 통상구 종합검사빌딩 및 통상구 환적기능 확대사업이 있다. 그리고 시베리아가스관-중국 헤이허 간 개통(2019) 프로젝트도 있다.[32]

북·러 간 경제협력

러시아는 신동방정책을 통해 북한과 합의 및 추진된 사업으로 나진-하산 철도 연결사업(2013년 9월 개통, 약 1억 6000만 달러 투자), 나진항 개보수 사업(약 1억 1000만 달러 투자), 대북 차관 100억 달러 탕감 및 북한철도 현대화 지원계획 합의(2014)가 있다. 이 외에도 북

한이 러시아 측에 중고 여객기와 금광 채굴권 맞교환을 제안하기도 했다.[33]

삼자 간 개발협력: 북·중·러 두만강 삼각주 국제관광합작구 계획

두만강유역개발계획TRADP이 북핵 문제라는 지정학적 이유로 추진되지 않게 되자, 2010년부터 중국이 주도적으로 인접국인 러시아와 북한을 우선 대상자로 하여 공통의 이익을 공유할 수 있어 합의 도출이 용이한 국제관광을 출발점으로 삼는 두만강 하구 개발사업을 계획했다. 중국의 목적은 관광사업 그 자체가 아니라 자루비노항과 라선항을 통한 동해 출구 확보 및 국제 물류 시스템 구축이었다. 여기서 두만강 국제관광합작구를 낳은 결정적인 사안은 2012년 '중국 두만강지역(훈춘)국제합작시범구' 지정 및 시진핑 정부가 추진한 일대일로 사업과의 연동이다. 이러한 과정을 통해 탄생한 두만강 국제관광합작구는 기본적으로 북·중·러가 함께 국경을 초월해 공동구역을 정하고 공동으로 개발하고 공동으로 관리하는 방식이다. 모델의 핵심을 정리하면 아래와 같다.[34]

- 북·중·러 접경지역에 "무국경"의 새로운 공간 탄생. 국경을 따지지 않고 세 나라가 관광이라는 자원을 공유해 이익을 얻음
- 공간 범위는 중국 연길-훈춘, 러시아 블라디보스토크-하산구, 북한 라선특구-라진항이라는 3대 중심도시. 구체적으로는 두만강 하류가 중심축이 되어, 훈춘 방천, 북한의 두만강동, 러시아

하산진으로, 약 100km²의 국제관광합작구가 형성됨

- 각국이 10km²의 토지를 개발건설구역으로 제공하고, 3국이 공동으로 관광레저오락시설을 건설하여 '1구 3국' 공동관리 모델 탐색
- 구역 진입 시 무비자, 나올 때 무관세. 72시간 무비자

시민사회가 주도하는 초국경 협력의 중요성

앞서 언급한 다양한 층위의 국제개발협력, 양자개발협력은 국제정세와 맞물리면서 정체 상태이다. 개발협력에서 당사국의 상호협력을 통한 '공동 이익'이 분명하지 않았다. 여기에는 회원국 간의 상이한 경제체재와 경제적 격차, 경제적 이해관계 상충이라는 배경이 자리하고 있다. 또한 회원국 중앙정부의 참여 부족, 지방정부의 능력 부족, 기업의 관심 부족, 협력목표의 상이, 금융·투자 보장 메커니즘 부족 등 난관이 산재하다. 동북아의 안보리스크도 중요한 배경이 되었다. 북한의 핵실험(2014), 러시아의 우크라이나 침공(2022)으로 인한 경제제재는 사람과 물자의 흐름을 차단했다, 2020년 초에 발생한 코로나19로 북·중·러 국경이 봉쇄되었다.

초국경 협력이 정체된 이유는 역으로 초국경 협력을 활성화하기 위한 열쇠도 제공한다. 국제기구가 주도한 다자협력과 개별 국가가 주도한 양자협력의 공통점은 국제기구와 중앙정부 및 지방정부 중심의 접근법이라는 점이다. 기업은 이러한 구조에 예속되어 있으며, 시민사회 영역은 아예 보이지도 않는다. 초국경 협력의 최종 결과가 무

엇인가라는 질문을 던진다면, 보통 시민들은 "난 그곳에 가고 싶다. 자유롭게 여행하면서 지역문화, 지역경제와 대화를 나누고 싶다"라고 대답할 것이다. 이를 한마디로 압축하면 "초국경 협력의 시민적 일상화"가 된다. 그런데 아쉽게도 기존의 초국경 협력 패러다임은 일관되게 공권력 중심이었다. 국경 이슈를 다루기 때문에 당연한 것으로 생각할 수도 있겠지만, 최근 유럽통합의 역사를 보면 적어도 공권력은 시민영역의 공간을 확대하기 위해 노력해 왔다는 점에 주목할 필요가 있다.

사회연대경제를 통한 유럽의 초국경 협력: 스위스 바젤(Basel)

유럽통합에서 시민사회의 중요성

오늘날 유럽연합[EU]으로 상징되는 유럽통합사에는 수많은 국제 정치·경제적 변수가 있었다. 여기서 유럽 시민사회의 역할을 도외시해서는 안 된다. 평화로운 통합을 위해서는 "시민의 각성과 평화적 공생정신을 토대로 민주 시민사회의 힘을 키워야 한다"는 주장은 큰 의미가 있다.[35] 실제로 유럽이 공동체 의식을 형성하는 '유럽화' 과정에서 시민사회를 중심으로 예술과 학문 및 학생의 교환을 촉진하고자 했다. 여기에 더해 경제교류와 협력이 강화되었고, 평화, 민주주의, 인권 등의 이념을 토대로 가치관의 동화가 서서히 이루어졌다.[36] 이러한 각도에서 보면 유럽통합의 출발은 시민사회였다고 말해도 과언이 아니다. 제2차 세계대전 이전에 조직되었으며, 서로 배우고 일하며, 유럽의 공동 가치관과 평화 공동체를 모색한 독일-프랑스 협회 Dddddeutsch-Franzoesische Gesellschaft가 대표적이다.[37]

본 장과 관련하여, 유럽연합이 사회적 시장경제를 추구한다고 규정한 것은 큰 의미가 있다. 유럽연합의 목표를 규정한 유럽연합조약 제3조는, 평화 증진, 자유롭고 왜곡되지 않은 경쟁으로 인한 내부 시장 창출, 경제 성장, 가격 안정, 사회적 시장 경제, 환경 보호 등과 사회 정의, 문화의 다양성 존중, 세계 빈곤 퇴치, 국제법 촉진 등을 제시하고 있다. 여기서 유럽연합조약이 언급한 '사회적 시장경제'는 "질서 자유주의에 토대를 두고 정부의 역할을 중요시한다.[38] 정부는 자본주의 시장경제의 완전한 자유로운 경쟁을 추구하면서 시장에서 공정한 질서를 무너뜨리는 독점과 불공정한 행위를 제한하거나 통제한다. 하지만 시장경제의 흐름이나 시장 메커니즘에 개입을 최소화하고 자유를 보장하고자 한다. 아울러 저임금 또는 빈곤층을 고려한 복지, 사회정책을 시장경제와 연계하여 실행한다"고 규정하고 있다.

이런 정의에서 보면 사회적 시장경제는 본 장이 강조하는 '사회연대경제'와 맥락상 차이가 있음은 분명하다. 그러나 사회적 가치를 중시한다는 점에서 공통분모도 분명하다. 그 근거는 신자유주의에 의한 폐단을 극복하려는 유럽연합의 접근법에서 알 수 있다. 유럽연합은 시장통합으로 인해 지역 간 소득격차가 발생함에 따라 지역 간 불평등을 해소하기 위해 낙후 지역에 개발지원금을 제공하고 연대를 통해서 격차를 좁히고 있다. 이처럼 지역개발정책과 사회정책을 통해서 지역 불균형을 개선하고 사회 안정성을 도모하고 있다.[39]

초국가적 성격을 띠는 유럽연합은 다양한 층위와 주체로 권한을 배분하고 있다. 이를 다층적 통치로도 부를 수 있다.[40] 유럽연합은 독점적 권한, 회원국과 공유하는 권한, 그리고 회원국을 지원하는 권한의 3가지로 구분한다. 그리고 유럽연합은 회원국가, 하위정부 및 비정부 기관과 권한을 배분하고 정책을 결정하는 과정에서 이들과 경쟁과 협력을 거쳐 초국가적 정책을 결정한다.

여기서 눈여겨볼 지점이 바로 유럽연합이 비정부 기관과도 권한을 배분하고 협력한다는 점이다. 시민사회의 역할과 사회적 시장경제를 중시하며, 지역 간 격차를 해소하려는 노력은 유럽연합이 시민사회를 대표하는 비정부 기관과도 권한을 배분하고 협력하게 된 중요한 배경이 된다.

유럽을 하나로 묶어주는 '유럽 시민권' 개념

그런데 유럽 시민사회의 역할을 조망하는 데 있어서 놓치지 말아야 할 중요한 개념이 하나 있다. 바로 '유럽 시민권' 개념이다. 먼저 칸트는 세계 시민권 개념을 "모든 사람들이 자유 의지를 가진 인격체로서, 그리고 한정된 지표면을 공유하는 공통적 인류임을 전제로 한 국가 구성원으로서 어떤 문화나 종교, 인종의 장벽이나 제약을 넘어 자유롭게 여행하고 다른 국가의 영토를 방문하면서 환대를 받으면서 임시로 체류할 수 있는 권리"로 정의하고, 이에 기초하여 공화국들이 하나로 통일된 세계 정부가 아니라 개별 공화국들의 주권과 영토성을 인정하면서도 서로 통합적 관계를 가지는 세계 연방제 통합을 주창했다.[41]

칸트의 세계 시민권 개념은 유럽연합의 '유럽 시민권' 개념과 제도로 구체화된다. 우선 1985년에 체결(1995년 발효)된 셍겐조약은 재화와 서비스 및 자본은 물론 사람의 자유로운 이동을 보장하는 체제이기에 본질적으로 '유럽 시민권' 개념을 내포한 것이다. 오늘날 셍겐조약에 가입한 26개국(22개 유럽연합 회원국, 4개 비회원국) 시민은 여권을 소지하지 않고도 국경검문소도 거치지 않고 자유로이 여행과 체류가 가능해졌다.

유럽 시민권 개념은 1992년 2월 7일에 체결된 마스트리히트조약부터 법적, 제도적 개념을 갖추게 되었다. 마스트리히트조약은 유럽 시민권과 국가적 시민권 간의 상호 관계에 관한 명시적 규정을 두지는 않았지만, 이후에 체결된 1999년 암스테르담조약에서 '연합 시민권'은 국가적 시민권을 보충하는 것이고 이를 대체할 수 없다고 간접적으로 규정했다.[42]

유럽연합 초국경 협력 프로그램과 사회적 기업가의 상보성[43]

유럽은 시민의 3분의 1(1억 5000만)이 접경지역에 거주하고 있으며, 접경지역은 동일한 국가의 다른 지역에 비해 경제적 사회적 불이익에 직면해 있다. 따라서 유럽연합은 물론 국가 및 지역정부는 접경지역의 구체적인 문제를 소홀히 할 수 없다[44]. 대표적인 접경지역으로 독일과 프랑스 사이의 국경지대, 독일과 폴란드 사이, 스위스와 독일 사이, 그리고 프랑스 접경지역이 있다.[45, 46]

먼저 접경지역 협력의 정의를 살펴보자: "둘 또는 그 이상의 국가들 사이의 접경지역에서 공적 그리고(또는) 사적 기관들 사이의 모든 유형의 조율된concerted 행동으로, 지정학적, 경제적, 문화적, 정치적 변수들에 의해 추동되며, 협력 메커니즘을 통해 우호 선린관계를 강화하고 공통의 문제를 해결하거나, 공동체 사이에서 자원을 함께 관리한다."[47] 이러한 정의에서 눈여겨볼 지점은, 협력의 주체로 공적기관 뿐만 아니라 사적 기관도 중요한 주체로 보고 있다는 점이다. 국내 초국경 협력에서 강조되지 않는 지점이다.

유럽연합은 1990년부터 초국경 협력과 사회적 통합을 강화하기 위해 Interreg과 같은 프로그램을 추진하고 있다. Interreg은 포용적 성장, 저탄소 경제, 환경, 자원 효율성을 추구하고 있다. Interreg 프로그램은 나름의 효과가 있었지만 한계가 있었다. Interreg Cooperation 문서(2015)에 따르면, 유럽연합은 스마트하고 지속 가능하며 포용적인 성장을 위해 노력했으며, 경제적, 사회적, 영토적 융합cohesion을 달성하기 위해 노력했다. 그러나 정책 수단으로서 Interreg는 공공의 제도적 환경에 갇혀 있다. 결과적으로, 유럽연합 초국경 협력의 지배적인 제도 유형은 주로 로컬local과 지역regional 정부, NGOs, 그리고 대학들 사이에서 발생하며, 기업은 크게 관련되지 않다는 한계가 있다.[48]

이러한 맥락에서 유럽연합의 초국경 협력 프로그램이 사회적 기업과의 상보성the complementarity을 중요하게 인식하고 있다. 사회적 기업이 지속 가능한 유럽연합 초국경 협력관계를 형성하고 지역의 사회적, 경제적 발전을 도모하는 데 중요한 역할을 감당할 수 있다는 것을 인정한 것이다. 사회적 기업은 자생적이며 투자에 대해 보수를 지급하는 등 보통 기업과 유사하게 작동하며 비슷한 설계를 가지지만, 사회에 봉사한다는 최우선의 목적을 가진다. Herman T. Wevers 외(2020)는 사회적 기업과 EU 초국경 협력의 현지화(local embededness)는 서로를 강화하여 지역적 일상 문제를 줄인다고 결론 내린다.[49]

Herman T. Wevers 외(2020)는 '신뢰 구축'trust building이 유럽의 초국경 협력에서 가장 중요한 선결 조건이라고 강조한다. 이미 2차 세계대전이 끝난 지 70년이 넘었지만, 여전히 많은 접경지역 사람들은 접경지역 반대편 이웃들을 두려워하고 있다. 유럽연합 차원에서 25년간 Interreg 프로그램을 추진한 결과 얻은 가장 중요한 교훈 중의 하나가 바로 신뢰 구축이 초국경 협력에서 핵심 요소라는 점이다.[50] 그런데 사회적 기업은 로컬 커뮤니티에서 양방향 협력을 통해 적대감과 불신을 감소하는 데 중요한 역할을 할 수 있다고 강조한다.

이 연구는 사회적 기업의 가능성에 주목하면서도 그 현실과 한계에 대해서도 주목했다. 한계는 크게 2가지로 요약된다. 첫째, 현재 사회적 기업 부문은 지역 또는 로컬 수준에서 그 수가 너무 적고 참여율이 낮아 실제적인 임팩트를 형성하기가 쉽지 않다. 둘째, 초국경 상업 활동은 높은 거래비용을 초래하는데, 이는 다른 기업과 비교하여 상업 활동에 장애가 된다.[51] 그리고 사회적 기업의 한계를 극복하기 위해 사회적 기업의 역량을 강화해야 한다고 강조했다. 구체적으로 우선 사업 규모를 키우는데 걸림돌인 재정 부족을 해결해야 한다. 다음으로, 규모의 확대를 위해 동일 기업이 접경지역을 넘어 확대한다 (사회적 프랜차이징). 마지막으로 인접국에서 성공적인 사회적 비즈니스 모델을 실행하는 것이다. 이러한 점에서 최근 증가하는 지역 커뮤니티 오너십local community ownership이 사회적 기업에게 한계 극복의 기회를 제공할 수 있을 것으로 보았다. [52]

스위스 바젤의 사회연대경제를 통한 초국경 협력

스위스 바젤 개요

유럽 초국경 협력의 대표 사례는 스위스 바젤이다. 스위스의 3위 도시 바젤은 인접한 프랑스의 셍루이Saint-Louis 및 독일의 뢰어라흐 Lörrach Hbf와 일체형으로 발전해가고 있다. 3개국 도시가 연담되어 형성된 하나의 Metropolitan Basel은 기술과 제약산업, 문화예술의 중심도시로, 인구 규모는 TEB 기준으로 83만 명의 거대한 경제권역이다. 이 중 스위스인이 60%, 독일인이 30%, 나머지 10%는 프랑스인이다. 중립국 스위스는 EU 회원국이 아님에도 셍겐조약에 가입되어 있다. 김영찬(2015)은 바젤이 북한 라선-중국 훈춘-러시아 크라스키노 접경지역과 매우 유사하다고 보았다. 스위스 접경도시 바젤은 하루 6만 명의 독일, 프랑스인들이 출근한다. 이곳에서 출퇴근과 쇼핑, 만남은 일상이며, 역외인력은 스위스 경제의 성공에 크게 기여하고 있다. 유럽연합의 초국경 협력 정책을 포함한 유럽통합 정책들이 잘 진행되고 있기에 가능한 일이다. 게다가 철도, 바젤공항[53], 도로망, 전차노선 등 도시 인프라가 3국 도시로 연결되어 있다. 여기에 더해 본 장과 관련하여, 3국 지방정부가 연합하여 추진하고 있는 지역관리 거버넌스[TEB] 및 사회연대경제 네트워크[SEB]가 형성되어 있다.

바젤의 비영리 조직이자 작은 정부기관 역할을 감당하는 TEB

2007년에 설립된 TEB는 Trinational Eurodistrict Basel의 약자로, 프랑스 알자크[Alsace]에 근거지를 둔 비영리 조직이다. 아래 표 1에서 볼 수 있듯이 TEB는 바젤의 초국경 도시협력 거버넌스에서 중요한 역할을 담당하고 있다. TEB는 비영리 조직이지만 3개국이 모여 형성된 바젤의 작은 도시정부 성격의 기관으로, 초국경 프로젝트를 코디네이팅하는 역할을 하며, 다른 도시 간 사람들의 문화와 언어 교류를 촉진하는 역할도 한다. 게다가 TEB는 공간계획, 대중교통 및 도시개발에 있어서 결합된 초국경 프로젝트를 조정하고 수행한다. TEB는 전신인 TAB[Trinational Agglomeration Basel]의 확장된 형태이다.[54]

TEB는 4명의 풀타임 직원이 기술적인 비서[technical secretariat]로서 앞서 언급한 Interreg 프로그램을 포함하여 여러 활동을 조정하는 역할을 감당한다. 기술협력위원회[A Technical Coordination Committee]는 3개국 18명의 계획전문가로 구성되며, 관리위원회[the Management Committee]에 자문하고, 2개월마다 한 번씩 만난다. 각종 프로젝트는 전문가 그룹이 관리위원회와 의회를 대신해서 추진한다.[55]

2001년 TAB로 출범하여 2007년에 공간 및 역할 등이 확장된

[표 1] 지역 및 대도시 공간계획 조정 기구

유럽 수준		유럽 연합 - 공동체 공간개발 개요(1999) - 영토 어젠다(임시 버전 2007)	
	스위스	독일	프랑스
국가 수준	연방개발국 - 지역개발 리포트(2005)	공간계획연방부 - 독일공간계획전략지침(2006)	영토의 개발과 경쟁력에 관한 부처간 대표단(DIACT) - 공공사업 개요(SSC) - 영토개발지침(DTA)(Alsace 제외)
지역 수준	지구(District) 계획 - 바젤시 지구계획(2006) - 바젤지역 지구계획(2006) - Argovie 지구계획(2001) - Soleure 지구계획(2000)	개발계획 - Badan-Wurttenberg 개발 계획(2002) 지역 - Hochrhein Bodensee 지역 계획(1998)	지역 - 지역개발개요(SRADT) (Alsace 제외) 로컬정부 연합 - Huningue 및 Sierentz 칸톤 기본계획(1998) - 종합국토계획 SCOT(진행중)
로컬 수준		- 빌딩 개발	도시계획(PLU) 토지이용계획(POS)
초국경 협력		바젤 삼국 유로구역(Trinational Eurodistrict of Basel) - 개발전략 2010	

출처: John Driscoll, Francois Vigier, and Kendra Leith, "The Basel Metropolitan Area: Three Borders - One Metropolitan Area," ICLRD, 2010, p. 12.

TEB는 2009년에 'TEB Basel 2020'이라는 새로운 비전을 제시했다. 핵심 비전은 초국경 협력을 촉진하는 국제적인 기관으로 변화하는 것이다.

[표 2] 바젤 대도시 협력의 진화 과정

TAB 2001 개발 컨셉	TEB 2007—프로젝트 및 개발 전략	TEB Basel 2020
바젤 메트로 지역 개발을 위한 공동 비전; 이 보고서는 1997년부터 2001년까지 협력을 요약하고 32개 핵심 프로젝트에 대한 제안을 포함함	새 프로젝트로 업데이트된 2001년 보고서	초국경 협력을 촉진하기 위한 국제 전시회를 포함한 2020년 메트로 바젤의 비전
TAB-ATB 연결에 의해 게시됨. INTERREG II를 통한 연구 자금 지원	업그레이드된 협의체인 TEB-ETB에 의해 출판됨	2020년 바젤 메트로의 비전으로 TEB-ETB에서 출판됨

출처: John Driscoll, Francois Vigier, and Kendra Leith, "The Basel Metropolitan Area: Three Borders-One Metropolitan Area," p. 8을 재구성함.

바젤의 사회연대경제 네트워크(SEB)

Isidor Wallimann(2014)[56]는 신자유주의 경제 확산 속에서 지역 주민들이 사회연대경제의 특성을 활용하여 특정 목적에 도달하고 필요를 충족할 수 있는지, 그래서 익명 시장, 글로벌 행위자 및 지역과 국제 엘리트에 대항하여 그들 자신의 사회적 경제적 공간을 만들 수 있는지를 탐구했다. 이를 위해 스위스 바젤에서 설립된 Social Economy Base(SEB) 사례를 살펴보았다. Isidor Wallimann(2014)는 초국경에서 사회연대경제의 활약상을 분석하지는 않았지만, 기본적으로 초국경 협력을 전제로 하고 있다는 점에서 의미가 있다. 이 연구는 특이하게도 사회연대경제에 기초한 발전과 융합을 위해 대안화폐의 활용을 강조하고 있다.

SEB는 1996년에 설립된 Social Economy Association(SEA)와 같이 시작되었다. 1인 1표 원칙으로 작동한다. 중요한 미션으로 지역

local and regional에서 사회적, 지역적, 생태적 지속가능성에 기여하는 것이다. SEB는 스위스에서 최초이며, 곧바로 독일, 프랑스, 룩셈부르크와 협력하여 Institute for Social Economy를 시작했다. SEB의 목적은 아래와 같다.

- 현재와 미래 개발 문제 해결에 있어 사회연대경제의 가능성을 대중에게 제시
- 사회연대경제를 담은 대중 과정과 콘퍼런스 제공
- 사회연대경제 관련 개인의 전문적, 경제적, 정치적, 문화적 기술 배양
- 사회연대경제 네트워크 및 재정 수단 설립 연구와 컨설팅 제공
- 대중매체 인터뷰 및 성명서 제공으로 사회연대경제 관련 연구출판 격려
- 지역, 국가 및 국가 간 수준에서 주변 경제 및 사회적 이벤트와 연계된 사회연대경제 발전과정을 문서화

SEB는 다음 단계로, 1998년에 사회적 경제 네트워크 협동조합 Social Economy Network Co-operative을 설립했다. 이 협동조합은 외부 자본에 의존하지 않기 위해 유기적인 성장 패턴을 유지했다. 사회적 경제 네트워크 협동조합은 기본적으로 개별 협동조합이 조합원으로 참여한다. 회원으로 참여하는 조직은 규모에 상관없이 1사 1표의 원칙이 적용된다. 다만 고용 관행 및 잉여금 사용에 대해 동의하면 다른 법적

형태의 조직도 참여가 가능하다. 그리고 이익추구 기업 및 NPO 모두 구성원으로 참여 가능하다. 사회적 가치 추구에 동의하는 조직에게 열려 있는 기관이어서 시민사회와 협력하는 데 유리하다.

사회적 경제 네트워크 협동조합은 대안화폐를 운영하고 있다는 특징이 있다. 2002년, 스위스 프랑과 태환하는 대안화폐[BNB] 실험을 시작했다. 처음엔 네트워크 구성원 사이에서 실험을 진행하다가 2005년에 대중화하기 시작했다. 현재 120여 개 회사와 NPO가 대안화폐를 받아들였으며 유효기간은 3년이다. 새로운 대안화폐와 1:1로 교환되며, 교환 과정에서 패널티는 없다. BNB는 프랑스 SOL과 상호 교환이 가능하다.

사회연대경제가 주도하는 두만강 유역 초국경 협력 탐색

두만강 유역에서 진행되고 있는 사회연대경제 프로젝트

두만강 유역 초국경 사회연대경제 네트워크의 가능성을 확인하기 위한 마지막 단계로 알아보아야 할 것은, 실제로 두만강 유역에서 사회연대경제 방식을 통해 사업을 추진하고 있는 초국경 사례가 있느냐이다. 그러한 사례가 확인된다면 바젤에서 보았던 거버넌스 체계로 발전시켜 나갈 가능성이 커진다.

연해주 고려인 마을과 바리의꿈

연해주에는 본 장이 지향하는 '두만강 유역 초국경 사회연대경제 네트워크'와 아주 가까운 비전을 공유하는 사회적 기업 '바리의꿈'이 있다.[57] 바리의꿈은 Non-GMO 유기농 콩식품 전문 기업으로, 지향하는 비전은 "동북아(유라시아) 코리안 사회적협동경제 네크워크 구축"이다.

바리의꿈은 고려인의 연해주 재정착 사업과의 관련 속에서 태생했다. 러시아는 1998년 고려인의 재이주를 지원하기 위해 군부대 막사를 주택으로 제공하고, 농업을 지원해 주었다.[58] 이때 한국의 우리민족서로돕기운동본부가 적극적으로 참여했으며, 2004년 우수리스크에 '연해주 동북아평화기금'이라는 현지 조직을 결성했다. 연해주 동북아평화기금은 고려인 정착촌 건설과 콩 재배 등 연해주 농사를 지원했다. 이때 처음 건설된 마을이 우정마을이다. 한국의 대한주택건설협회가 지원했다. 이후 마을은 6개로 늘어난다. 평화기금은 이외에도 문화센터, 한글교실 등 문화사업을 전개했다. 한국식 마을 만들기 사업을 연해주에서 전개한 것이다. 그리고 사회적 기업 바리의꿈이 2005년에 한국에서 설립한다. 우정마을 등 6개 마을 200여 가구가 유기농 콩을 재배하여 한국에 보내면 바리의꿈이 청국장, 된장, 고추장, 간장 등을 제조하여 한국 사회에 판매하는 방식이다.

연해주에는 동북아평화기금과 바리의꿈(한국 소재) 외에도 초국경 사회연대경제 네트워크에 참여할 수 있는 조직들이 있다. 거칠게 나열하면, 연해주의 5개 농업기업, 한국 NGO가 운영하는 농장들, 현대 아그로 상생, 에코호스, 코리아통상, ㈜서울사료, 인탑스, 기독교 활동가 주축으로 사업을 전개하고 있는 테바^{TEBAH}, 고려인 문화센터, 교회들, 연해주 고려인재생협회, 대한주택건설협회 산하 연해주 한인동포재활기금 등이 있다. 테바와 같이 연해주에 속해 있는 일부 조직은 북한과의 교류협력까지 포괄하고 있어 한국-연해주-북한이라는 초국경 사회연대경제 네트워크가 형성되고 있다.

연변조선족자치주(훈춘)

중국의 연변조선족자치주에서는 러시아 연해주의 동북아평화기금이나 바리의꿈 같은 주체가 부각되지 않는다. 그 이유는 여러 가지가 있겠으나, 중국 정부가 NGO의 활동을 쉽게 용인하지 않는 정책적 배경도 무시할 수 없다. 게다가 1940년대 이후 구소련, 중국, 북한의 혼합경제 시기 중요한 경제정책을 담당했던 협동조합 경제가 오늘날 중국 경제에서 중요한 위치를 점하고 있지 못한다는 점도 중요한 배경이 된다.

그런데도 오늘날 중국 정부는 농업협동조합의 역할을 강화하고 있다. 중국에서 협동조합은 '농민전업합작사'^{農民專業合作社}를 의미한다. 즉, 생산, 유통, 농업 등을 포괄하는 전반적인 개념인 협동조합을 중국에서는 오늘날 농업 분야에 한정하고 있다는 특징이 있다. 2006년 10월, 중화인민공화국이 《농민전업합작사법^{農民專業合作社法}》을 시행하면서 기존의 다양한 형태의 농민협력경제조직이 농민전업합작사에 편입되어 정식 법인자격을 부여받고 시장경쟁에 참여하는 공식주체가 되었다. 2007년 중국공산당 중앙회원회 제1호 공문에 따라 《농민전업합작사법》을 성실하고 철저히 수행하며, 농민전업 협력조직의 발전 가속화를 지원하라고 명시했다.[59]

중국의 《농민전업합작사법》은 협동조합을 농민전업합작사로 한정하고, 다음과 같이 정의한다: "농가토지도급경영의 기초 위에서 동일 품목 농산물의 생산·경영 주체 혹은 동일한 농업생산·경영 서비스의 제공자와 이용자들이 자발적으로 협동하여 민주적으로 관리하는 상부상조의 성격을 지닌 경제조직이며, 농민전업합작사는 구성원을 대상으로 농자재 구매, 농산물 가공·운송·저장 및 판매 그리고 농업생산경영과 관련된 기술·정보 등 서비스를 제공한다."[60] 농민전업합작사는 1950년대 중국의 토지개혁 후 농업 집단화 과정을 통해 조직된 초급농업합작사와 같은 성격으로, 당시의 고급농업합작사와 차별하여 오늘날 신형합작사로 부르기도 한다. 이처럼 중국 정부가 농업협동조합을 적극적으로 지원하고 있음에도 불구하고, 연변 소재 농민전업합작사가 북한과의 초국경 협력에 긍정적인 역할을 감당할 수 있을지는 미지수다.

2000년대 초반 김대중 정부 출범 시기, 한국 신협은 북한과의 협력을 고민했다. 이러한 배경에서 2000년 8월에 캐나다의 대표적인 신협인 데자르뎅이 한국 신협에 북한 지역 신협 공동진출 프로젝트를 제안했다.[61] 이러한 직접 진출 노력 외에도, 중국 연변을 통한 우회 진출도 추진했다. 한국 신협은 1980년대 말부터 중국의 동북 3성과 연변지역에 거주하는 동포들을 지원하기 위해 신협 설립운동을 지원했다. 연변조선족자치주에 신용호조회 및 그 산하 13개 지부설립을 지원해 주었다. 이처럼 중국연변 동포를 지원하는 것은 장기적으로 통일을 준비하기 위한 노력의 일환이었다. 즉, 한국의 신협이 연변 신협을 지원하면, 연변 신협이 다시 북한 신협을 지원하는 전략이다.[62] 이러한 사업이 현재 어떻게 진행되고 있는지는 확인이 필요하다.

라선특별시에서 활동중인 한국의 (사)하나누리

라선특별시 자체의 협동조합 활동 외에 한국 NGO가 사회연대경제를 접목하여 교류협력사업을 전개하고 있는 사례도 있다. 대표적으로 (사)하나누리가 있다.[63]

하나누리는 2007년 설립 이래 2009년부터 라진특구에서 농촌마을 지원사업을 전개해 오고 있다. 이 사업은 북·중 접경도시인 연변의 조선동포 네트워크를 통해 진행되고 있다. 지원 목적은 북한 농촌마을의 실질적 자립을 돕는 것이다. 하나누리는 그동안 여러 번의 시행착오를 거쳐오다가, 2017년부터는 작은 농촌마을과 협약을 맺고 '마을금고'라는 방식을 통해 마을을 지원하기 시작했다. 마을금고는 스웨덴의 야크은행JAK Bank이 적용하고 있는 무이자 저축–무이자 대출 시스템을 차용했다. 이 사업의 특징은 마을금고 외에도 자립을 위해 해당 마을이 주체적으로 사업을 제안하고 추진한다는 점이다.

이찬우(2021)는 라선에서 사회연대경제의 국제협력 가능성을 긍정적으로 바라본다.[64] 지금까지 라선경제특구의 국제협력은 기업투자가 중심이어서 경제제재(무역통제, 투자금지)의 영향을 직접 받을 수밖에 없었다. 따라서 북한 정부가 노선을 바꾸지 않는 한 당분간 경제제재가 해제될 가능성이 적다는 전제에서, 주민의 생활과 연계한 인도지원과 협력 성격의 새로운 경제협력 가능성을 모색할 필요가 있다고 지적한다. 더 나아가 국제협력 차원에서 사회연대경제를 접목할 수 있는 지점으로, 주민들의 자조적 경제활동에 "마이크로 크레디트"를 제공하거나, 무역제재 대상이 아닌 생활용품 생산을 협동농장 작업반, 생산협동조합 등의 사회연대경제가 담당하도록 할 수 있다.

초국경 협력모델의 재구성

지금까지 두만강 유역 초국경 협력모델 재구성을 위해서 사회연대경제의 이론적 기초, 두만강 유역을 둘러싼 기존의 초국경 협력 프로젝트와 한계, 유럽통합 및 스위스 바젤의 사회연대경제를 통한 초국경 협력 사례와, 마지막으로 현재 두만강 유역에서 전개되고 있는 사회연대경제 초국경 협력 사례들을 살펴보았다. 이를 통해 두만강 유역을 둘러싼 초국경 협력에 있어서 사회연대경제의 적용 가능성은 충분히 확인되었다.

이제 마지막 단계로, 이상의 논의들을 보다 일반적인 차원에서 하나의 모델로 정립하는 작업이 필요하다. 그래야만 향후 두만강 유역을 둘러싼 긴장이 해소될 때 더욱 효과적인 발전전략을 구상할 수 있기 때문이다. 모델화 작업은 복잡하지 않게 일련의 항목 형식으로 정리하고자 한다.

- 안중근의 동양평화론, 3국 1구 두만강 국제관광협력구, 스위스 바젤Basel의 초국경 협력 사례 등에 기초하여 3국 접경지역을 공동구역으로 설정하고 이 지역을 관할하는 민간 조직 설립 및 일부 행정기능 담당(바젤의 TEB)
- 민간 조직은 사회연대경제를 적용하는 주체들(바젤의 SEB)과 초국경 협력 촉진 프로젝트 추진
- 사회연대경제 주체는 바젤의 사회적 경제 네트워크 협동조합Social Economy Network Co-operative 성격의 협동조합을 설립하고 사회연대경제 조직들이 조합원으로 가입
- 네트워크 협동조합은 다양한 초국경 협력 사업을 전개: 관광, 무역, 도시간 협력, 기후변화 위기 공동 대응
- 초국경 협력을 촉진하기 위해 공동의 화폐를 만들어서 유통
- 이러한 프로젝트가 성공적으로 진행되면 UN 국제기구 지역사무소 설치 및 GTI 프로젝트 재가동
- 향후 두만강 유역이 동북아 통합의 핵심으로 성장함

공동구역은 일종의 3국 도시가 연결되는 구조로 발전해나갈 것이다. 그리고 공동구역은 TRADP나 GTI가 구상한 자유무역지대로 접근할 수도 있다. 현재 이미 개별적으로 훈춘변경경제합작구(1992), 라선경제무역지대(2010), 연해주의 사회경제선도개발구역(2017)과 자유항(2016) 등 자유무역지대에 준하는 경제특구가 지정되어 있다. 향후 이러한 경제특구를 하나의 네트워크로 묶어내는 작업이 필요하

다. 두만강 하류는 생태적으로 보전가치가 큰 지역이기에 새로운 물리적 공간을 개발하기보다는 기존 도시가 발전 및 연계되는 접근법이 타당하다.

나오며

본 장은 '두만강 유역 초국경 협력을 위한 사회연대경제'라는 큰 주제에서 두만강 유역, 더 넓게는 만주와 연해주가 역사적으로 어떻게 협력의 공간에서 대결의 공간으로 변질되었는지 살펴보았다. 그리고 꽉 막힌 한반도의 정세와 단절된 남북협력이라는 상황에서 어떻게 하면 작지만 의미 있는 돌파구를 마련할 수 있을지를 고민하고 탐색했다. 구체적인 전략으로, 북·중·러 초국경 지역인 두만강 유역과 라선에 주목하여, 이곳을 중심으로 동북아 시민사회가 주체가 되어 '초국경 협력'을 진행할 수 있을까에 대한 질문을 던졌다. 결론적으로, '사회연대경제를 통한 두만강 유역 초국경 협력'은 역사적으로, 이론적으로, 유럽통합 사례에서, 마지막으로 두만강 유역에서 전개되고 있는 실제 사업에서 그 가능성을 확인했다.

모든 생명은 이어져 있다. 이는 모든 철학과 종교가 추구하는 핵심이기도 하다. 안중근이 강하게 비판한 동학사상 역시 생명사상을 핵심으로 한다. 인간의 속성상 크고 작은 구심체가 있기 마련이지만 외부로 닫힌 공동체는 생명력이 없다. 지역주의, 영토주의, 민족주의로 불리는 다양한 차원의 배타성은 일면 자연스럽게 형성되는 것이기도 하지만, 지역과 지역을 이어주고, 영토와 영토를 이어주며, 민족과 민족을 이어주는 다리가 없으면 폭력적으로 변한다.

이제 다리 역할을 중앙 및 지방정부에만 맡겨놓을 수 없다. 유럽 시민권에 버금가는 '동북아 시민권' 개념을 형성 및 강화하여 동북아 시민사회가 더욱 적극적으로 참여해야 한다. 그리고 동북아 평화와 경제적 상생을 위해서 유럽연합이 SDGs의 실행 전략으로 채택한 사회연대경제에 기초하여 두만강 유역 초국경 협력을 강화해야 한다.

8

중국 및 한반도 접경지역 농촌합작사의 발전 현황과 한계[1]

리페이

(인천대학교 중국학술원 HK연구교수)

한국에서 통용되는 협동조합이라는 말은 중국어로 '합작사(合作社)'에 해당한다. 본 장은 합작사라는 용어의 유래로부터 시작하여 중국 농촌합작사의 발전 과정과 현황을 분석했다. 구체적으로, 합작사라는 용어 자체가 '약자의 연대'보다 국가 주도적인 정치적 색채가 더 강하다는 점을 강조하면서 정치에 의해 좌우된 과거 농촌합작사의 발전 과정을 살펴보았다. 그리고 현재 농업 자본화의 배경에서 농민이 자체적으로 설립·운영하는 합작사가 크게 발전했으나 정부의 사업체제와 토지재정 때문에 약자의 연대를 벗어나 과도하게 자본화돼버린 문제를 밝혔다. 한반도와 접경하는 동북 지역의 경우, 농촌합작사 발전의 지역적 특수성에도 불구하고, 상술한 문제점이 동일하게 존재하므로 다른 지역의 발전 상황과 크게 다르지 않다는 점을 확인했다. 그리고 이러한 문제의 해결방안에 대한 모색과 향후 합작사 운동의 미래 지향성을 밝혔다. 마지막으로, 국가 권력과 사회에 대한 통제·감시가 날로 강해진 중국의 현실에서 향후 사회연대경제를 통한 초국경 협력의 가능성과 시사점을 살펴보았다.

중국에서 '합작사'라는 용어의 유래

최근 한국에서 사회적 경제 혹은 사회연대경제에 대한 일반 대중과
학계의 관심이 점차 커지자 사회적 경제의 중요한 구성 부분인 협동
조합 경제에 대한 대중의 인지도도 날로 높아졌다. 특히, 협동조합과
같은 사회적 경제의 실천을 통해 국제협력 또는 한반도 남북협력을
모색하려는 노력도 있다[2].

사실상, 한반도에서 협동조합 개념이 등장한 지 이미 100년의 세
월을 거쳤다.[3] 농업·농촌 분야 협동조합 운동의 경우, 일제강점기 조
선총독부의 농민 협동화와 관련된 논의와 조선 지식인의 농민 협동
조합 실험, 남북분단 이후 남한에서 농협의 출범과 1960년대 협업농
장[4] 개척사업, 그리고 북한에서 소련 집단농장 모델을 답습한 협동농
장의 설립 등 역사적인 사건[5]은 모두 협동조합 운동 100년사의 일부
분이라고 볼 수 있다.

이러한 한반도의 역사적 경험은 중국에서도 충분히 공감할 수 있

는데, 중국에서는 협동조합 대신 '합작사合作社'라는 용어를 쓴다. 합작사라는 용어의 유래는 1920년대 서양 평민平民사상의 전파와 관련있다.

1920년대 서양에서 전개된 19세기 평민사상과 평민운동[6]의 영향을 받아 일부 중국 지식인들이 평민 중심의 경제·사회 체제를 구상했다.[7] 이 구상에서, 생산·소비·금융을 포함한 경제 영역에서 평민의 연대와 협력이 대자본을 제한하는 주요 방법이며, 연대와 협력 과정에서 민주공화국 수립의 인적 자원과 제도적인 기반이 마련될 것이라는 점이 강조되었다.[8]

상술한 구상을 보면 알 수 있듯이, 사회적 불평등의 해소에 입각하는 서양의 평민사상과 달리, 중국 지식인들은 평민사상을 손문孫文이 제시한 '삼민주의三民主義' 사상 중의 민생주의 및 민주주의와 결합하고, 합작사 운동을 근대국가 건설의 중요 수단으로 인식했다.

이러한 구상을 실현하려면, 가장 핵심적인 조직이 바로 서양 평민사상에서 나온 협동조합인데, 당시의 중국 지식인들이 이를 주로 '합작사合作社'로 번역했다[9]. 개인 간의 연대와 협력을 강조하는 '조합組合'보다는 '사社'라는 단어가 중국어에서 '결사結社'의 의미가 내재되어 있어, 개인 차원을 넘어 지역 차원의 대규모 연합, 궁극적으로 국가 차원의 사회적 연합이라는 삼민주의에 내재된 국가주의적 맥락에 더어울렸기 때문이다.

합작사라는 용어가 현재 중국 본토뿐만 아니라 타이완, 홍콩을 비롯한 범중화권 지역에서 co-operation의 번역어로 사용되고 있지만,

초창기부터 강한 정치적인 색채가 존재해 왔다는 특이점을 강조해야
한다.

중국 농촌합작사의 발전 과정 및 현황

초창기부터 중국 합작사 운동의 가장 핵심적인 실천 공간은 바로 농
촌 지역이었다. 앞서 언급한 국가주의적인 구상에 따라 1920년대 후
반부터 난징국민정부는 농촌합작사 운동을 주도했고, 나중에 향촌건
설운동乡村建设运动의 일환으로 수렴되었다. 국가 및 지방 실권자의 전
반적인 지원을 바탕으로 전개된 이 운동은 중일전쟁 발발 이후 지원
감축으로 인해 실패했다.[10]

　공산주의 성향의 합작사 운동은 1920년대 중반의 국공합작國共合作
시기부터 도시 노동자를 중심으로 시작되었는데, 국공합작 파국 이
후 도시 소비합작사의 성공 경험은 농촌 근거지 건설에 활용되었다.
당시 중국공산당이 점령하던 농촌 근거지는 난징국민정부의 경제적
봉쇄와 군사적 포위를 당하고 있었는데, 경제봉쇄로 인해 마비된 시
장 기능을 대체하는 이른바 '공소합작사供销合作社'가 일반 대중의 환영
을 받았다.

　하지만 1937년 중일전쟁 발발 후 공산당 근거지에 대한 국민당 정
부의 경제봉쇄가 느슨해지고 자유무역이 활발해지면서 공소합작의
경제적인 위상이 약화되었다. 이후 공소합작사는 점차 중공의 관영

농촌 경제조직으로 전락했다. 당시의 기록을 보면, 중일전쟁 시기 공소합작사가 계속 양적으로 팽창했지만, 이러한 양적 팽창은 농민을 강제 입사·출자시킨 결과일 뿐이었다는 점을 확인할 수 있다.[11] 이렇게 보면, 중공이 주도한 합작사 운동 역시 "약자의 연대"와 "대자본에 대한 제한"이라는 합작사 운동의 기본 목표를 이탈했다고 할 수 있다.

중화인민공화국 수립 이후 이러한 상황이 지속하면서, 결국 농촌 합작사 운동은 국가 권력에 의해 좌우되었고, 집체화集体化 농업 체제와 인민공사人民公社 체제라는 잘못된 방향으로 나갔다. 농촌 지역 경제·사회·정치·문화 등 모든 영역을 통합하려는 인민공사 체제 아래 기존 합작사 운동에서 발전해 온 생산자합작사, 공소합작사, 그리고 신용합작사가 모두 유명무실해졌다. 1980년대 인민공사 체제가 철폐된 이후, 농촌 지역에서 공소합작사와 신용합작사 같은 관영 조직이 존재하긴 했지만, 농민 스스로 조직하여 공동 출자·경영하는 합작사는 몇몇 극소수의 사례를 제외하고서는 거의 사라졌다.

1970년대 말엽부터 농가도급제도家庭联产承包责任制[12] 도입에 따라 농가들은 점차 소규모 독립 영농주체로 등장하여 시장 경쟁에 직접 참여하는 주체로 부상하는 한편, 농업생산 과정 및 시장 경쟁에서 제반의 위험요소도 스스로 부담하게 되었다. 따라서 1980년대 중반부터 일부 환금성·전문성 품목을 경영하는 농민들이 농업기술지도agricultural extension 차원에서 '농업기술협회'를 설립했는데, 사실 이들 협회는 기술지도뿐만 아니라 시장 경쟁에서 영농주체의 가격협상 능력 향상, 영농 위험요소의 공동 부담 등 생산자합작사의 기능을 담당했다.[13]

농민 자체적인 농업기술협회의 발전과 동시에, 정부 차원에서 기존 관영 공소합작사에 대한 민간 자체 조직화 개혁[14], 그리고 민간에서 스스로 조직했던 신용합작사인 '농촌합작기금회农村合作基金会'에 대한 지원을 시작했다.[15] 하지만 이들 정부 차원의 노력은 모두 실패로 끝났다.

2000년대 농업세 철폐와 농촌 공공요금 삭감 개혁이 시행된 이후, 기존 농가들이 국가를 상대로 식량을 제공하는 책임이 사라졌다. 이로 인해 농가들은 더욱더 자율적인 시장주체로 시장 경쟁에 참여하는 한편, 국가로부터 제공받은 공공서비스도 대폭 감소했다. 따라서 농가들이 스스로 조직할 필요성이 날로 커졌다.

결국, 2006년 통과되어 2007년 공식 시행된《농민전업합작사법农民专业合作社法》에 따라 상술한 '농업기술협회'와 같은 기존의 다양한 형태의 농민협력경제조직은 농민전업합작사에 편입되어 정식 법인 자격을 부여받고 시장 경쟁에 참여하는 공식 주체가 되었다.[16] 합작사가 합법화된 이후, 합작사 입사 열풍이 있었지만, 인민공사식의 '합작'에 대한 농민의 공포감은 여전히 존재했다. 2010년, 필자가 참여한 전국 범위의 농민전업합작사 조사 결과를 보면, 시장 가격의 협상 능력 제고, 유능한 농업기술 지도자의 지원, 안정한 판로 확보 등은 농민들이 합작사에 적극적으로 입사하는 원인이었다는 점을 알수 있다. 그러나 토지와 같은 중요한 생산요소의 공동 이용, 공동 영농에 대해 농민들의 거부감은 여전하다는 점도 확인할 수 있었다.[17] 따라서 초장기의 농민전업합작사는 주로 생산자합작사이며, 이들 합작사의 공동 경영 범위는 공동판매 및 공동 기술지도 등으로 제한되었다.

가장 최근의 농업 센서스(2017)에 따르면, 전국 범위 내에서 등기된 각종 유형의 농민합작사[18]는 179만 개에 달하며, 이들 중에서 농업생산과 농업 서비스를 주요 경영 업무로 삼는 합작사는 91만 개였다. 지역별로는, 동부지역 32만 개, 중부지역 27만 개, 서부지역 22만 개, 그리고 한반도와 접경하는 동북지역 10만 개로 집계되었다.[19]

농촌합작사 발전의 한계

2010년대 이후 농촌합작사 발전의 한계는, 첫째, 농민전업합작사의 공동판매 기능 약화, 둘째, 사업체제項目制와 토지재정土地財政의 도입으로 인한 합작사 발전의 과열화와 기형화, 셋째, 유형별 합작사 발전의 불균형이라는 세 가지로 나누어볼 수 있다.

농민전업합작사 공동판매 기능의 약화

앞서 언급했듯, 농민전업합작사 초창기 농가들이 적극적으로 입사한 이유는 공동판매를 통한 판로 안정화 및 가격 협상 능력 제고였다. 그러나 2010년 이후 인터넷 플랫폼 경제가 급부상함에 따라 합작사의 기능은 점차 약화되었다. 인터넷 플랫폼은 농업생산자와 농식품 소비자 간의 거래 단계를 대폭 축소했다. 이뿐만 아니라, 농가의 입장에서 합작사를 통해 시장과 연결하는 것보다 플랫폼과 직접 연결하는 것이 판로 확보 및 가격 협상에서 더 유리했다.[20]

합작사 발전의 과열화 및 기형화

2000년대 농업세 철폐 및 농촌 공공요금 감면 정책 실시 이후, 현縣·향진乡镇급의 기층 농촌 행정단위가 담당하던 공공서비스 제공 능력이 대폭 떨어졌다. 농촌 지역이 필요로 하는 공공서비스를 제공하기 위해 중앙정부는 지방정부에 대한 재정적 지원을 강화하고, 이들 지원을 각종 신농촌건설新农村建设 사업 항목에 의해 정확하게 집행하도록 지방정부에게 요구하면서 지방정부의 재정 집행을 모니터링했다. 중국 국내의 학자들은 이러한 사업에 의해 재구성된 기층 농촌 관리·통치 체제를 '사업체제项目制'라고 불렀다. 신농촌 사업 가운데 중요한 지원 대상으로 농민전업합작사가 설립되면 사업 지원금을 받을 수 있어서 지방정부는 마을 엘리트들과 공모共謀해서 "간판만 거는 가짜 합작사"를 만들고 지원금을 부정·부실 취득하는 사례가 적지 않았다.[21]

합작사 지원 사업뿐 아니라 다른 신농촌건설 사업 추진도 합작사 발전의 과열화와 기형화를 부추겼다. 예컨대 식량안보 사업과 규모화 농업생산단지 조성 사업에 대한 龚为纲(2014)의 연구에서 지적했듯이, 사업 추진의 편리화와 사업 예산 집행에 대한 중앙정부의 엄격한 감시·관리에 대응하기 위해, 지방정부는 합작사와 같은 규모화 영농주체를 선호하고 이들을 적극적으로 육성했다. 하지만 이들 합작사는 재정 지원만 제공했을 뿐 체계적인 영농 지원은 부족하여, 시장 경쟁에 참여할 능력이 매우 부족하고, 다양한 위험요소에 빈번하게 노출될 수밖에 없었다.

토지재정은 사업체제와 비슷한 재정적 배경에서 생겨났는데, 주로 지방정부의 자체적인 재정 확보와 관련된다. 과거에는 도시 지역을 관리하는 시市나 직할시直轄市 지방정부가 국유토지를 부동산 업체에 매각하여 그 수익금을 지방재정 자금으로 충당하는 것을 토지재정으로 인식했지만, 2000년대 후반에 시작한 부동산 개발 열풍 가운데 농촌 지역을 관리하는 현県급 지방정부도 토지재정을 획득하는 방법을 개발했다. 현급 지방정부는 규모화 영농 사업의 명목으로 경지 정리 사업, 신농촌 주거환경개선 사업의 명목으로 농민 주택지 정리 사업을 통해 남은 작은 부지를 국유토지로 확보했다. 이러한 국유토지를 증권화하고 다른 부동산 개발용지가 필요한 시와 교역했다. 이렇게 현급 지방정부도 토지재정의 혜택을 간접적으로 누리게 되었다. 그러나 이 과정에서 추진된 신농촌 사업 과정에서 엄청난 토지 재산권의 변경과 병합 절차가 필요한데, 지방정부는 개별 농가와 직접 협상하지 않고 토지합작사土地合作社 설립과 같은 수단으로 토지 병합을 강행했다.

중국 합작사의 과열화 및 기형화 발전은 사실상 중국 농업의 자본화와 밀접하게 관련된다. 개혁·개방改革开放 이후 급속히 성장해 온 도시 2·3차 산업에서 자본축적의 지속적인 진행에 따라 잉여자본이 생겨나고, 이러한 잉여자본은 농업·농촌 분야로 유입될 수밖에 없었다. 잉여자본이 농촌에 유입되면[22] 농지의 집중화·규모화 경영, 임금 노동 등과 같은 자본화 영농 형태의 출현은 필연적이다. 그러나 사회 주의를 상징하는 농지 공유제公有制가 유지되고, 촌락사회의 구조적인 변화가 발생하지 않는 상황에서, 도시의 상공업 자본이 직접 농촌 토지를 매입하여 농촌주민을 고용하는 일반적인 자본주의 영농 방식은 실현 가능성이 거의 없다. 따라서 중국의 농업 자본화는 '농업기업＋계약 농가', '농민전업합작사＋농가'와 같은 우회적이고 은폐된 방식으로 진행되어 왔다.

2000년대 중반 이후 농민전업합작사는 곧 자본화 영농을 현실화하는 하나의 주요 수단으로 등장했다. 기존 농지경영체제와 촌락사회 구조가 바뀌지 않는 상태에서 합작사 설립을 통해 합작사 내부 구성원 간의 농지도급권 양도가 이루어졌고, 구성원과 합작사 간의 실질적인 고용관계도 성립되었다.[23] 결국, 대자본을 제한하여 이윤 추구가 아닌 농민의 자체적인 조직과 시장 경쟁력 강화를 목표로 하는 합작사는 역설적으로 농업 자본화의 도구로 전락했다. 이와 더불어 토지재정과 사업체제의 추진 과정에서 지방정부는 합작사를 통한 농업 자본화를 공공연하게 인정하고 조력했다.

유형별 합작사 발전의 불균형

앞의 통계수치에서 알 수 있듯이, 농업생산·서비스 이외의 합작사가 약 절반 정도의 비중을 차지하고 있다. 그러나 유형별 합작사의 발전은 여전히 불균형 상태에 처해 있다. 통계수치에서 비非농업 합작사 중의 상당수는 사업체제와 토지재정의 추진 과정에서 설립된 실질 경영 업무가 없는 간판 합작사나 토지합작사이며, 소비합작사와 금융·신용합작사가 극히 드문 편이다. 이 통계에서 관영의 공소합작사나 농촌신용합작사^{農村信用合作社}가 집계되지 않았지만, 이들은 합작사보다 일반적인 관영 유통·금융조직의 성격이 더 강하다. 특히 금융합작 분야에서는, 2012년부터 자금호조사^{資金互助社}로 불리는 민간의 자체적인 금융합작에 대해 규제가 강화되었고,[24] 2017년《농민전업합작사법》개정 이후 농민전업합작사에 대한 예금·대출 등 금융 행위 금지 조치가 발효되었으며,[25] 최근 농촌 민영 금융기관 운영부실 사건도 향후 농촌 금융합작의 발전에 대해 부정적인 영향을 미쳤다.

총괄적으로 보면, 중국《농민전업합작사법》출범 이후 농촌합작사의 양적 발전은 이루어졌지만, 농민 자체 조직과 경영 원칙에서 점차 벗어나는 동시에, 정부가 주도하는 사업체제와 토지재정에 대한 종속성이 강해졌다. 그러므로 현재의 합작사 운동도 난징국민정부 시기의 합작사 운동과 인민공사 운동처럼, 결국 진정한 '합작'보다 농민을 통합하는 정치적인 도구인 '사'를 지향하고 있다고 볼 수 있다.

앞서 언급한 중국 합작사의 발전 과정을 보면, 정부가 합작사 운동을 주도하고 자신의 정치 목표 실현의 도구로 이용하는 것을 바꾸기란 쉽지 않다는 점을 알 수 있다. 이는 구조적인 한계에 해당한다. 하지만 사회주의 이데올로기를 표방하는 국가에서 합작사가 농업 자본화와 밀접한 공생관계를 맺은 것도 매우 비정상적이다. 따라서 농업의 자본화 배경에서 새로운 합작사 모델을 모색하는 것은 향후 중국

합작사 운동에서 중요한 과제가 된다.

한반도 접경지역 합작사 발전 현황

한반도와 접경하고 있는 동북^{东北}지역, 특히 연변조선족자치주^{延边朝鲜族自治州}에서 최근 10년 동안 진행된 농촌합작사 발전의 과정과 문제점은 전국의 다른 지역과 크게 다르지 않다. 2000년대 중반까지 식량 생산기지로서의 동북지역은 국유 농식품 기업과 장기적인 거래 관계를 유지해 왔기 때문에 다른 지역보다 판로 확보나 공동판매의 수요가 크지 않아 농민합작조직의 발전 수준도 상대적으로 낮았다. 하지만 다른 지역보다 규모화 경영의 여건이 좋은 동북지역은 토지나 농기계 등의 생산요소 합작이 상대적으로 빠르게 시작했다.[26]

2010년 이후 동북지역의 합작사 발전은 다른 지역과 같은 양적 팽창의 경험을 겪었다. 연변 지역의 경우, 2007년에 합작사가 합법화되어 총 72개의 농민전업합작사가 설립되었는데, 2012년에 2624개로 증가했고, 2016년에는 다시 5100개로 두 배나 증가했다.[27] 복수의 연구에 따르면, 이러한 양적 팽창 과정에서 앞서 언급한 문제점과 한계도 동일하게 존재한다.

동북지역에서 농촌 신용합작 분야는 일찍 시작했다. 2004년 지린^{吉林}성 리수^{梨树}현의 위수타이^{榆树台}라는 마을에서 농업 생산자합자사에 대해 자금 조달 역할을 담당하는 자금합작사가 출범했다. 이 자금합작사의 설립은 원테쥔温铁军과 같은 중국 국내의 삼농문제 전문가의 도움뿐만 아니라 캐나다 신협의 지원을 받았다.[28] 하지만 이러한 국내·외적인 지원에도 불구하고 자금합작사는 생산자합작사만큼 발전하지 못했다. 위수타이 사례와 같은 농산물 생산 및 판매에 대한 자금 조달이라는 단일한 기능을 담당하는 자금합작사는 농업생산 및 판매의 위험요소를 감당할 수 있는 금융기관으로 육성되지 못했다. 이보다 더 많은 자금합작사는 아예 위험부담이 크고 수익성이 낮은 농업과 관련된 업무를 포기하고 대신 일반 산업 분야, 심지어 금융 투기에 전념하면서, 지역적 금융시장을 교란한다는 이유로 2010년대 이후 금융당국의 규제대상이 되고 말았다.[29] 최근 허난河南성 촌진은행村镇银行 경영 부실 사태 발생 이후, 자금합작사와 같은 소규모 농촌금융이 발달한 지린성 역시 금융당국의 감사 대상 지역으로 지정되었다. 따라서 향후 동북지역 농촌합작금융의 전망은 그리 낙관적이지 않다.

중국 합작사 운동의 향후 과제:
자본화 문제의 해결방안 모색

앞서 논의했듯, 2000년대 이후 중국 농촌합작사 발전의 가장 큰 문제점은 정부가 추진하는 농업 자본화 과정에서 급성장한 농민전업합작사가 약소한 농가보다 대자본을 선호하는 것이라고 할 수 있다. 따라서 농민전업합작사의 급성장은 '친자본적인 경로 의존성親资本性路径依赖'[30]이라는 식으로 부정적으로 인식되었고, 중국 정부와 지식인을 비롯한 시민사회는 자본화 과정에서 과열화·기형화된 농촌합작사 운동을 바로잡기 위해 각자 다른 해결방안을 모색하기 시작했다.

우선, 시진핑 집권 이후 중국 정부는 농촌합작사 발전을 포함한 모든 농업·농촌 분야의 발전을 더 강력한 국가 통제·감시망 안으로 편입하려고 노력하고 있다. 시진핑 정권은 '당의 영도党的领导'를 강조하여 당-국가 체제를 더 확고하게 공고하려는 목표를 내세워서 민간 분야의 모든 조직을 당의 영도와 지휘를 받도록 하고, 이들을 사실상 국가 통제·감시망 안으로 편입하고 있다. 농민전업합작사를 비롯한 모든 형식의 농촌합작사도 예외가 아니다. 하지만 이러한 강압적인 조치를 시진핑 정권의 권력 집중과 공고화 수단으로만 인식하면 다소 단편적인 이해이다. 개혁·개방 이후, 특히 1992년 시장화 개혁 이후 누적된 수많은 사회·경제적 문제들을 다시 사회주의적인 방법으로 접근하려는 시진핑 정권의 시도는 여러 분야에서 찾아볼 수 있다.

이렇듯 사회주의 이데올로기를 다시 강조하려는 시진핑 정권이 농업 자본화 과정에서 합작사의 기능과 역할을 왜곡한 것에 대해 우려가 없는 것은 아니다. 최근 몇 년 동안 발표된 농업·농촌 정책을 보면, 합작사 운동과 농업 자본화의 관계를 재설정하는 것이 정부가 해결해야 할 과제로 등장한 것으로 보인다. 현재까지 이 과제와 관련되어 정부는 대략 두 가지 방향으로 노력하고자 한다. 하나는 농민전업합작사의 법적인 지위 및 역할에 대한 재설정이다. 2017년 개정된

《농민전업합작사법》에서 농민전업합작사는 일반 기업과 동등한 시장 경쟁 참여자 지위를 부여받았지만, 출자자의 자격, 토지합작과 신용합작에 대한 제한도 명시되었다.[31] 이러한 법적인 지위 및 역할에 대한 재설정을 통해 중국 정부는 지역 차원에서 이미 본격화된 농민전업합작사와 농업 자본화의 공생관계를 인정하면서, 동시에 자본화가 초래한 고용, 토지, 그리고 금융 분야의 문제를 선제적으로 예방하고자 하는 의도가 분명하다.

다른 한편으로는, 농민전업합작사가 이미 농업 자본화와 밀접하게 결합한 상황에서, 자본화를 감시하고 통제할 수 있는 새로운 모델에 대한 모색도 시작되었다. 우선 2013년 '가정농장家庭农场'이라는 모델이 제시되었는데, 이 모델은 사실상 자본주의 국가의 농업 자본화 모델을 그대로 수용하는 것이다. 즉, 농촌 인구 감소 이후, 과거 가족 소농의 영농 규모가 점점 중농 이상의 규모로 커지는 상황에서, 국가가 가족농에 대해 영농법인의 자격을 부여해주는 것이다. 법인 신분을 부여받은 농가는 농업기업처럼 정규 금융시장에 참가할 수 있고, 국가의 지원 정책 수혜 대상으로 지정될 수 있는 반면 국가 감시·통제시스템의 직접 감독과 관리를 받게 된다.

2015년에 기존의 관영 합작사인 공소합작사供销合作社를 재활성화하여 각종 농민전업합작사를 통합하려는 구상도 등장했다. 시장화 추진 과정에서 공소합작사의 조직 및 경영 활동이 대폭 축소되었지만, 일부 농촌 지역에서 여전히 일반 유통업에 종사하고 건전한 조직 구조와 충분한 인력 및 재력을 갖추고 있다. 2015년 3월 "공소합작사

종합 개혁의 심화에 관한 결정关于深化供销合作社综合改革的决定"이라는 정책 문건이 발표되고, 이 정책 문건에서 기존 농민전업합작사에 기대한 농업생산 서비스 제공, 농산물 유통 서비스 제공, 그리고 농촌 금융 서비스 제공 등의 기능과 역할을 앞으로 공소합작사가 담당할 것이라고 명시되었다.[32] 다시 말하면, 중국 정부가 농민전업합작사의 한계를 인식하면서 자신이 직접 감시·통제가 가능한 공소합작사로 이를 통합하고자 한 점을 확인할 수 있다.

최근 2~3년 동안 공소합작사의 경영 규모와 조직 규모가 크게 확대되어 화제가 되었다. 이러한 공소합작사의 빠른 재등장은 코로나19 사태와 우크라이나 전쟁 발발 이후 식량 공급 차질에 대해 점점 커지는 중국 정부의 우려와 무관하지 않다. 농업기업과 농민전업합작사를 중심으로 추진된 농업의 자본화 과정에서 농지의 비非농업 목적 전용, 비非식량재배 목적 전용이 매우 심각하고, 육성된 자본화 영농주체들 역시 위험요소를 감당할 수 있는 능력이 떨어진 상태에서 비상사태가 발생하면 식량 공급에 차질을 빚을 수 있다. 물자 결핍 상황에 대한 대처 경험이 풍부하고 당과 정부가 직접 지휘할 수 있는 공소합작사가 부활한 것은 놀라운 일이 아니다.

이렇게 농촌합작사 발전에 대한 국가 주도력의 지속적인 강화에도 불구하고, 시민사회 차원에서 추진된 대안적인 합작사 운동은 2010년대부터 크게 발전해 왔다. 2000년대 초중반부터 일부 지식인과 도시 중산층을 중심으로 미국과 일본에서 유행하는 '공동체 지원 농업CSA' 모델을 수용하고, 신선하고 친환경적인 지역 농산물을 생산하는 도시 근교의 농업 생산자와 도시 소비자를 연결하는 합작 모델을 개발했다. 당시 중국 농식품 품질 안전사고가 빈번하게 발생하고 대규모 환경오염 및 생태 악화가 사회적 이슈로 부상했기 때문에, 급성장한 도시 중산층은 안전한 먹거리와 환경친화적인 생활공간을 더 많이 필요로 했다. 시진핑 정권 등장 이후 당-국가 체제의 강화로 인해 시민사회에서 반(反)체제적인 활동 공간이 대폭 축소되었지만, 먹거리 안전과 생태환경 보전 등의 영역에서 시민사회 활동은 일정 정도 허용되고 있다.[33] 그 결과 도시 중산층이 CSA 모델을 통해 농업·농촌 분야에 투자하여 생태농장이나 생태공동체를 만들면서, 건강한 먹거리나 생태적 농업에 대해 공통적인 이념과 관심을 두는 사람 간의 협업과 연대를 하려는 사회운동이 진행 중이다. 그런데 이러한 사회운동이 점차 비슷한 이념을 가진 도시 중산층의 연대에 치중하게 되었고, 게다가 농업 자본화 시대에 일반 농민의 수요를 충분히 충족시키지 못하면서 농촌 지역에서 넓게 확산하지는 못했다.

정리하면, 중국 정부가 주도한 합작사 운동의 향후 발전 방향 역시 과도한 농업 자본화 예방 문제와 연관되지만, 구체적인 해결방안에서 시민사회의 역량을 동원하기보다 자본화에 대한 국가의 더 강한 감시와 통제를 강조하고 있다는 점을 확인할 수 있다. 이러한 감시와 통제가 날로 강해지는 상황에서 진정한 협력과 연대를 추구하는 시민사회 내부의 움직임도 제한될 수밖에 없고, 국경을 넘는 초국경 협력 공간 역시 축소될 것이다.

나오며: 사회연대경제를 통한 초국경 협력에 주는 시사점

앞서 소개한 중국 합작사 운동의 과정과 현황을 종합해 보면, 중국 합작사 운동의 근본적인 문제는 합작사 운동을 주도한 정부가 사회연대경제가 강조하는 약자의 연대와 자본에 대한 제한이라는 기본 목표에서 이탈하며, 합작사 운동의 목표를 자신의 정치적 목표로 대체하는 것이라고 할 수 있다. 중국의 합작사는, 난징국민정부 시기 중앙정부와 각 지방 실권 세력의 국가 정권 건설 도구로, 국공내전 과정에서 공산당의 경제봉쇄 타개책으로, 중화인민공화국 수립 이후 공산주의 천국에 오르는 계단으로, 현재는 농업 자본화를 추진하는 수단으로 사용되었고, 단 한 번도 자신의 목표와 가치를 제대로 추진하지 못했다. 이러한 근본적인 문제와 한계를 극복하려면 정부가 표방하는 정치적 목표에 대한 대안을 제시할 수 있는 성숙한 시민사회의 형성이 필요하다. 그러나 국가 권력이 날로 강화되는 상황에서 시민사회의 역량이 오히려 크게 약해졌고, 그 결과 앞으로도 해결책을 마련하지 못할 가능성이 크다.

도시 및 산업 분야 성장 과정에서 생성된 잉여자본이 농촌으로 이동하는 것이 농업 자본화의 근본 원인이다. 중국 정부는 과도한 농업 자본화에 대해 대책을 마련하면서도 농업 자본화 지원 정책을 추진할 수밖에 없다. 따라서 앞으로 더 많은 자본이 농촌으로 흘러 들어갈 것이다. 이에 대응하기 위해 농촌 지역 주민들은 '약자의 연대와 자본에 대한 제한' 원리에 기반하여 스스로 새로운 형태의 합작 조직을 만들어야 한다.

1980년대 이후 농민이 자발적으로 조직한 각종 합작 조직이 농민전업합작사라는 이름으로 공식적인 지위를 확보하는 과정을 보면, 풀뿌리 차원의 새로운 합작 형태에 대한 모색은 앞으로 많은 우여곡절을 겪을 것이다. 특히 강화된 정부의 통제와 감시에서 살아갈 길을 찾기가 쉽지 않아 보인다. 또한 시민사회 차원에서 진행되는 도시 중산층 중심의 합작사 운동이 농촌 및 농업생산자와 결합하는 것 역시 정부의 강한 통제와 감시로 인해 더 어려워지고, 농촌합작사 운동에서 더 주변화될 가능성이 커 보인다. 그렇다면 이러한 어려운 상황에서 사회연대경제에 기반한 국제적 협력이 과연 가능할까?

이 문제에 대해 필자는 확언하지 못했지만, 중국 농촌합작사 운동의 과정과 현재 상황을 종합해 보면, 두 가지 시사점을 추출할 수 있다. 첫째, 자본화 과정에서 새롭게 형성되는 연대와 협력의 수요는 초국경 협력의 기초가 될 수 있다. 농업의 탈생산주의 전환post-productivist transition[34] 이후 농업 자본에 대한 규제가 약한 서양 선진국에서 시작하여, 나중에 농식품 분야의 개방화 및 자본화가 진행된 한국, 일본, 그리고 타이완으로 확산된 사회연대경제는 농업 자본화 과정에서 발생하는 각종 문제에 대한 대안으로서 풍부한 대응 경험과 성공 모델을 보여주었다. 중국의 농업 자본화 과정이 나름의 특수성이 있지만, 연대와 협력의 수요가 왜 필요한지에 대한 근본적인 문제의식은 유사할 것이다. 따라서 구체적인 연대와 협력의 수요에 부응하고, 사회연대경제의 성공 경험을 바탕으로 중국 내 현장과 계속 소통하면서 합작사를 만들어나간다면 일정 정도 초국경 협력이 실현 가능할 것이다.

앞서 동북지역과 연변지역 사례에서 알 수 있듯이, 동북지역의 합작사 발전 궤적은 전국 상황과 비슷하다. 그러나 지역별 농민 수요 및 합작 형태에 따라 합작사의 발전 초기 모습이 천차만별이다. 최근 농업 자본화가 심화함에 따라 농민 수요와 최적의 합작 방식도 계속 변화하고 있다. 예컨대 연변지역의 경우, 1990년대 이후 한국과의 밀접한 인적 교류 과정에서 농촌 인구의 국외 이주가 매우 활발하게 진행되었고, 그 결과 유휴 농지 면적이 증가하고 영농 규모 확대의 객관적 조건이 일찌감치 갖춰졌다. 이에 연변지역 농민은 합작보다 단독경영을 선호하면서 공동판매 위주의 농민합작조직이 크게 발전되지 못했지만, 대신 앞서 언급한 '가정농장' 모델 수립을 선도했다.[35] 법인 자격이 부여된 가정농장들은 독립된 시장 참여자로서 오히려 영농 자금 융통, 위험요소에 대한 공동 부담, 농기계 공동 구매 및 사용, 농업 신기술의 수용 등의 다양한 분야에서 연대할 필요성을 느끼고 있으며, 향후 심화하는 규모화 및 자본화에 따라 공동 지역 브랜드 창출 등과 같은 판매·유통 분야의 협력도 기대할 것이다. 이와 관련하여 연변 자치주 정부는 이미 대대적인 지원책을 시행하고 있으나 농촌 기층과 시민사회 차원에서 자발적인 움직임은 미미하다. 따라서 상술한 새로운 연대와 협력의 수요에 잘 맞추면 민간 차원의 자발적인 합작 운동 발생 가능성이 크고, 이에 부합하여 사회연대경제에 기초하는 초국경 협력의 가능성도 크다고 평가할 수 있다.

둘째, 초국경 협력 채널에 대한 재설정이 필요하다. 작년 시진핑 집권 3기의 등장에 따라 일반 시민과 농민에 대한 국가의 통제·감시망 구축이 대체로 완성되었다. 따라서 앞으로 비공식 채널을 통해 중국의 농촌 기층사회 혹은 시민사회와 연대하는 것은 '외부세력 개입'으로 여겨질 위험성이 상당히 높다. 반면 공식적인 채널을 통한 국제 교류, 심지어 투자는 여전히 '농업 분야 대외개방 확대 정책'의 명목으로 시행되고 있다.[36] 하지만 공산당이 정부, 기업, 시민사회단체, 학교와 연구기관 등을 모두 통제·감시하는 상황에서 초국경 협력 기구 및 개인은 협력의 주도권을 쥐지 못하고 보조적인 역할만 수행하게 될 것이다. 따라서 초국경 협력의 실현 가능한 범위와 내용이 축소될 것이고, 협력의 성과도 공산당의 선전용 장식품이 될 수도 있다. 초국경 협력을 추진하려는 기구 혹은 개인은 이러한 비공식 협력 채널의 위험성과 공식 협력 채널의 한계를 고려하여 적절한 협력 대상과 방식을 선택할 필요가 있다. 중국 개혁·개방 이후 지리적인 편리와 언어·문화상의 근접 때문에 한국의 시민단체나 비정부 기구들 NGOs이 중국 동북지역, 특히 연변지역에서 주로 비공식적 채널을 통해 다양한 형식의 초국경 연대 및 협력을 추진해 왔지만, 앞으로는 정규 기관이나 기업 등 공식 채널을 통해 사회연대경제 모델을 추진하는 선택지만 남겨져 있다. 따라서 공식적인 협력 채널의 한계를 극복하기 위해 다양한 협력 채널을 개발해야 할 필요가 분명하다. 이뿐만 아니라 협력사업이 사회연대경제의 기본 원칙과 가치관에서 이탈하지 않도록 장기간 수시로 소통할 수 있는 채널도 구축할 필요가 있다.

9

연해주를 기점으로 하는
초국경 사회연대경제 네트워크 사례[1]

김현동
(동북아식품협동조합 대표)

20세기 말 '우리민족서로돕기운동'에 참여하며 동북 3성에서 조선족 동포의 사기 피해 사건과 북한의 고난의 행군을 돕는 뜨거운 경험을 했다. 1999년 연해주 고려인 재이주 정착마을을 조사 방문한 후 한국에 '(사)동북아평화연대'와 러시아에 '연해주동북아평화기금'을 창립하고, 본격적으로 고려인 재이주 정착지원사업을 시작했다. 2004년부터 고려인농업정착지원사업을 시작하고, 연해주의 Non-GMO 콩을 기반으로 하는 자립경제를 구축하기 위해 한국에 '사회적기업 바리의꿈'과 연해주에 '이스턴 모닝'을 만들었다. 두 사회적 기업은 청국장, 된장, 두유, 두부 등 식재료를 만들며 정착마을 자립과 대한민국 GMO 콩 문제의 해결 가능성을 모색했다. 이후 중국 활동에서 축적한 압착기술과 장비운용의 경험을 모아 2017년 '동북아식품협동조합'과 '순콩사회적협동조합'을 설립 후 Non-GMO 압착콩기름을 만들기 시작하고, 강원도 아이들에게 급식을 제공할 뿐 아니라 조합원에게 공급하는 모델을 만들었다. 이후 고려인 이주 160주년인 2024년에 연간 2만 톤의 콩을 가공할 수 있는 압착가공협동조합 가공장을 연해주 선도가공공단에 만들 계획이다. 이 콩기름은 남쪽의 학교 급식과 북쪽의 기초영양식품으로 절반씩 보내질 것이고, 콩단백은 식물성 단백원료로 사용될 것이다. 조합은 한반도의 평화교류협력을 염원하는 국내외 코리안 단체와 아이들의 급식을 확대하려는 단체들로 구성될 것이고, 북의 사람들이 함께 일하는 장이 될 것이다.

바리의 꿈

지난 10년간 사회적기업 바리의 꿈(2005년 설립) 대표를 맡았으며, 지금은 강원도 동해에 있는 동북아식품협동조합(2018년 설립) 대표로 일하고 있습니다. 이 협동조합은 연해주에서 순콩(Non-GMO 콩) 혹은 1차 압착한 콩기름과 압착대두플레이크를 들여와 가공하여 압착 콩기름과 콩단백을 만들어서 강원도에 있는 학교 급식은 물론 전국의 Non-GMO 친환경 소비자들에게 공급하고 있습니다.

오늘, 비슷하지만 조금 다른 일을 하고 있는 하나누리 동북아연구원을 만나 반가웠습니다. 특히 북한 함경도 라진에 직접 들어가서 쉽지 않은 두만강 협력사업을 개척하고 계셔서 힘이 났습니다. 서로 도울 방법을 모색하면 좋겠다는 생각이 들어서 오늘 이 자리까지 오게됐습니다. 어떻게 하면 더 효과적으로 협력할 수 있을까 고민하다가 저희가 하는 일을 27년의 시간 순서로 설명하고 나서 그간의 고민을 쭉 풀어놓는 게 좋겠다고 생각했습니다. 오늘 나눌 이야기의 핵심은 농업과 관련된 것입니다.

동북아 27년의 사계(四季)

봄(1994~1999)

제가 내년(2022)이면 환갑입니다. 34살 되던 1994년에 중국을 처음 방문할 기회가 생겼습니다. 그때 많은 분과 국내의 민주화와 노동 인권 문제에 관해 이야기하다가 급변하는 세상에 대한 이해를 확대할 필요를 느꼈는데요, 좋은 기회로 중국을 방문하여 동북 3성을 집중적으로 볼 수 있었습니다. 40일 정도 체류했고, 보름 정도를 연변에서 보냈습니다. 연길을 중심으로 백두산까지 쭉 돌아보면서 '내가 좀 잘못 살았구나!' 이런 생각을 많이 했어요. 한국에서는 81학번이 대학에서 광주항쟁 당시의 상황을 알게 됐을 때 '스스로 부분적인 삶을 살고 있었구나'라고 생각하면서 학생운동을 하게 되잖아요. 저는 1994년에 중국을 돌아보고 두만강까지 보았을 때 1981년도보다 더 큰 충격을 받았어요. 스스로 주위를 살피며 사는 줄 알았는데 '이거 안 되겠구나!' 하는 생각이 들었거든요. 당시 처와 두 딸과 함께 부천에서 살고 있었는데, 아내와 상의해서 중국에 가서 살아봐야겠다고 생각하게 됐어요. 1년 3개월의 준비 과정을 거쳐 1996년 1월 15일 전체 가족이 중국으로 넘어가 연길시에 거주하게 됐습니다. 저희는 중국 연변에서 좀 여유 있는 생활을 할 수 있을 거라고 기대했습니다. 저는 1999년 1월까지 연길시에서 살다가 불법 도경한 북의 식량 난민들을 지속적이고 대량으로 지원한 이유로 추방당했고, 남은 가족은 2002년도까지 살다가 국내로 잠시 들어왔다가 연해주로 이주하게 됐습니다.

가서 보니 동북 3성이 우리 민족의 한복판이더라고요. 연변에 가자마자 중요한 사건들을 만나게 되는데요, 하나가 조선족 동포들이 한국으로 들어오려다 사기를 당한 사건입니다. 다른 하나는 북녘에

[사진 1] 1997년 중국 조선족 사기 피해 사건 당시 피해자협회의 집회 / 두만강 건너 북한 뙈기밭

서 시작된 고난의 행군이었어요. 1997년도부터 북녘 사람들이 몰려오기 시작했는데, 마침 1996년 8월 국내에서 북한 식량 문제를 돕기 위해 '우리민족서로돕기운동'이라는 사단법인이 설립됐습니다. 제가 연길에 거주한 지 10개월쯤 됐을 무렵 같이 일하자는 제안을 받았어요. 1996년도에 연변에서 활동할 사람이 몇 안 되니까 저한테까지 제안이 들어온 거죠. 저도 뭔가 해야 할 필요성을 느끼고 있을 때여서 아내와 상의하고 그때부터 우리민족서로돕기운동 대외협력국장이라는 직함으로 일을 시작했습니다.

조선족 사기 피해 사건에 관해 잠깐 설명해드리겠습니다. 1994년도 10월까지는 조선족이 친척 초청으로 한국에 들어올 수 있었어요. 초청장은 돈을 주면 받는 거였으니까요. 누가 초청장을 써주면 그걸 확인하는 제도가 없었습니다. 그러다가 1994년 10월부터 그게 없어져요. 연변 동포들은 이러한 변화를 몰랐기에 돈을 내고도 입국하지 못하게 되는 일을 당하게 됩니다. 제도의 변화에 의한 자동 사기로 봐야 합니다. 이런 문제가 확대, 비화하다가 마지막엔 연수생 사기에 이르게 되어 조선족 동포 2만 명이 고소를 제기하게 됐습니다. 인구 규모로 보면 200만 명 중에서 절반 가까이 되는 동포가 직간접으로 피해를 본 셈이 됩니다.

사건을 해결하기 위해 당사자들이 모여서 피해자 협회를 만들고 활동했는데, 북한에서 식량 위기가 퍼지면서 함경도를 중심으로 식량 난민들이 넘어오기 시작했습니다. 우리민족서로돕기운동에서는 적십자를 통해서 지원했는데, 전달 되느냐 안 되느냐 하는 논란이 많으니까 중국 동포들을 통해 직접 전달해 보자는 생각도 있을 때였죠. 그때 마침 식량 난민들이 국경을 넘어와서 피해자 협회 사무실로 찾아오는 거예요. 당시 협회 사무실도 굉장히 어려운 지경이었는데 굶어 죽기 직전의 사람들이 몰려오니 피난처 역할을 할 수밖에 없게 됐습니다. 그러면서 피해자 협회가 활동을 잠깐 중단합니다. "이거 안 되겠다. 우리도 죽을 지경이지만, 북한의 식량 난민들을 돕는 일을 먼저 시작하자." 이런 마음으로 한 3년 동안 열심히 북한에 식량을 지원하게 됐습니다. 저는 협회의 자문위원 겸 고문을 맡았기 때문에 매일 같이 생활할 수밖에 없는 상황이었죠.

북한으로 식량을 지원하는 몇 가지 방법이 있었습니다. 첫째, 동포들이 직접 두만강을 넘어오는 방법입니다. 함경도 사람들과 연변 사람들은 50%가 친척이에요. 함경도 사람들이 제일 먼저 넘어옵니다. 매번 조그마한 쪽지를 내밀면서 연변 친척을 찾아달라고 해요. 둘째, 식량을 좀 가져와달라는 쪽지를 받고 동포들이 식량 같은 긴급한 물건을 챙겨서 북한으로 넘어가서 지원하는 방법입니다. 셋째, 두만강 최상류부터 최하류까지 강변에 생존키트처럼 긴급 식량, 설탕, 소금 이런 것들을 놓아두면 북녘 사람들이 두만강을 넘어와서 가져가는 방법입니다. 가보신 분은 알겠지만, 두만강 상류는 그렇게 깊지 않아서 밤에는 왔다 갔다 할 수 있습니다. 조선족 학교나 교회들이 식량 난민을 지원하는 일을 함께했어요.

1998년도까지 그런 일들이 진행되다 보니까 조선족 사기 피해자 협회 동포들이 무슨 생각을 하게 됐냐면, 단체명을 '우리민족서로돕기운동'으로 바꾸고 민족을 돕는 일에 나서자는 것이었어요. 이 이름을 중국식으로 하면, '중국조선족상조회'가 됩니다. 그러자 중국조선족상조회는 동북 3성과 북경까지 통틀어서 조선족 거주 역사 이래 최대 조직이 되는 아이러니한 일이 발생하죠. 중국 법에 따르면 전국을 대상으로 시민단체를 만들 수가 없어요. 중국 전체를 대상으로 하는 조선족 조직이 딱 하나 있는 걸로 알고 있습니다. 중국 조선족 과학기술자 협회라는 단체는 그런 기준이 생기기 전에 만들어진 거예요. 그런데 중국조선족상조회라는 단체가 만들어지니까 중국 공안에서 난리가 나면서 일종의 조직 사건이 됐어요. 공안이 감시와 조사 활동을 시작했습니다.

1996년에 한국 시민단체가 조선족 사기 피해 문제를 도와주기 위해서 단체 대표들이 중국으로 건너와서 연변 주정부 담당자와 회의를 했어요. 활동을 위해 연변 주정부에 도움을 요청했더니 내부 회의를 거쳐 연변 공공관계협회라고 하는 주정부 출신의 퇴직 간부들이 만든 NGO를 파트너로 하여 일할 수 있도록 하겠다는 결론을 냈습니다. 정부가 공식적으로 할 수 없다는 이유 때문이었습니다. 이로써 조선족 사기 피해자 협회 활동은 중국에서 비법적인 지위를 갖게 되지만 활동 자체는 인정받게 됐습니다. 그런데 활동 범위를 조선족 사기 피해까지만 인정하더군요. 한국 사람과 조선족의 갈등은 괜찮다는 거예요.

조선족 사회가 조선족상조회라는 우리민족서로돕기운동 일을 하는 순간, 이건 안 된다는 겁니다. 저는 1998년도 말에 3개월간 조사

받고 추방당하게 됩니다. 그러고는 7년 입국 금지를 받았어요. 다행히 1년 만에 풀리기는 했는데, 제가 공안 조사 과정에서 크게 두 가지 죄목으로 조사를 받았습니다. 하나는 중국 우리민족서로돕기운동 조직 사건(중국조선족상조회)을 조사한 것이 80%였고, 나머지 20%는 북한 식량 난민을 도운 것이었습니다. 그런데 정작 추방할 때는 엉뚱하게도 국경법 51조와 52조를 위반했다고 하는 거예요. 불법 월경한 사람들을 지속적이고 대량으로 도와주는 활동이 불법이라는 겁니다. 그러니까 민족 문제로는 절대 표현 안 하고 국경법과 관련한 탈북자 문제로 처리한 것입니다.

여름(1999~2010)

이런 경험을 하면서 동북 3성에서 무슨 일을 어떻게 할 것인지 고민이 깊어지게 됐고, 우리민족서로돕기운동의 한 과제가 됐던 거죠. 긴급구호 활동을 하고 나오면서 곧바로 연해주로 가게 됩니다. 그때 중국에《연변일보》라고 있었습니다. 1998년부터 거기에 연재기사가 나와요. 연변 바로 옆 연해주에 고려인들이 있는데 이 사람들이 중앙아시아로 갔다가 돌아왔다는 내용이었습니다. 한국으로 가지 못하고 러시아 연해주에 거주하게 된 고려인 동포들을 만난 에피소드나 이야기가《연변일보》에 실리게 됩니다. 이건 조선족 동포들이 보면 돈벌 기회 중에 하나거든요. 우리민족서로돕기운동은 1997년에 고려인 강제 이주 60주년 행사를 하면서 몇몇 분이 러시아 강제 이주 루트를 방문하고 돌아왔습니다. 그 이후에 이들을 도울 방법을 찾지 못하고 있었어요.

연해주에서 중앙아시아로 쫓겨났다가 65년 만에 돌아오는 고려인 강제 이주 문제에 비하면 조선족 문제는 양반이었습니다. 상황을 파악하기 위해 일단 가보기로 하고 1999년 4월에 연해주로 조사 활동을 나갔습니다. 제가 10월쯤 도착했는데 곧 영하 40도까지 내려가는 겨울이 다가오는데 연해주 주정부가 재이주 고려인의 정착촌으로 땅과 건물을 내주는 곳이 있다고 해서 가봤어요. 그랬더니 벽돌만 남은 군대 막사를 정착촌으로 내주고는 거기서 살라는 거예요. 겨울에 굶어 죽고 얼어 죽기 딱 좋은 상황이더라고요. 이런 상황에서 먼저 조사하고 준비한 분이 우리민족서로돕기운동 팀에서 재외동포사업본부를 맡고 계시던 이광규 교수님이셨습니다. 이분이 고려인과 관련된 일을 일찍부터 고찰하면서 제안을 하나 합니다. 연해주에 재이주 고려인 동포들이 정착하도록 돕는 일이었습니다.

조선족 사기 피해 사건이 2004년도쯤에 1차 마무리됩니다. 그때 사기 피해를 본 사람들 1만 8000명 중에 5000명 정도가 한국에 돈을 안 내고 들어와 일해서 빚을 갚는 식으로 해결됐습니다. 7~8년 걸려 한쪽에서 일이 해결되고, 다른 한쪽에서는 본격적으로 연해주 동포를 돕는 일을 하게 됐습니다. 1999년부터 2010년까지 활발하게 일을 진행했습니다.

이때 초기 활동 주체는 우리민족서로돕기운동의 재외동포사업본부였습니다. 중국 활동을 하고 나서 민족 문제로 접근하는 데 한계가 있다는 점을 느꼈잖아요. 러시아도 마찬가지였습니다. 중국과 러시아 모두 민족 문제에 예민한 나라들이어서, 소수 민족인 동포 문제를 한 차원 높이지 않으면 안 되겠다고 생각하면서 새로운 단체를 만들기로 했습니다.

이름을 짓는데 세 가지 안이 나왔어요. 하나는 재외동포센터로 하자, 다른 하나는 동북아코리아 네트워크로 하자, 마지막으로 동북아평화연대로 하자는 것이었죠. 당시 재외동포사업본부와 여기에 속한 중국, 러시아, 일본 거주 동포까지 80명이 모여서 투표를 했습니다. 그 결과 동북아평화연대가 60% 정도 득표해서 2001년에 '동북아평화연대'라는 이름이 나오게 됩니다. 지금도 동북아평화연대가 활동하고 있습니다. 여기에 더해 현지에서 같은 성격의 활동을 전개할 NGO를 만들게 되는데 바로 동북아평화기금입니다. 2001년에 설립된 이후 2004년까지 긴급구호 차원의 일이 이루어졌습니다.

2004년이 굉장히 중요한데요, 고려인 이주 140주년이 되는 해였습니다. 보통 150주년, 200주년 등 50주년 단위로 의미를 부여하잖습니까? 그러니까 140주년은 그렇게까지 큰 의미가 있다고 보긴 어렵거든요. 그런데 고려인 동포 사회가 140주년 기념사업을 위해 2년 동안 열심히 준비하더니 러시아 부총리가 기념사업조직위원회 위원장이 되고 장관급도 6명이나 들어가게 되었어요. 지원 법령도 만들어졌습니다.

준비 중에 고려인 협회가 러시아 정부 요청으로 북한과 남한 양쪽 모두 기념사업에 동참해달라는 요청서를 모스크바에 있는 남북 대사관에 보냅니다. 남북 대사관이 이를 반대할 수 없죠. 이렇게 고려인

이주 140주년 기념사업이 2004년도 내내 러시아와 북한, 한국에서 벌어지게 돼요. 이후로도 10년 주기로 이런 사업들이 계속됩니다.

중국 조선족의 고향 하면 연길을 말합니다. 러시아에서 고려인의 고향 하면 우수리스크라고 말합니다. 우수리스크에 고려인 이주 140주년 기념관을 만들어서 토대를 굳건히 하자는 제안이 고려인 이주 140주년 위원회의 동의를 얻게 되었고, 이후 기념관은 2009년도에 준공됩니다.

더불어서 고려인들의 농업 정착을 지원하기 위한 사업이 벌어지게 됩니다. 그리고 2001년도에 연해주 활동을 위해 동북아평화연대와 함께 연해주에서는 연해주 동북아평화기금이 만들어집니다. 프림코라는 해외 농장을 인수하면서 사업으로 연결됩니다. 당시 2000만

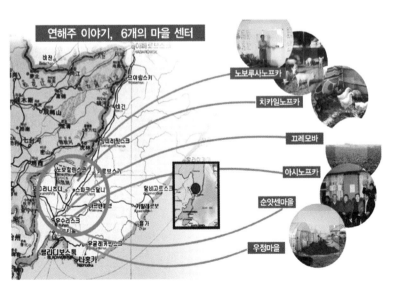

[사진 2] 2005년 고려인 농업정착사업으로 만들어진 농업정착 마을

[사진 3] 고려인 이주 140주년 기념관(2009년 현재 고려인문화센터)

원을 들여서 500만 평 규모의 농장 지분을 인수했습니다. 그리고 농업 정착 지원사업으로 마을 만들기가 추진됐으며, 5개의 고려인 마을 만들기를 지금도 진행하고 있습니다. 2005년도에는 농업사업을 지원하기 위하여 바리의 꿈이 창립되고 2008년도에는 34번째로 사회적기업 인증을 받습니다.

2009년에 고려인 이주 140주년 기념관이 준공되면서 10년 동안 연해주에서 엄청난 가능성을 확인하고 앞으로 우리가 어떻게 살아야 할지를 생각하는 시점이었는데요, 2009년에 한국 외교부가 태클을 걸기 시작했습니다. 2009년 10월 예정이던 기념관 준공식을 하지 말라는 어처구니없는 공문을 내면서 외교부가 고려인 단체와 한국 시민단체를 가르는 일을 했습니다. 고려인 단체와의 갈등을 막기 위해 2014년까지 동북아평화연대가 맡기로 되어 있던 기념관을 2010년도에 조기 이관하고 이후 농업정착사업에 집중하게 됩니다. 외교부가 고려인 단체를 기념관을 미끼로 하부 조직화하면서 길들이는 일들을 시작하게 됩니다. 이러한 문제는 2020년에 진행된 국정감사에서 어느 정도 확인된 사실입니다.

가을(2010~2020)

한국 외교부와 갈등이 생기면서 그 일이 확대되어 연해주에서 나올 수밖에 없게 됐습니다. 2010년 가을 5년간 입국 금지를 당했고, 한 번 연장되면서 10년간 입국 금지를 당하게 됐습니다.

이렇게 입국 금지를 당하면서 한국 땅에서 어떻게 하면 연해주를 지원하는 일을 계속할 수 있을까 고민하게 됐습니다. 2010년도는 블라디보스토크와 강원도 동해 사이를 배가 왕래하는 시절이었는데, 지도를 보니 동해를 중심으로 한국에서도 사업을 진행할 수 있겠다는 생각이 들었습니다. 그래서 서울에 있던 사업체인 바리의 꿈을 강원도 동해로 이전하게 됩니다. 바리의 꿈은 동해에서 농업과 관련된 이슈를 계속 추진하는 중이고요. 동해에서 동북아포럼이라는 시민단체를 만드는 데 적극적으로 참여하고, 연해주 고려인 사회가 포함되는 환동해 코리아 네트워크를 위한 유소년 축구대회를 개최하고, 토론회와 장학사업도 하게 됩니다.

2014년은 연해주 고려인 이주 150주년이 되는 해였고, 그다음 해인 2015년에 입국 금지가 해제될 예정이었습니다. 그래서 2015년에 연해주에 입국하려고 들어갔는데 세관에서 "나가세요"라고 말하는 거예요. 결국 입국을 못 한 채 돌아오게 되었고, 입국 금지 해제가 5년간 연기됩니다.

고려인 이주 140주년 기념사업(2004)의 전통을 이어받아서 2015년에 어떤 일들이 이루어졌는지 말씀드리겠습니다. 고려인 단체가 모스크바에 집결하여 차 12대로 블라디보스토크까지 이동하고, 블라디보스토크에서 두만강에 이르고, 두만강에서 휴전선으로 이동하고, 마지막으로 휴전선에서 부산까지 가는 '유라시아 한반도 평화 대장정'을 1년 동안 진행했습니다. 한국 사람이나 북한 사람이면 하지 못했을 일을 고려인 동포들이 150주년 기념으로 역사적인 사건을 이루어냈습니다.[2]

2018년에는 동북아식품협동조합을 설립하여 새로운 목표를 향해 나가게 됐습니다. 2020년에는 드디어 10년 만에 러시아 입국 금지가 풀리면서 2020년 3월 1일에 연해주로 귀가할 수 있게 됐습니다. 그리고 7개월 만에 나와서 국정감사를 했습니다.

[사진 4] 유라시아 한반도 평화 대장정

겨울(2020~2021)

오늘 오신 분 중에 연해주 해외농업과 관련된 극동러시아농업지원센터장님이 계시는데요. 센터의 노력으로 2021년에 연해주 우수리스크에 대한민국 해외농업 전시장이 만들어지고 연해주 동북아평화기금의 고려인과 교민의 직거래 장터인 바리생협이 입주하게 됩니다. 한편으로 강원도의 Non-GMO 급식시범사업에 이어 연해주에 콩 2만 톤을 가공할 수 있는 가공공장 준비를 시작하게 됩니다. 러시아는 고려인 마을과 한국의 해외농업기업들이 집중되어 있는 곳에 선도농업가공단지를 만듭니다.

그런데 10년 만에 또 무슨 일이 일어났는가 하면 연해주의 블라디보스토크를 담당한 오성환 총영사가 이유도 없이 해임 당하게 됩니다. 전과 같은 이유였습니다. 2009년에 동북아평화연대가 추진한 동북아 평화 교류 협력 활동을 진행한 시민단체에 대한 방해였다면, 10년 후에 진행된 오성환 총영사 해임 건은 외교부 내 북방과 평화 협력을 모색하려는 흐름을 선제적으로 차단하려던 것으로 해석됩니다. 이 일은 지금도 계속 다툼이 진행되고 있습니다.

한반도 먹거리와 연해주 농업

지금까지 개인적인 경험을 토대로, 27년간 동북아와 유라시아에서 진행된 과정을 이야기했는데요, 그중에 제일 집중한 일이 연해주 농업입니다. 연해주에서 고려인 정착 지원과 관련한 일을 하다 보니까 먹고사는 문제를 해결해야 하는데 시민사회 단체가 기업을 할 수 있는 능력도 없고 자격도 없지 않습니까? 그런데 농업은 땅을 대하는 일이고, 일하는 만큼 결실을 거두는 일이니 농업을 하는 게 어떠냐고 생각하게 된 겁니다. 사실 그전에 중국에서 북한이 겪은 고난의 행군을 보면서, 북한이 식량 자급률이 90%대인데도 저렇게 대규모 기아를 겪게 되는데 만약 한국이 북한과 같은 상황이 되면 어떻게 될 것인가를 생각해 보니, 한국 사람 절반 이상이 죽어나가도 할 말이 없겠더라고요. 그런데 한국이라는 사회는 슈퍼마켓에 가서 라면 사 먹으면 되지 않느냐고 반문하면서 그런 걱정을 하는 사회는 아니잖아요.

이렇게 한반도의 식량 문제를 고민하고 있었는데요. 두만강에서 북한 쪽을 바라보면 산악인데 연변과 연해주로 넘어오면 평야가 펼쳐집니다. 이런 생각을 하면서 연해주에 오는데, 1999년 당시에는 연해주 농업이 30~40% 정도밖에 재개되지 않았습니다. 대부분의 평야가 경작되지 않고 있어서 '고려인들이 와서 농업하면 살 수 있겠네!' 이런 생각을 자연스럽게 하게 됐죠. 그리고 고려인의 역사가 러시아에서 뗄 수 없는 이유와 명분이 있더라고요. 1864년부터 1937년 강제 이주 전까지 고려인 동포들이 러시아 역사에서 했던 가장 중요한 역할이 무엇이냐 하면 연해주 전체를 농업으로 개척한 것이었어요. 벼농사 북방한계선을 항카 호수까지 확장합니다. 연해주를 전부 벼농사로 개척한 사람들이 고려인이고. 그 성과를 이어받아서 러시아가 사회주의하에서 대규모로 벼를 짓고 콩농사를 하게 된 것이죠.

그런데 이분들이 중앙아시아에서 고분질이라고 하는 농법을 만들어서 구소련 때 최대의 농업 생산력을 발휘했습니다. 이때 중요한 역할을 한 농업 영웅들이 사회에 진출하면서 중앙아시아의 주역으로 성장하게 되죠.

고려인들이 구소련 해체와 함께 중앙아시아에서 다시 연해주로 이주하게 됐고, 연해주에서 다시 농업을 하게 된 상황을 잠깐 설명했습니다. 그런데 고려인들이 연해주에서 농업을 하다가 한계에 부닥칩니다. 중국이 1978년도부터 개혁개방을 하고 농업을 시작하지 않습니까? 중국이 각 가구에 농지를 나눠주면서 농업 생산성이 어느 정도 올라오기 시작한 단계였다면, 러시아는 1990년대에 완전히 붕괴한 상태였습니다. 그런데 연해주와 경계를 같이 하는 곳이 흑룡강성과 길림성입니다. 이곳의 농업이 연해주로 밀고 들어오는 상황이었어요. 그러니까 고려인들이 연해주로 가서 농업으로 정착하려면 중국 농업과 경쟁해야 하는 상태에 처하게 된 겁니다.

중국 농업과의 경쟁으로 고려인 동포들이 연해주에서 정착하기 어려운 상황이 됐습니다. 이때 연변 조선족 동포들이 연해주로 넘어와서 고려인 동포들과 네트워킹을 하는데, 중국에서 농산물을 들여오는 일은 조선족 동포들이 하고 연해주에서 파는 일은 고려인이 하는 식으로 역할 분담을 하면서 고려인이 연해주의 유통을 확보하게 됩니다. 예전에 땅을 중심으로 정착했던 사람들이 이번에는 시장을 중심으로 정착하게 된 것입니다.

그때 고려인 농촌 마을에서 같이 정착할 방법을 모색하면서 눈에 띈 게 콩이었어요. 만주와 연해주 이쪽이 콩의 원산지이고, 더 중요한 것은 콩 농사짓던 지역이 화학농법을 포기한 지 한 20년이 되면서 완전히 청년의 땅으로 변해 있었습니다. 게다가 러시아 정부는 GMO 농업을 철저히 반대하고 있었고, 2016년도에는 법률까지 만들어졌습니다. 이런 환경에서 고려인 제3세대는 연해주에서 유기농을 해보자는 방향으로 가게 됐습니다.

고려인 마을에서 이런 방향성으로 일하고 있는데, 한국의 고합 그룹이 IMF 때문에 농장을 닫을 수밖에 없는 상황이라며, 고합 농장이 고려인들의 정착에 쓰이면 좋겠다면서 동북아평화연대에 인수를 제안해 왔습니다. 동북아평화연대는 정착지원 사업에 유용하게 쓸 수 있겠다고 판단해 그걸 받아서 여러 가지 사업을 진행하게 됐습니다. 그래서 콩과 관련된 주제가 생기게 됩니다. 처음에는 빨리 만들 수 있는 청국장, 그다음으로 메주, 된장, 간장, 두유를 만들고, 최근에는 콩기름과 콩단백에 이르기까지 다양하게 시도했습니다. 콩과 관련된 것은 지금도 진행하고 있습니다.

그러다가 하나의 맥을 잡는 계기가 생겼습니다. 동북아평화연대와 기금이 중심이 되어 만들어간 고려인 마을은 소규모거든요. 몇십 가구가 한 마을을 이루고, 6개 마을 전체가 200~300가구 수준인데, 정착마을에 어느 날 한국의 농업 기업들이 진출했습니다. 저희도 고합이라는 대한민국의 해외농업 기업의 농장을 인수해서 시작한 것이죠. 그다음부터 한국 기업들이 갑자기 마을로 찾아와서 농사지을 땅이 있으면 소개해달라고 요청했습니다. 그러다 처음 자리 잡은 기업이 서울사료입니다. 서울사료가 마을에 6개월 정도 있었어요. 서울사료가 자리를 잡고 현대적인 공장을 설립하면서 농업 기반이 생기기 시작하고, 한국 농어촌공사에서 농업지원센터를 설립하고 직접 사람을 파견했습니다.

이렇게 해서 10년 만에 연해주 농업에 중요한 근거지가 생겼습니다. 지금은 연해주에서 직접 소유할 수 있는 농지 규모가 6만 헥타르 정도이고, 한때 규모가 가장 컸을 때가 12만 헥타르 정도까지 가능하다고 했습니다. 제가 보기에 10만 헥타르까지는 확보할 수 있을 것 같습니다. 우리 기업이 확보한 땅이 6만 헥타르 정도 되는데, 이 땅에서 2019년부터는 1년에 3만 톤 정도의 콩과 4만 톤 정도의 옥수수, 보리, 밀 등이 나오기 시작했습니다.

GMO 문제에 관심 있는 분들도 계실 텐데요, 사실 한국 사회가 GMO 문제에 대책이 없거든요. 예를 들어 한국이 지금 1년에 GMO 콩 100만 톤을 수입합니다. 이 콩은 전부 콩기름을 만드는 데 투입됩니다. 제일 큰 문제가 아이들인데, 경기도와 서울은 아이들에게 지원을 아끼지 말아야 한다는 공감대를 이뤄 교육청에 Non-GMO 급식 조례가 만들어져 있어요. 그런데 일선에 계신 분들은 Non-GMO 콩을 확보해서 콩기름 등을 만들 수 없다고 생각해서인지, 아이들 급식에서 Non-GMO 콩기름과 관련된 급식을 아예 제외해버립니다. 이렇게 생각하는 것이 어이가 없죠.

한국 아이들에게 급식으로 Non-GMO 콩 제품을 먹이려면 18만 톤이면 해결됩니다. 지금 18만 톤 중에서 3만 톤 정도가 연해주에서 해결되었으니 6분의 1 정도인 셈입니다. 지금 정도의 실력이면 한국 정부가 어떻게 하느냐에 따라서 5년 이내에 목표를 달성할 수 있어요. 한국이 안전한 농산물을 확보하는 전략을 세울 수 있는 조건이 마련된 겁니다.

2021년 시점에서 저희가 생각하는 것은, 이러한 일들을 연결하는 게 굉장히 중요하기에 남·북·러 농업협력을 통해 한국의 Non-GMO 문제를 해결하는 일입니다. 북한은 공식적으로 Non-GMO 국가여서 GMO 농산물을 안 받아들이는 것으로 되어 있습니다. 그렇기에 남·북·러가 이런 문제에서 협력하면 중요한 성과를 낼 수 있

[사진 5] 고려인 정착마을과 사회적 기업 바리의 꿈이 생산한 콩가공 제품

겠다고 생각하는데요, 이제 그 기지들을 어떻게 발전시킬 것인가라는 주제로 넘어가겠습니다.

고려인 마을에서 만들어진 콩기름이 강원도의 삼척, 동해, 영월, 태백 4개 시·군으로 들어가고 있고, 내년에 8개에서 10개 정도의 시·군으로 확대될 것 같습니다. 강원도 사례를 전국 사례로 만들기 위한 논의를 시작하는 과정에 있습니다. 한국 아이들 급식사업은 연해주에서 20년 동안 진행된 고려인 정착 문제에서부터 한국의 해외 농업에 이르기까지, 한국 사회가 인식하지 못한 한계를 깨뜨릴 중요한 방법입니다. 한국 학부모와 학교 및 아이들이 걱정하는 먹거리 문제를 해결할 수 있으면 연해주 문제가 우리 생활 안으로 깊이 들어올 수 있고, 그렇게 되면 시공간의 거리가 달라져서 국내도 연해주에서 진행되는 일들을 인식할 수 있을 것입니다.

그런데 문제가 있습니다. 연해주에도 농사지을 사람이 없다는 겁니다. 고려인들이 연해주에 정착하려는 결정을 러시아 정부가 받아들인 이유 중의 하나가 농업입니다. 고려인들이 와서 다시금 연해주 농업을 살려줄 거라는 기대가 있었기 때문에 이들에게 정착촌을 제공한 것입니다. 유라시아 고려인 동포가 55만 명 정도 되는데, 그중 10만 명이 한국에 들어갔어요. 20년 전 중국에서 벌어진 일과 똑같은 일이 발생한 겁니다. 그런데 이건 막을 수 있는 문제는 아닙니다. 1990년대에 구소련이 해체되고 그들이 돌아와야 할 곳은 고국이었죠. 그런데 고국이 받아주지 않으니까 할아버지 고향이라고 해서 연해주로 돌아가게 된 것입니다. 그런데 지금 한국은 인구 절벽 상황입

268

니다.

2000년도 초기에 우리가 조선족 동포를 한국에 들어오게 해서 일한 뒤 빚을 갚게 하자는 이슈로 운동을 전개할 때 가장 큰 문제점은 조선족 동포가 한국 일자리를 뺏는다는 거였어요. 가장 크게 반대하는 곳이 노동부와 중소기업이었습니다. 이들을 설득하는 게 가장 큰 문제였는데, 불과 20년 만에 한국의 농촌이 고려인 동포 데려오기 작전을 펼치고 있어요. 학교가 문을 닫고 농사지을 사람이 없는 거예요. 이제 재외동포기본법을 제정하고 재외동포들이 한국에 들어와서 인구 절벽을 막는 길로 갈 수밖에 없는 시점인 것 같습니다. 상황이 이렇다 보니 고려인 동포들이 연해주에 와서 정착을 시도한 지 20년 만에 사회 전체가 뿌리째 흔들리게 됐습니다.

이것은 고려인들만의 문제가 아닙니다. 러시아 사람들도 영향을 받고 있으니까요. 러시아의 가장 오래된 고민이 뭐냐 하면 세계에서 가장 넓은 땅을 가지고 있는데 인구는 1억 3000만 명밖에 안 되거든요. 무리하게 확장해 놓고 이걸 지킬 사람이 없는 겁니다. 더군다나 극동 연해주와 관련해서는 대안이 없으니까 파트너를 생각할 수밖에 없습니다. 특히 연해주나 하바롭스크 지역은 1864년까지 중국 땅이었어요. 원래 청나라 땅이었다가 러시아로 넘어온 땅이기 때문에 러시아는 항상 불안해하고 있습니다. 중국은 연해주가 자기네 땅이었다는 선언을 10년 주기로 합니다. 언젠가는 그 땅을 회복하겠다는 거죠. 그러니까 이제 극동에 대해 러시아도 스스로 책임질 수 없는 환경인 거예요.

그래서 러시아 내부에서 러시아 극동은 계속해서 코리안과 같이 갈 수밖에 없다고 하는 입장이 있습니다. 그 입장이 주ᵗ일 때도 있고 부ᵝ일 때도 있습니다. 고려인들이 연해주에서 주류로 살 때는 주였고, 이게 너무 부담스럽거나 스탈린 시대에 민족 문제로 강제 이주당했을 때는 부였지요. 어쨌든 쉽지 않은 과정을 겪었는데, 지금은 인구가 줄어드는 시대입니다. 그런데 연해주에 들어와서 농사를 지을 수 있는 인력이 동북아시아에서 유일하게 남은 곳이 바로 북한입니다. 북한 노동자가 연해주에 들어와야 하는 거죠. 그 시점이 얼마 안 남았다고 생각하는데, 연해주에서 그 준비를 해야 한다고 봅니다.

이제 남·북·러 평화농업협력이라고 하는 주제에 관해 이야기하겠습니다. 하나는 농장이고, 하나는 공간입니다. 개성공단 같은 곳을 농업 가공공단으로 연해주에 하나 만들어야 한다는 얘기인데, 그런 계획을 우리의 북방계획으로 세울 수 있도록 제안하는 게 굉장히 중요한 어젠다로 정리되어 있습니다.

이제 학교 급식 중 콩은 연해주에서 생산되는 식량이 기초가 될 것입니다. 생산량이 10만 톤 이상이 되면 한국도 식량 문제를 해결할 수 있게 되고, 그리고도 땅이 더 필요하면 아무르와 동몽골이 있습니다. 이 정도까지 가면 한국은 50만 톤 이상의 콩을 확보할 수 있게 되어, 한국이 필요로 하는 Non-GMO 콩 100만 톤 중에서 절반 이상을 확보할 수 있습니다. 즉 새로운 계획을 세울 만한 충분한 조건이 됐다는 의미입니다.

푸틴이 동방포럼을 하면서 극동을 살리려는 프로젝트로 농업 프로젝트를 제시하고, 입지로 정한 곳이 바로 고려인 마을 옆이에요. 좀 신기하죠. 고려인 선도공단 오른쪽에는 한국의 롯데농장이 있어요. 왼쪽에는 고향마을이 있고, 그 뒤에는 우정마을이 있고, 왼쪽 위로 가면 서울사료 농장이 있고, 북쪽으로 올라가면 아그로상생이 있어요. 즉 고려인과 한국 기업이 사업을 추진하는 지역의 한가운데에 러시아가 농업 프로젝트 추진 공단을 만들어서 농업 자원을 집중시키고 있습니다. 이러한 결정은 러시아가 한국과 농업을 하겠다는 상징적 표현으로 받아들일 수밖에 없습니다. 러시아가 그러한 환경을 조성하고 있어서 이것을 받아주는 게 한국이 해야 할 일이라고 생각합니다.

북한이 경험한 고난의 행군을 보면서, 라진에서도 콩 사업을 같이 이루어 갔으면 좋겠다는 생각이 들었습니다. 콩은 식물에서 가장 많이 얻을 수 있는 단백질 식품인데, 북한이 한국보다 콩을 더 많이 생산합니다. 한국이 연간 10만 톤을 생산하는 수준입니다. 북은 20만 톤 이상 생산해서 높은 수준으로 자립하고 있는데 그래도 부족하죠. 북은 기초 식료품 생산 시스템이라는 것이 있습니다. 도마다 이런 시스템이 있어서, 콩을 압착 가공해서 된장과 장류를 만들고 그다음에 콩기름을 만듭니다. 이런 것이 북한의 기본적인 먹거리 산업입니다.

된장을 만들던 재료, 우리는 이것을 대두박이라고 하는데, 한쪽에서는 현대 축산업의 원천이 되죠. 이것이 사료의 원천이 되어서 축산 시대를 불러일으킨 것입니다. 북이 고난의 행군을 넘어설 때 그나마 콩이라는 단백질이 있었잖아요. 된장을 만들던 대두박으로 콩고기를 만들기 시작한 겁니다. 지금도 북에서 단백질을 공급하는 가장 중요한 식품이 콩고기(인조고기)입니다. 이 문제를 안정적으로 해결하는 일이 매우 중요하다는 것을 국가 차원에서 경험했습니다. 그런데 지금 와서 보니까 기후위기 발생 원인으로 30% 이상을 차지하는 게 축산이라는 거잖아요. 과도한 고기 문화가 어디에서 왔냐 하면 대두박을 사료로 쓰면서부터 축산 시대가 만들어지는 것이거든요. 식물을 통해서 직접 단백질을 취하면 축산을 줄일 수 있습니다. 이것이 기후위기에 대응하는 가장 중요한 방법으로 이야기되고 있는 거죠.

북쪽 친구들과 이 주제로 진지하게 이야기해 봤어요. 어떻게 생각하냐 했더니 그 정도로 의미 있는 줄 몰랐다고 하면서, 만약 우리가 세계 기후위기에 대응할 수 있는 식물성 단백문화를 가졌다고 판단되면 떳떳하게 세계화해야 할 산업이지 않겠냐고 말하더군요. 남과 북이 협력해서 연해주의 농업자원을 가지고 사업을 잘 전개하면 인류의 대안이 될 수 있지 않겠느냐고도 이야기합니다. 쿠바가 유기농을 할 수밖에 없던 원인이 있지 않습니까? 미국이 경제제재를 하면서 어쩔 수 없이 한 것이잖아요. 북도 경제제재를 당하면서 식물성 단백질에 의존할 수밖에 없었던 것과 매우 유사합니다. 이런 이야기들이 연해주와 라진 사이에서 두만강을 축으로 협력할 수 있는 부분입니다. 더 나아가 한반도의 먹거리뿐만 아니라 지구 차원에서 미션을 설정할 수 있는 주제일 수 있겠다는 생각도 듭니다.

두만강 협력과 3국

다음으로, 중국, 러시아, 북한 이렇게 세 나라가 있잖아요. 한국이 세 나라와의 관계나 정세에 대해 민감할 수밖에 없는데, 러시아가 한반도와 연결된 국경선의 길이가 딱 17km입니다. 나머지는 다 중국과의 국경입니다. 17km가 없었으면 러시아로 철도가 통과한다든지 무슨 가스관이라든지 이런 거 다 꽝이에요. 17km가 있기 때문에 상상 가능한 영역입니다. 반면 중국은 17km를 이겨내고 동해로 진출하고 싶은 거죠. 그래서 UNDP가 제시한 두만강 하구 개발계획TRADP은 사실 중국이 UNDP에 먼저 제안한 것입니다. 돈은 중국이 다 부담할 테니까 두만강 하구를 세계적인 곳으로 개발하자는 것이지요. 그런데 러시아가 동의합니까? 러시아는 중국이 잠재적으로 매우 위험한 나라라고 생각하고 있습니다. 그러니까 중국이 러시아로 나올 틈을 주지 않습니다.

중국이 동해로 진출할 방법은 두만강으로 해서 나오든지, 아니면 육로를 뚫어서 라진으로 나오든지, 그도 아니면 연해주로 해서 포시에트나 슬라비안카로 나와서 항구를 조차하는 방법이 있습니다. 중국이 그렇게 해서 나오려고 하는데 뜻대로 안 돼요.

블라디보스토크와 동해를 오가는 배가 일주일에 한 편 있는데, 서해에는 중국과 인천, 평택 사이를 운항하는 배가 일주일에 50편 정도 있습니다. 미국도 동해를 전략적으로 지키려 하고 있어서 중국이 동해로 나오는 것을 동의하지 않습니다. 그런데 러시아는 그 17km를 통해서 한반도와 연결하는 것을 하나의 로망으로 생각합니다. 러시아가 거문도를 연결해 본 경험이 있어서 시베리아 철도가 제일 마지막인 부산까지 가면 유라시아의 동쪽부터 서쪽까지 연결되어, 대서양과 태평양을 잇는 유라시아 꿈이 실현됩니다. 이처럼 러시아와 한반도가 전략적으로 협력을 잘하면 한반도는 굉장히 유리한 지경학적 위치를 확보하게 되는 것을 느낍니다. 2004년도에 연해주 이주 140주년 기념식을 할 때 한국의 대통령은 노무현이었고, 러시아는 푸틴이었거든요. 이때의 중요한 전략이 동서 가스관 연결이었습니다. 노무현 대통령이 소위 동북아 시대를 이야기하면서 철도를 연결할 때 가스관도 같이 연결하자는 주제였거든요. 그런데 누군가가 사전에 분위기를 풀어줘야 하잖아요.

우리가 보기에 이러한 17km는 한반도와 유라시아 대륙을 잇는 17km인 거죠. 그리고 한편으로 극동의 잠재적 위협 세력일 수도 있는 중국과 일본 혹은 일본 뒤에 있는 미국 사이에서 균형을 잡을 수 있도록 17km를 경제적으로 어떻게 잘 활용하느냐가 굉장히 중요합니다. 제가 27년을 보면서 내린 결론은 17km를 우리가 어떻게 잘 만드느냐가 중요하다는 겁니다. 17km 속에서 연해주에서 만들어진 철도와 도로가 내려오면 나중에 평양에도 가고 한반도에도 가고 하는 그런 세상을 만드는 게 가능하다, 이런 생각을 하는 거죠.

코리안 디아스포라와 한반도

그다음에 코리안 디아스포라 문제가 있습니다. 동북아 하면 조선족 동포를 빼놓을 수가 없고, 유라시아 하면 고려인 동포를 빼놓을 수 없습니다. 다시 말해 코리안 디아스포라로 유라시아 전체 대륙이 네트워킹되어 있다는 얘기입니다. 이것을 어떻게 생각하고 어떻게 운영할 것인가에 대해 정리하면 되는데, 그게 안 되어 있습니다. 어쨌든 우리는 한계 내에서 조선족 동포, 고려인 동포와 네트워킹하는 일을 계속해 온 겁니다. 그런데 그전에 역사적으로 이념적 문제가 깔려 있었기 때문에 서로 화해해야 할 문제들이 있는 거예요. 조선족 동포가 사기 피해를 당해서 쫓겨난 문제, 연해주 고려인 재이주 정착이 어려운 문제는 한국이 충분히 도울 수 있는 일이었고, 지금도 그렇습니다. 이 문제를 해결하기 위해서 재외동포기본법을 만들기 위한 노력을 전체 동포들이 진행하고 있어요.

한국에 들어와 있는 재외동포는 한국적이 아닌 사람들이죠. 외국적이면서 한국 혈통을 가지고 있는 사람들을 재외동포라고 하는데, 그 사람들이 100만 명이에요. 이들에 대해 우리는 기본적인 법령이 없습니다. 재외동포들은 출입국 관련 비자밖에 없거든요. 그러다 보니까 이들이 국내에서 굉장히 어려운 처지인데, 100만 명이 스스로 기본법 만드는 운동을 시작했습니다. 조만간 100만 명 서명 운동을 시작할 거예요. 기본법 만드는 것과 관련해 현재 재단을 재외동포청으로 바꿔서 우리 사회가 이를 개방적으로 운영할 수 있는 패러다임을 생각하고 있습니다.

그다음에 코리안 네트워크, 코리안 디아스포라라고 하는 것이 중심이 되는 것이죠. 2021년 11월 25일부터 26일까지 동북아평화연대에서는 한국 킨텍스에서 처음으로 '세계 디아스포라 네트워크 포럼'을 개최했어요. 디아스포라 비율이 높은 인도, 중국, 이탈리아, 베트남도 참석하면서 여섯 개 민족이 모였습니다. 한국에서 대회를 진행하다 보니까 자연스럽게 주제가 한반도 통일로 이어졌습니다. 2024년은 고려인 이주 160주년입니다. 160주년에는 남한과 북한, 코리안 디아스포라와 세계 디아스포라의 힘으로 한반도의 교류 협력을 앞당기자는 이야기를 했습니다.

세계 곳곳에 재외동포와 재외국민이 있습니다. 그런데 한국적籍 교포와 외국적籍 동포가 관계가 좋은 곳이 별로 없어요. 다들 갈등합니다. 중국에서 보면 조선족 동포와 한국교포도 그렇습니다. 그런데 연해주에는 어떤 흐름이 생기냐면, 연해주 한인회와 고려인 협회가 조직을 통합하자는 이야기를 하고 있어요. 연해주는 남과 북, 고려인, 조선족이 한데 모여 살고 있기에 그러한 전통을 한반도까지 확대하자는 구상도 있습니다. 그래서 2024년에 블라디보스토크나 우수리스크에서 160주년 기념대회를 하고 대회의 상당수 인원이 북한과의 교류 관광을 위해서 내려가고 그 흐름이 한국으로 내려오는 일도 구상하고 있습니다.

지금 유라시아 서쪽은 우크라이나 문제로 혼란스러운 상황입니다. 이런 시기에 유라시아 동쪽 끝에서는 유라시아와 한반도, 연해주와 강원도의 평화협력 확대를 밑에서부터 이야기하고 있습니다. 막혔던 동해 항로도 재개하고, 코로나 시기에 수십만 장의 마스크를 인도적으로 지원하고, 해외농업과 고려인 농업으로 강원도 학생들에게 Non-GMO 급식을 하고, 연해주 강원도 본부 철수 계획을 적극적으로 저지하는 두 지역 시민들의 흐름도 있습니다. 구소련 해체 이후 코리안 네트워크가 연해주에서 진행해 온 의식적 노력의 영향이 작지 않다고 생각합니다. 이런 경험이 유라시아 서쪽에도 사례가 되어 유라시아 대륙의 소통과 평화에 기여하는 코리안 네트워크의 비전을 만들어 보기를 기대합니다.

1부 초국경 협력의 비전·전략·실제

1. 동북아 국제정치와 유라시아협력체 지향:
연해주 접경지역 협력과 상호 신뢰의 축적을 향하여

1 한국과 소련은 1990년 9월, 한국과 중국은 1992년 8월 정식 수교했다.

2 당시 회의 자료가 들어 있는 책으로는 김선명, 《세계의 석학들, 우크라이나 사태를 말하다: 촘스키 편》, 서울: 뿌쉬낀하우스, 2022.

3 다니구치 마코토, 김종걸·김문정 옮김, 《동아시아 공동체》, 서울: 울력, 2007, 15쪽.

4 최영종 외, 《동아시아 공동체: 비전과 전망》, 서울: 한양대학교 출판부, 2005/2006, 6쪽.

5 길버트 로즈먼, 이신화 외 옮김, 《동북아시아 지역주의: 국가 간 불신, 세계화, 그리고 정체된 협력》, 서울: 박영사, 2007, 역자 서문(ii~vi).

6 루소포비아Russophobia란 '러시아 혐오증 또는 공포증'으로 번역할 수 있는 용어로, 러시아라는 국가와 러시아인 일반에 대한 부정적 편견을 가리킨다. 이는 러시아라는 국가 체제와 대외 정책의 어떤 특성을 과장하거나 왜곡해서 그것들이 러시아인들의 열등한 민족성으로부터 연원하는 것이라고 규정하는, 또 다른 버전의 '오리엔탈리즘'이다. 루소포비아는 서구가 러시아라는 강력한 상대의 이미지를 부정적으로 묶어놓고 그 행동의 정당성을 끊임없이 의심하게 하는 프로파간다의 기본 틀로 이용된다. 러시아의 평판을 깎아내림으로써 서구인들이 얻게 되는 정치적·군사적·경제적 이익이 적지 않기 때문에 루소포비아는, 그 실제적 근거의 존재 유무나 타당성과 상관없이 미국과 서유럽 국가들이 선택할 수 있는 매력적인 대외전략 메뉴로 자주 등장한다. 이에 대해서는 기 메탕, 김창진·강성

회 옮김, 《루소포비아: 러시아 혐오의 국제정치와 서구의 위선》, 고양: 가을의아침, 2022의 '옮긴이 서문' 참조.

7   이에 대한 적절한 강조로는 다니구치 마코토, 2007, 7쪽, 16쪽.

8   혹자는 유럽인들이 만든 용어인 '유라시아' 대신 아시아적 관점에서 '아시럽(아시아＋유럽)'이라는 명칭을 쓰자고 제안하기도 한다.

9   백악관 행정명령 9066호는 미국 대통령 프랭클린 루스벨트가 제2차 세계대전 중이던 1942년 2월 19일 서명하여 발표한 행정명령이다. 전쟁부 장관이 승인한 이 명령은 일본계 미국인, 독일계 미국인, 그리고 이탈리아계 미국인을 미국 격리 수용소에 감금할 장소를 마련하기 위해 특정한 곳을 군사 지역으로 지정할 수 있도록 했다. 그 결과 일본계 조상을 가진 약 12만 2000명의 남자, 여자, 그리고 아이들이 미 서부 해안에서 쫓겨나 전국의 격리 수용소나 기타 감금 장소에 수용되었다. 위키피디아. https://ko.wikipedia.org/wiki/%EB%B0%B1%EC%95%85%EA%B4%80_%ED%96%89%EC%A0%95%EB%AA%85%EB%A0%B9_9066%ED%98%B8(검색 2022년 3월 14일)

10 이에 관해서는 다음 자료들을 참조. 문화재청 국립문화재연구소 외, 《연해주의 문화유적 Ⅱ》, 고려학술재단, 2007; 디야코바, 김재윤 옮김, 《러시아 연해주의 성 유적과 고대 교통로》, 서울: 서경문화사, 2019.

11 연해주의 북한-중국-러시아 접경지대인 하산에 있는 마을인 '크라스키노 Краскино'라는 지명은 1936년 러·중 국경에서 발생한 소련군과 일본 관동군의 '훈춘전투'에서 전사한 소련 장교의 이름에서 유래했다. 기존 러시아식 지명은 '노보끼옙스끄'(새로운 끼예프)였고, 그 전에 우리 조상들이 지은 원래 이름은 '연추리'였다.

12 연해주 문화유적 조사단, 《연해주에 남아있는 발해》, 고려학술재단, 1999 참조.

13 위키피디아 https://ko.wikipedia.org/wiki/%ED%94%84%EB%A6%AC%EB%AA%A8%EB%A5%B4%EC%8A%A4%ED%82%A4_%EB%B3%80%EA%B2%BD%EC%A3%BC(검색: 2022년 3월 14일)

14 세계야생생물기금(World Wildlife Fund)은 연해주 지역의 시호테알린산맥 지대의 야생생물 보호에 대한 연해주 정부의 기여를 인증한 바 있다. 전문가들은 이 지역의 독특한 생태환경 여건을 고려하는 야생생물 서식지대를 보존하고, 자연 다양성(Natural diversity)을 회복하기 위하여 연해주정부를 비롯하여 지역 내 각급 지방 정부들이 구속력 있는 조치를 취해야 할 것으로 보고 있다.

15 https://www.koscaj.com/news/articleView.html?idxno=7364(검색: 2022년

3월 14일). 하지만 아마도 이 프로젝트는 충분한 투자자를 구하지 못해 중간에 유실된 것이 아닐까 짐작된다. 이후 구체적인 시행과정이나 운영에 관한 정보를 구할 수가 없다.

16 이하 내용은 다음 기사를 참조. https://ecotopia.hani.co.kr/48062(검색: 2022년 3월 14일)

17 https://tourism.interfax.ru/ru/news/articles/81630/(검색 2022년 3월 16일)

18 최현명 와일드라이프 컨설팅 대표의 〈한국범보존기금〉 주최 토론회 발표문. 앞의 한겨레 기사에서 재인용.

19 이에 관해서는 김창진, "북방정책의 새로운 모색과 공공외교", 〈크라스키노포럼/경기도 공동정책포럼 자료집〉, 경기도, 2021년 5월 참조.

20 하용출 교수가 주장하는 '동북아공동체 연구소' 설립 아이디어가 그런 모델에 해당할 것이다.

21 안중근, 손태수·신현하·김월배 옮김, 《안중근의 동양평화론》, 서울: 서울셀렉션, 2018 참조.

22 이에 관해서는 필자의 미간행 별도 자료 참조.

2. 유럽의 접경지역에서 한반도의 미래를 보다

1 한국은행 프랑크푸르트사무소장, 대외경제정책원구원KIEP 초청연구위원을 지냈다. 국제지역학 박사.

2 강원택·조홍식, 《하나의 유럽: 유럽연합의 역사와 정책》, 서울: 푸른길, 2011, 87~90쪽.

3 서독주민 및 제3국인은 언제든지 서베를린을 경유하여 하루 동안 동베를린을 방문할 수 있었다. 김학성, "동서독 인적 교류 실태 연구", 〈연구보고서〉, 민족통일연구원, 제96권 제3호, 1996, 56쪽; 당시 동베를린 방문 에피소드에 대해서는 양해경, "독일통일 30년—그 현장에서", 《독일통일 30년: 독일을 이야기하다 3》, 한독경제인회, 서울: 새녘, 2020, 116쪽.

4 Der Beauftragte der Bundesregierung für die neuen Bundesländer, *Jahresbericht der Bundesregierung zum Stand der Deutschen Einheit, 2020, 2021*, 〈독일통일 현황에 대한 연방정부의 연차 보고서〉, 이하 '연차보고서'

5 손기웅·강동완, 《30년 독일통일의 순례: 동서독 접경 1,393km, 그뤼네스 반트를 종주하다》, 부산: 너나드리, 2020, 30쪽.

6 통일부, 〈동서독 교류협력 사례집〉, 1993, 267쪽.

7 김영윤·나희승·황진희, 〈남북 물류·운송 활성화 및 협력방안 연구〉, 통일연구원, 2007, 65~67쪽; 김경석, "통독 전·후 교통정책 사례 분석을 통한 한반도의 교통정책 수립방안 연구", 《대한교통학회지》, 제41권 제1호, 2001, 68쪽.

8 상세한 내용은 통일부, 1993; 김영윤·나희승·황진희, 1995.; 김학성, 〈동서독 인적 교류 실태 연구〉, 연구보고서 제96권 제3호, 민족통일연구원, 1996 참조

9 Franz Rösch and Fritz Homann, "Thirty Years of the Berline Agreement - Thirty years of Inner-German Trade: Economic and Political Dimensions", English trans. by Wolfgang F. Stolper and Michael Hudson, *Zeitschrift für die gesamte Staatswissenshcaft(ZgS)*, 1981, p. 137 참조.

10 Jochen Plassmann, "The Role of the Bundesbank in Intra-German Payments," *Fifty Years of the Deutsche Mark: Central Bank and the Currency in Germany since 1948*, Oxford Univ Press, 1999, p. 633.

11 김태헌, "통서독 경제협력의 물류구조와 지역균형 발전의 효과에 관한 연구", 《국제지역연구》, 제5권 제3호, 2001, 38~42쪽.

12 김학성, 1996, 첫 문장 1쪽, 방문객 수는 112쪽, 마지막 문장 107쪽.

13 이 지대는 대부분 동독 쪽 접경지역 공간의 비중이 높은데 분단 시기에 서독은 접경지역에 별다른 방비시설을 하지 않아 공간이 사유화되고 개발된 데 비해, 동독은 차단 및 통제지역을 설정하여 접근과 개발을 금지했기 때문이다. 손기웅·강동완, 2020, 43쪽 참조.

14 European Coal and Steel Community(ECSC). 독일, 프랑스, 이탈리아, 베네룩스 3국 등 6개국.

15 European Economic Community.

16 공동관세는 수입통관을 담당하는 국가에 25%가 배정되고 나머지는 EU 예산으로 편입되어 EU의 주 수입원 중 하나를 구성한다.

17 브레튼우즈 체제, 스미스소니안 체제 그리고 EC 스네이크 체제('터널 안의 스네이크')에 이은 유럽통화제도EMS가 시행되었다.

18 1999년부터 주식·채권 가격은 유로로 표기되었으나 2001년 말까지는 일상의 거래에서 자국화 현찰이 통용되었고 거래 영수증에는 자국화와 유로화 금액을 병기했다.

19 독일이 강력한 국제통화이자 유럽 내에서 독보적인 위상을 자랑하던 독일마르크화를 포기하고 유로화, 유럽중앙은행 출범에 동조한 과정과 그 후의 변화에 관해서는 김영찬, 《독일통일 과정에서 독일마르크화, 독일연방은행의 역할》, 서

울: 새녘, 2017, 258~268쪽; 김영찬, "ECB의 통화정책", 《사회적 시장경제와 독일의 경제정책》, 한독경상학회, 서울: 양서각, 2018, 141~143쪽 참조.

20 아일랜드의 더블린으로 갈 때는 여권검사를 받는데 EU 회원국이면서도 솅겐조약에 가입하지 않았었기 때문이다.

21 담배 한 갑(Marlboro) 가격. 독일 7유로, 프랑스 10유로 (2023년 2월) (https://tabakstore.de/zigarettenpreise-in-allen-eu-laendern/)
휘발유 1리터당 평균 가격은 독일 1.82유로, 프랑스 1.90유로, 룩셈부르크 1.56유로 (2023년 2월 27일 기준) (https://www.tolls.eu/fuel-prices)

22 "그(장 모네)의 꿈은 유럽 국가들이 전쟁과 분열로 점철된 역사를 청산하고 지속적인 평화와 번영을 실현하기 위해서는 유럽통합을 추구해야 하며 우선 그 기초를 보장하는 '제도적 틀'을 확립하는 것이었다. '제도가 없이는 아무것도 지속될 수 없다'는 그의 일관된 집념이 이를 말해준다(박제훈·옥우석, 2008, 김세원, 추천의 글). 윤성욱·안병억·김유정, 《EU에서 한반도의 미래를 찾다: 유럽통합 사례로 살펴본 한반도 경제통합의 길》, 서울: 메디치미디어, 2022, 5쪽에서는 "유럽 국가 간 공동의 의지는 통합의 기초를 보장하는 '제도적 틀'보다 훨씬 중요하게 작용했다. 이는 신뢰에 기반한 화해와 연대의 가치였다. 장 모네가 추구했던 '국가·제도가 통합보다 사람 간 이해와 신뢰가 우선되어야 한다'라는 철학은 EU 통합 과정의 기저를 이루고 있다"고 다른 견해를 보이고 있다.

23 이옥희, 《북·중 접경지역: 전환기 북·중 접경지역의 도시네트워크》, 서울: 푸른길, 2011, 6쪽.

24 Antoine Decoville, Frédéric Durand, and Valérie Feltgen, *Opportunities of Cross-border Cooperation between Small and Medium Cities in Europe*, LISER. 2015, p. 6.

25 MOT: Transfrontier Operational Mission의 불어 표기 약자.

26 MOT, *Cross-border Economic Development*, 2015; MOT, *Cross-border Territories: Europe's Laboratory*, 2017.

27 European Spatial Planning Observatory Network, 2013.

28 CBPMR: Cross-Border Policentric Metropolitan Regions.

29 https://www.eurodistrictbasel.eu, "Eurodistrikte-das Europa der Kommunen".

30 유럽평의회The Council of Europe는 1949년에 설립되어 유럽 대부분의 국가가 참여하는 정부 간 기구로 EU와는 관련이 없으며 가맹국 간의 유대를 강화하는 데 목적을 두고 있다. 비슷한 이름의 EU 주요 기관인 이사회The Council of EU와는 다르다(주벨기에 대사관, 《EU를 알면 우리가 보인다》, 서울: 애드컴서울, 2005,

137쪽.).

31 김부성, "스위스·독일·프랑스 접경지역에서의 월경적 상호작용",《대한지리학회지》, 제41권 제1호, 2006, 24쪽.

32 Antoni Durà Guimerà et al., *Euroregions, Excellence and innovation across EU borders. A Catalogue of Good Practices*, Department of Geography, UAB, 2018.

33 MOT, 2017, p. 9.

34 최윤기, "EU의 지역개발정책 현황과 시사점",《KEIT 산업경제》, 2006년 5월. https://ec.europa.eu/regional_policy/en/policy/cooperation/european-territorial/ 참조.

35 유럽결속정책Cohesion Policy의 일환으로 '유럽 지역발전기금European Regional Development Fund'이 자금을 제공한다. Interreg VI의 예산은 100억 유로이며 cross-border (Interreg A) 60개, transnational(Interreg B) 15개, Interregional (Interreg C) 4개의 프로그램을 지원한다.

36 LISER: Luxembourg Institute of Socio-Economic Research.

37 Antoine Decoville, Frédéric Durand, and Valérie Feltgen, 2015.

38 European Commission(Regional and Urban Policy), *Easing Legal and Administrative Obstacles in EU Border Regions: Final Report*, 2017b.

39 MOT, 2015.

40 http://www.espaces-transfrontaliers.org/en/resources/topics-of-cooperation

41 European Commission, "European Grouping of Territorial Cooperation (EGTC)"; Wikipedia, European Grouping of Territorial Cooperation.

42 TEB는 Basel(스위스)-Saint Louis(프랑스)-Lörrach(독일) 지역을 포괄하며 포괄 지역의 범위에 따라 메트로보더 Basel-Mullhouse, Regio TriRhena, Regio Basiliensis 등으로도 분류된다. Eurodistrict Strasbourg-Ortenau는 Strasbourg (프랑스), Kehl·Offenburg(독일) 등을 포괄하며, cross-border agglomeration of Strasbourg-Kehl 등으로도 분류된다. (그림 3, 그림 4 지도 참조.)

43 ESPON, *Metroborder: Cross-border Policentric Metropolitan Regions*, 2013, p. 69.

44 Antoine Decoville, Frédéric Durand, and Valérie Feltgen, 2015, p. 27.

45 EuroAirport Basel-Mulhouse-Freiburg

46 www.euroairport.com; Durà et. al., 2018, p. 211; 이승율 외, 2020, 233~234쪽.

47 총회 62명: 스위스 29, 프랑스 18, 독일 15명. 관리위원회 24명: 각국 8명.

48 newhome(www.newhome.ch), 2021.

49 유럽의회는 세 곳에 기구가 나뉘어 있다. 프랑스 스트라스부르에서는 전원이 참석하는 본회의가 열리며, 상임위원회나 특별위원회 등 위원회의 모임은 유럽연합집행위원회가 위치한 브뤼셀에서 열린다. 한편 의회의 사무국은 룩셈부르크에 있다. 강원택·조홍식, 2011, 151쪽 참조.

50 france24.com, From Strasbourg to Kehl: A tram building bridges in Europe

51 European Commission, *Overcoming obstacles in Border Regions: Affordable Tickets for Local Travel across the Border*, 2017a.

52 Cross-border day-care centre Strasbourg-Khel Interreg, 2020; European Commission, 2014.

53 European Commission, *Overcoming Obstacles in Border Regions: Summary Report on the Online Public Consultation*, 2015, p. 30.

54 신범식 엮음, 《북·중·러 접경지대를 둘러싼 소지역주의 전략과 초국경 이동》, 파주: 이조, 2020; 이승율 외, 《린치핀 코리아: 한반도 중심축 국가 건설을 위한 로드맵》, 서울: 동북아공동체문화재단, 2020.

55 김석철, "코리아 그랜드 디자인", 한국정책재단, 《동북아 평화번영을 위한 두만강 유역 개발전략: 한국정책재단 창립 1주년 심포지엄》, 프레스센터, 2015년 3월 12일.

56 이승율 외, 2020, 233~235쪽.

57 강동완, 《북중 접경지역 5000리 길: 그곳에도 사람이 있었네》, 부산: 너나드리, 2017; 강주원, 《압록강은 다르게 흐른다》, 서울: 눌민, 2017; 강주원, 《압록강은 휴전선 너머 흐른다》, 서울: 눌민, 2019; 고은 외, 《평화오디세이: 한국 대표지성 32인, 압록에서 두만까지 북중 접경지대 1,400km를 가다》, 서울: 메디치미디어, 2016; 김준영·박종상·홍창진, 《중국 동북 견문록: 만주에서 중국 동북3성까지 우리 민족 이야기》, 탄탄글로벌네트워크, 2019; 안성교, 《경계를 여행하다》, 한국물가정보, 2017; 이경수, "북중 접경지역의 풍성한 사실이 던지는 질문", 《통일과 평화》, 제12집 제1호, 2020 등.

3. 유럽연합(EU)의 초국경 협력 정책: Interreg 정책의 수립 및 발전을 중심으로

1 본 논고는 윤석준, "접경지역 초경 협력의 유럽화: 유럽 초경 협력의 태동 및 진화", 《EU연구》, 제62호, 2022, 93~120쪽 내용을 토대로 수정 및 보완하여 집필한 것이다.

2   Bart Van Winsen, "Political Cooperation in EUREGIO: Democratic Dimensions in Cross-Border Cooperation", *European View*, vol. 8, no. 1, 1 June. 2009, p. 154.

3   Martin Klatt and Hayo Herrmann, "Half Empty or Half Full? Over 30 Years of Regional Cross-Border Cooperation within the EU: Experiences at the Dutch-German and Danish-German Border", *Journal of Borderlands Studies*, vol. 26, no. 1, 2011, pp. 65~69.

4   Markus Perkmann, "Construction of New Territorial Scales: A Framework and Case Study of the EUREGIO Cross-Border Region", *Regional Studies*, vol. 41, no. 2, 2007, pp. 253~266.

5   Ibid., pp. 254-255.

6   Kiran Klaus Patel and Wolfram Kaiser, *Multiple Connections in European Cooperation: International Organizations, Policy Ideas, Practices and Transfers, 1967-1992*, Routledge, 2019, pp. 93~94.

7   Lindell Paul, "The Kvarken Council", Nordic Region-Building in a European Perspective, ed. Baldersheim Harald and Ståhlberg Krister, Routledge, 1999, pp. 49~58; Bas Spierings and Martin van der Velde, "Cross-Border Differences and Unfamiliarity: Shopping Mobility in the Dutch-German Rhine-Waal Euroregion", *European Planning Studies*, vol. 21, no. 1, 1 January. 2013, pp. 5~23.

8   Sophie Bouwens, "The Dynamics of Cross-border Labor: Commuting from the Dutch to the German Part of the Euregio Meuse-Rhine 1960-2000", *Journal of Borderlands Studies*, vol. 19, no. 2, 1 September, 2004, pp. 135~153; Marijn Molema, "European Integration from below: The Construction of the Ems-Dollart Region, 1964-1978", *Journal of European Integration History*, vol. 17, no. 2, 2011, pp. 271~284.

9   Bernard Reitel, Birte Wassenberg, and Jean Peyrony, "The INTERREG Experience in Bridging European Territories. A 30-Year Summary," *European Territorial Cooperation*, ed. Eduardo Medeiros, Springer, 2018, p. 9.

10   Ibid., pp. 11~14.

11   Erik Hagen and Bjørn Terje Andersen, "Twenty Years of Territorial Cooperation in Inner Scandinavia", *European Territorial Cooperation*, ed. Eduardo Medeiros,

Springer, 2018, pp. 54~55.

12 Manuel Kellerbauer, Marcus Klamet, and Jonathan Tomkin, *The EU Treaties and the Charter of Fundamental Rights: A Commentary*, Oxford University Press, 2019, pp. 1489~1490.

13 Damian Chalmers, Gareth Davies, and Giorgio Monti, *European Union Law: Cases and Materials*, Cambridge University Press, 2010, pp. 98~102.

14 통계지역단위명명법의 약자는 불어 'Nomenclature des unités territoriales statistiques'에 기반한 NUTS로 사용되고 있다.

15 Regulation (EC) No 1059/2003 of the European Parliament and of the Council of 26 May 2003 on the establishment of a common classification of territorial units for statistics (NUTS)

16 2014년 포르투갈이 NUTS 특별수정대상이 된 바가 있다.

17 https://ec.europa.eu/eurostat/web/nuts/principles-and-characteristics (2022년 8월 1일 검색)

18 Florian Heydenreich, "Economic Diversification: Evidence for the United Kingdom," *Journal of Real Estate Portfolio Management*, vol. 16, no. 1, 1 January. 2010, pp. 71~85.

19 Stefanie Dühr, Claire Colomb, and Vincent Nadin, *European Spatial Planning and Territorial Cooperation*, 1st edition, Routledge, 2010, pp. 22~38.

20 Daniel Rauhut, Franziska Sielker, and Alois Humer, eds., *EU Cohesion Policy and Spatial Governance: Territorial, Social and Economic Challenges*, Edward Elgar Publishing, 2021, p. 35.

2부 동북아 지역과 두만강 유역 초국경 협력: 관점과 전략

4. 지속 가능한 북방정책과 우크라이나 전쟁 이후 대유라시아 신외교 전략

1 주목할 만한 연구 성과로는 하용출 외(2003), 장덕준(2021) 등이 있다. 북방정책과 관련된 기존의 연구가 주로 남북관계 및 국제정치 분야의 연구자가 참여한 연구의 결과라고 한다면, 이들 연구서는 주로 러시아 지역연구, 특히 한-러 관계를 연구해 온 전문가들이 '구소련'과 '러시아'에 초점을 맞추어 기술하고 있다는 데서 차별성을 띤다.

2 언론과 학술 분야에서 자주 언급된 용어로는 '신북방정책', '북방경제협력', '유라시아정책' 등이 있다.

3 물론 이것은 과연 문재인 정부의 신북방정책이 이 방향으로 성공적으로 진행되었는가라는 실제의 평가와는 무관한 것이다. 단지 목표와 비전이 그 방향으로 설정되었다는 것을 언급하는 것이다. 그러나 관찰자에 따라서는 방향성 그 자체에 대해 상반된 견해를 제시하기도 한다. 러시아 극동의 한반도 전문가는 문재인 정부의 신북방정책이 과도하게 북핵 문제에 몰입함으로써 당초 설정된 한·러 경제협력의 중요성이 경시되었다고 평가하고 있고, 반대로 국내의 일부 러시아 전문가는 신북방정책에서 정치 안보적 측면의 전략적 협력 영역이 상대적으로 경제 부문에 비해 축소되거나 미개발된 상태였다는 정반대 입장을 제시하고 있다. 성원용(2022a), 105쪽 참고.

4 성원용(2019), 2쪽.

5 그의 표현을 그대로 옮기면 다음과 같다. "탈냉전의 흐름 속에서 한국이 공산권과 수교하는 것을 기본적으로 바람직하다고 보았고, 도와주려고 했습니다. 다만, 전체 도움을 주는 과정에서 이게 미국식 관점을 벗어나지 않기를 바라는 거고, 그러기 위해서 적극 도와주고, 적극 설득하고, 알려주고 말하자면 좀 지도해가지고 가야 된다고 생각했던 것 같아요. 그래서 많은 컨택을 했고 도와주었습니다." 국립외교원 외교안보연구소 외교사연구센터 편(2021), p. 109. 이와 유사한 입장은 북방정책에 참여했고, 이후 대러 외교정책을 지휘했던 정태익 대사의 다음과 같은 발언에서도 확인할 수 있다. "샌프란시스코에서 노태우·고르바쵸프 회담 시 미국이 각종 외교 편익을 지원하여 북방정책도 수립되고, 북방외교도 실행됐던 것입니다. 노태우 대통령과 고르바쵸프 서기장의 샌프란시스코 회담은 물론 북방정책의 배경은 모두 미국의 대소 정책과 긴밀한 연대 속에서 이루어졌다는 것을 우리가 절대로 간과해서는 안 됩니다. 미국은 서방 진영과의 긴밀한 경제협력을 통해 소련을 해체한다는 대전략이 있었던 것입니다." 국립외교원 외교안보연구소 외교사연구센터 편(2021), 223쪽.

6 성원용(2019), 14쪽.

7 이것은 결코 당시 북방정책의 성과를 폄훼하려는 뜻이 아니며, 단지 대외정책이란 그것이 추진될 수 있는 시대적 환경에 조응해야만 성공을 담보할 수 있고, '다행스럽게도' 당시 대한민국의 국익을 증대하려는 북방정책의 지향이 동맹국인 미국의 소련 해체라는 상위 목표를 성취하는 데 긍정적인 기여를 할 것이라는 판단이 전제되었기 때문에 실현 가능했다는 점을 주장하려는 것이다.

8 이 장의 내용은 성원용(2022a), 105~107쪽을 수정 보완한 것이다.

9 최영미(2021).

10 일차적으로 이런 상황에 이르게 된 원인은 대통령을 중심으로 청와대의 모든 조직이 북한 비핵화 문제 해결을 중심으로 남북/북미 정상회담에 몰입하면서 '신북방정책'에서 다뤄야 할 유라시아 북방 공간이 주변부로 밀려나게 된 데서 찾을 수 있으며, 실질협력의 성과를 대중들에게 홍보하는 측면에서 신남방정책이 신북방정책보다 효과적이고, 정책의 긍정적인 반향을 유도하는 데도 신남방정책이 훨씬 매력적이기 때문에 점차 무게중심이 신북방에서 신남방으로 이동한 것으로 판단된다.

11 마샬(2016).

12 이에 대한 상세한 내용은 메탕(2022) 참고.

13 러시아의 대유라시아주의에 대한 자세한 논의는 성원용(2023b) 참고.

14 박정호(2021) 참고.

15 이하의 논의는 성원용(2022c), 23~32쪽의 내용을 일부 수정한 것이다.

16 "한-중앙아 수교 30주년 기념 중앙아시아 문화주간"(2022.10.22~11.31.), "제15차 한-중앙아 협력포럼"(2022.10.25.), "제3차 한-중앙아 경제협의체"(2022.10.26.), "신재생에너지 분야 한-중앙아 차세대 다이얼로그"(2022.10.23~29.) 등이 있었다.

17 제20대 대통령직인수위원회(2022).

18 세계경제의 이러한 대항체제에 대해서는 밀라노비치(2020) 참고.

19 Hudson(2022).

20 2022년 6월 22~24일 중국 베이징에서 BRICS 정상회의가 개최되었는데, 24일 개최된 '글로벌 발전 고위급 대화'에는 BRICS 5개 회원국 외에 이란, 아르헨티나를 포함하여 미국이 주도하는 인도·태평양경제프레임워크[IPEF]에 참여하고 있는 ASEAN의 인도네시아·말레이시아·타이 등 13개국이 참가했다. 중국은 NATO와 QUAD 등을 앞세운 미국의 동맹 외교에 대항할 다자 협력 플랫폼으로 앞으로 BRICS를 활용하고, 광범위한 개발도상국들을 反서방 진영에 끌어들이는 BRICS+ 정책으로 확장한다는 입장을 천명하였고, 대미 견제에서 중국과 긴밀한 협력체제를 유지해 온 러시아도 이 구상을 적극 지지한다는 입장을 표명했다. 푸틴 대통령은 24일 영상 발언을 통해 BRICS가 ASEAN, 아프리카, 카리브국가연합, 걸프아랍국협력회의, 인도양협력회의 등 여러 지역통합체와 협력을 확대할 필요가 있다고 말하고, "EAEU로 나아가는 통합과정을 중국이 실행

하는 대규모 인프라 및 교역 프로젝트인 '일대일로'와 연결한다는 맥락에서 우리 모두의 협력을 위한 중대한 전망이 열리고 있다"고 강조했다. Путин(2022a). 유라시아권의 이러한 흐름에 대해서는 성원용(2023a), pp. 55~60 참고.

21 최근 일련의 사태는 그러한 현실적인 위험성을 경고하고 있다. WSJ은 미국의 관리들을 인용하여 미국이 한국으로부터 155mm 포탄 10만 발을 구매한 뒤 우크라이나에 전달할 계획이라고 보도했다. "South Korea to Sell Arms to U.S. for Ukrainian Forces Fighting Russia," The Wall Street Journal, Nov 10, 2022, https://www.wsj.com/articles/south-korea-to-sell-arms-to-u-s-for-ukraine-11668116294?mod=Searchresults_pos6&page=1(검색일: 2022년 11월 20일), 이러한 내용은 미 국방부 대변인이 "우리는 러시아가 북한으로부터 탄약을 구하려 하고 있으며 북한은 비밀리에 이를 제공하려 한다고 평가한다"는 발언 뒤에 나온 것이다. "미 국방부 "북한, 러시아에 포탄 비밀리 제공…계속 면밀히 주시할 것,"" https://www.voakorea.com/a/6835944.html(검색일: 2022년 11월 25일). 러시아의 푸틴 대통령은 2022년 10월 27일 발다이 국제토론클럽 연례회의에서 '러시아는 남북한과 모두 좋은 관계를 유지해 왔는데, 최근 알려지기로는 남한이 우크라이나에 무기와 탄약을 공급하기로 결정했다. 만일 러시아가 똑같이 북한과의 협력관계를 개선한다면(즉, 의미상 무기공급을 한다면!) 한국은 이것을 어떻게 받아들이겠는가?'라는 취지의 발언을 한 바 있으며, 한마디로 '선을 넘지 말라'는 경고성 메세지를 날린 바 있다. Путин(2022b).

22 성원용(2022b).

23 키르기스스탄은 세계 9위 희토류 생산국이고, 우즈베키스탄에는 텅스텐, 우라늄, 크롬, 텔루르 등 다양한 전략 광물이 매장되어 있다.

24 이백희(2022), 235~247쪽 참고.

25 이종필(2022), 41쪽.

5. 러시아가 바라보는 태평양–두만강–북한: 유엔 광역두만강개발계획(GTI) 중심의 초국경 협력

1 이 논문은 2017년 대한민국 교육부와 한국연구재단의 지원을 받아 수행된 연구임(NRF-2017S1A6A3A03079318).

2 Федеральный закон "О территориях опережающего социально-экономического развития в Российской Федерации" от 29 декабря 2014 г., No. 473-ФЗ (러시아 연방의 선진적인 사회 경제 발전 지역에 관한 연방법,

2014년 12월 29일 제정, 제473번 연방법)

3   Федеральный закон "О свободном порте Владивосток" от 13 июля 2015 г.,
    No. 212-ФЗ (블라디보스토크 자유항구에 관한 연방법, 2015년 7월 13일 제
    정, 제212번 연방법)

4   Федеральный закон "Об особенностях предоставления гражданам
    земельных участков, находящихся в государственной или муниципальной
    собственности и расположенных в Арктической зоне Российской
    Федерации и на других территориях Севера, Сибири и Дальнего
    Востока Российской Федерации, и о внесении изменений в отдельные
    законодательные акты Российской Федерации" от 1 мая 2016 г., No 119-
    ФЗ (러시아 연방 북극 지역 및 북부, 시베리아, 극동 지역에 위치하는 주 또는
    시 소유의 토지를 시민들에게 부여하는 세부사항과 러시아 연방 일부 법률의 개
    정에 관한 연방법, 2016년 5월 1일 제정, 제119번 연방법)

5   A. B. Volynchuk et al., "Regional Policy of Russia in the Far East: Why Does
    It Go Wrong and What Is Apparently Seceded", *Journal of Politics and Law*, vol.
    11, no. 4, 2018. p. 5.

6   ROSSTAT. URL: rosstat.gov.ru

7   ROSSTAT. URL: rosstat.gov.ru

8   한국 투자자들은 연해주에서 수산물 가공단지를 건축할 계획이다. URL: https://
    overseas.mofa.go.kr/ru-ru/brd/m_7342/view.do?seq=761211&srchFr=&am
    p%3BsrchTo=&amp%3BsrchWord=&amp%3BsrchTp=&amp%3Bmulti_itm_
    seq=0&amp%3Bitm_seq_1=0&amp%3Bitm_seq_2=0&amp%3Bcompany_
    cd=&amp%3Bcompany_nm=

9   Совещание по вопросу эффективного и безопасного освоения Арктики
    (북극의 효과적이고 안전한 개발에 관한 회의). URL: http://www.kremlin.ru/
    events/president/news/45856

10 Восточный экономический форум-2021. Расширенное заседание
    Общественного совета СМП. Большой Северный морской путь: новый
    глобальный маршрут (동방경제포럼-2021. 대북극해항로: 새로운 글로벌 경
    로). URL: https://roscongress.org/sessions/eef-2021-rasshirennoe-zasedanie-
    obshchestvennogo-soveta-smp-bolshoy-severnyy-morskoy-put-novyy-
    globalnyy-marsh/discussion/

11 MalteHumpert. International Shipping on Northern Sea Route Collapses As Foreign Companies Stay Away. URL: https://www.highnorthnews.com/en/international-shipping-northern-sea-route-collapses-foreign-companies-stay-away

12 Совещание по вопросу эффективного и безопасного освоения Арктики (북극의 효과적이고 안전한 개발에 관한 회의). URL: http://www.kremlin.ru/events/president/news/45856

13 Ibid.

14 여기서 '나선'은 오늘날 북한 함경북도의 라선특별시를 의미하는 것이 아니라 조선시대에 러시아 카자크를 한자음 '나선'으로 불렸던 명칭에서 유래되었다. 조선 효종 1654년 12월, 청나라는 조선의 조총부대에 파견을 요청하여 함께 흑룡 강성을 침범한 러시아 카자크를 공격한 사건이 바로 '나선정벌'이다. 이후 2차 나선정벌이 이어졌다.

15 I этап реконструкции погранперехода Махалино (Камышовая) - Хуньчунь планируется завершить к августу 2021 года (2021년 8월까지 마할리노(카미쇼바야)-훈춘국경 교차점 제1단계가 완료될 예정이다). URL: https://www.rzd-partner.ru/zhd-transport/news/i-etap-rekonstruktsii-pogranperekhoda-makhalino-kamyshovaya-khunchun-planiruetsya-zavershit-k-avgust/ ; Пропуск поездов через пограничный переход Махалино - Хуньчунь увеличится в 2 раза (마할리노-훈춘국경 교차점 열차의 통과는 2배 증가할 것이다). URL: https://www.rzd-partner.ru/zhd-transport/news/propusk-poezdov-cherez-pogranichnyy-perek-makhalino-khunchun-uvelichitsya-v-2-raza/

16 Международные транспортные коридоры Дальнего Востока - новое окно в Азиатско-Тихоокеанский регион (극동의 국제 운송회랑-아시아 태평양지역에 대한 새로운 창문). URL: https://novelco.ru/press-tsentr/mezhdunarodnye-transportnye-koridory-dalnego-vostoka-novoe-okno-v-aziatsko-tikhookeanskiy-region/

6. 북한과 중국의 두만강 유역 개발정책과 남·북·중 협력방안에 대한 모색

1   본 연구는 한국농어촌공사 농어촌연구원의 2020년도 연구과제: "남북중 농업개발협력방안 모색"의 일부 연구결과를 인용하였음.

2 이석, "개관: 2012년 북한경제 평가와 2013년 전망", 《KDI 북한경제리뷰》, 2013년 1월, 4쪽.

3 《조선민주주의인민공화국 무역법》, 제3조.

4 김대룡, "현실발전의 요구에 맞게 무역단위와 수출품을 결정적으로 늘이는데서 나서는 몇 가지 중요한 문제", 《경제연구》, 제3호, 평양: 과학백과사전출판사, 2014.

5 최영옥, "실리를 보장할 수 있도록 대외무역전략을 세우는데서 나서는 중요한 문제", 《경제연구》, 4호, 평양: 과학백과사전출판사, 2013.

6 《조선신보》, "김정은원수님께서 조선로동당 중앙위원회 2013년 3월 전원회의에서 하신 보고", 2013년 4월 2일.

7 조선중앙통신, "조선민주주의인민공화국 경제개발구법", 2013년 12월 28일.

8 조선중앙통신, "조선에서 국가경제개발총국을 국가경제개발위원회로 하기로 결정", 2013년 10월 16일.

9 조선중앙통신, "조선에서 도들에 경제개발구들을 내오기로 결정", 2013년 11월 21일.

10 《조선신보》, "도단위 경제개발구창설의 의도와 발전전망", 2013년 11월 29일.

11 《조선민주주의인민공화국 주요경제지대들》, 평양: 외국문출판사, 2018, 9~10쪽.

12 6개 경제개발지대들의 주요 실태는 《조선민주주의인민공화국 주요 경제지대들》(2018)의 자료를 바탕으로 저자가 작성함.

13 人民网, "习近平在哈萨克斯坦纳扎尔巴耶夫大学发表重要演讲", http://cpc.people.com.cn/n/2013/0908/c64094-22843681.html(검색일: 2022년 6월 2일).

14 新华网, "习近平主席在印尼国会发表重要演讲", http://www.xinhuanet.com/world/xjpynghyj/(검색일: 2022년 6월 2일).

15 新华网, "推动共建丝绸之路经济带和21世纪海上丝绸之路的远景与行动", http://www.xinhuanet.com/world/2015-03/28/c_1114793986.htm(검색일: 2022년 6월 2일).

16 3가지 특징의 내용은 이승신 외, "중국의 일대일로 전략 평가와 한국의 대응방안", 《2017 KIEP 정책연구 브리핑》, 대외경제정책연구원, 2017, 38~41쪽의 내용을 참조하였음.

17 新华社, "习近平在东北三省考察并主持召开深入推进东北振兴座谈会", 2018년 9월 28일.

18 현승수 외, "한반도 평화·번영 실현을 위한 국경 협력", 《경제·인문사회연구회

협동연구 총서》, 통일연구원, 2019, 192~193쪽의 내용을 참조하였음.

3부 두만강 유역 초국경 협력과 사회연대경제 네트워크

7. 사회연대경제(SSE)를 통한 두만강 유역 초국경 협력모델 탐색

1 본 논문은 필자의 다음 논문을 정리한 것임: 조성찬, "사회연대경제를 통한 동북아 두만강 유역 초국경 협력모델 탐색",《동북아연구》, 제37권 제2호, 2022, 51~86쪽.

2 신영복,《변방을 찾아서》, 파주: 돌베개, 2012.

3 안중근, 손태수·신현하·김월배 옮김,《안중근의 동양평화론》, 서울: 서울셀렉션, 2019, 51~53쪽.

4 장종익, "프랑스 사회연대경제법에 담긴 혁신 코드 포커스",《SE 이슈》, 2018년 1월 31일.

5 티에리 장테 지음, 편혜원 옮김,《프랑스의 사회적경제》, 서울: 알마, 2019, 17쪽.

6 티에리 장테, 위의 책, 2019, 71쪽.

7 티에리 장테, 2019.

8 티에리 장테, 2019, 53~54쪽.

9 티에리 장테, 2019, 76쪽.

10 히로타 야스유키, "사회적경제에서 연대경제로: 가치관의 차이를 알아보기", 라이프인, 2020년 6월 15일.

11 김성보, 김창진 외,《쿠바 춤추는 사회주의》, 가을의아침, 2017.

12 최현아, "UN 지속가능발전목표SDGs 달성을 위한 북한의 노력",《대전일보》, 2019년 4월 10일.

13 대북협력민간단체협의회, "북한 VNR을 읽어드립니다", 2021년 7월 29일.

14 티에리 장테, 2019, 309~311쪽.

15 이로운넷, [UNTFSSE 국제컨퍼런스 2019] "사회적경제에 주목하는 국제기구들", 2019년 6월 26일.

16 UN Inter-Agency Task Force on Social and Solidarity Economy, "Historic moment for the SSE: At its 66th plenary meeting, the UN General Assembly adopts the resolution 'Promoting the Social and Solidarity Economy for Sustainable Development'", 2023. 4. 19. (https://unsse.org/2023/04/19/

historic-moment-for-the-sse-at-its-66th-plenary-meeting-the-un-general-assembly-adopts-the-resolution-promoting-the-social-and-solidarity-economy--for-sustainable-development/)

17 조성찬, "북한 개발협력을 위해 '사회연대경제'를 선택한 이유", 동북아 리포트, 제6호, 2020.

18 조성찬, "공동 관광자원commons에 기초한 두만강지역 1구 3국 공동관리 모델", 하나누리 동북아연구원 동북아리포트 제3호, 2019.

19 윤황·전형권·이소영, "동북아 초국경 지역협력 요인 분석: 광역두만강개발계획 GTI를 중심으로", 《21세기정치학회보》, 제25권 제1호, 2015, 248~249쪽.

20 이수형, "연구 동향과 서평: 미국의 '재균형Rebalancing' 전략의 한반도 시사점", 《KINU 통일+》, 2014, 76쪽

21 원동욱, "한중 간 초국경 협력의 한계와 가능성: '동북아 경제회랑'에 대한 비판적 고찰", 《현대중국연구》, 제24권 제1호, 2022, 107~108쪽

22 《한국경제》, "日, 적국 '선제 타격' 가능해졌다…5년 뒤 방위비 세계 3위로", 2022년 12월 16일.

23 신범식 엮음, 《북중러 접경지대를 둘러싼 소지역주의 전략과 초국경 이동》, 파주: 이조, 2020, 11쪽.

24 신범식, 위의 책, 2020, 17쪽.

25 김재효, "[바이든 시대] 동북아 평화 정착을 위한 광역두만강개발계획Greater Tumen Initiative 활성화 방안", 2021년 3월 22일.

26 김재효, 위의 논문, 2021.

27 김재효, 2021.

28 신범식 엮음, 2020, 19쪽.

29 제성훈 외, 《중·몽·러 경제회랑의 발전 잠재력과 한국의 연계방안》, KIEP 대외경제정책연구원 전략지역심층연구, 제16권 제1호, 2016, 3쪽.

30 biz NEWS, "[이한솔의 러시아 경제], 세계가 극동에 주목하다", 2018년 10월 18일.

31 최영진, "환동해 초국경 개발협력과 해항도시의 관계: 북한 나진항과 러시아 자루비노항 비교", 《해항도시문화교섭학》, 제18권 제4호, 2018, 239~241쪽.

32 최영진, 위의 논문, 2018, 247쪽.

33 최영진, 2018, 246쪽.

34 다음 자료 종합함 : 中华人民共和国商务部, "图们江三角洲旅游合作区规划

通过中俄朝三国专家评审", 2016년 6월 23일.;《珲春市图们江三角洲(中-俄-朝)国际旅游合作区总体规划》项目进场考察圆满完成",《巅峰智业》, 2015년 8월 21일.

35 김해순,《평화의 거울: 유럽연합》, 용인: 킹덤북스, 2021, 245쪽.

36 김해순, 위의 책, 2021, 271쪽.

37 김해순, 2021, 275쪽.

38 김해순, 2021, 528쪽.

39 김해순, 2021, 521쪽.

40 김해순, 2021, 64쪽.

41 김해순, 2021, 135~136쪽.

42 김해순, 2021, 401~402쪽.

43 본 내용은 다음 논문을 토대로 함 : Herman T. Wevers, Cosmina L. Voinea, and Frank de Langen, "Social Entrepreneurship as a Form of Cross-Border Cooperation: Complementarity in EU Border Regions", *Sustainability 2020*, 2020. p. 12.

44 Herman T. Wevers, Cosmina L. Voinea and Frank de Langen, "Social Entrepreneurship as a Form of Cross-Border Cooperation: Complementarity in EU Border Regions", *Sustainability* 2020, p. 2.

45 김영찬, "유럽사례에서 보는 북·중·러 초국경 지역 협력방안", 남북물류포럼 제112회 조찬포럼, 2015년 11월 19일.

46 '유럽접경지역연합'Association of European Border Regions: www.aebr.net 홈페이지에 들어가면 여러 정보를 확인할 수 있다.

47 Wevers, Voinea, and Langen, 2020, p. 2.

48 Wevers, Voinea, and Langen, 2020, p. 4.

49 Wevers, Voinea, and Langen, 2020, pp. 4~5.

50 Wevers, Voinea, and Langen, 2020, p. 15.

51 Wevers, Voinea, and Langen, 2020, pp. 15~19.

52 Wevers, Voinea, and Langen, 2020, pp. 19~20.

53 '바젤국제공항Basel-Mulhous-Freiburg'은 프랑스가 부지를 제공하고, 스위스가 건설비를 부담하는 형식으로 건설되었다. 3개국 관문 역할과 함께 지역경제 통합의 중심역할을 수행한다.

54 John Driscoll, Francois Vigier, and Kendra Leith et al., "The Basel

Metropolitan Area: Three Borders-One Metropolitan Area", *ICLRD*, 2010,
p. 5.

55 Ibid., 2010, p. 7.

56 Isidor Walliman, "Social and solidarity economy for sustainable development:
its premises-an the Social Economy Basel example of practice", *International
Review of Sociology*, Maxwell School, PARCC, Syracuse University, 9 Apr. 2014.

57 《오마이뉴스》, "중국 러시아 동포와 함께한 30년, 그의 유랑은 끝날 수 있을까:
"콩단백고기로 지구를 구하라" 바리의 꿈 대표 김현동", 2020년 2월 22일.

58 고려인의 연해주 재이주는 1993년 4월 1일 공표된 최고회의 법령 N 4721-1,
《러시아 한인에 대한 명예회복에 관한 법안》이 큰 영향을 주었다. 연해주 정부
는 1998년 1월 19일 연해주 지사령 No. 64-P를 공표하여 귀한 고려인에게 주
택건설 지원, 국적 부여, 토지 분배, 특별 융자 등의 혜택 공급을 결정했다. 이후
연해주 정부는 1998년 1월 고려인 이주민을 위한 정착지 제공 사업을 시작했
다. 신범식 엮음, 2020, 282쪽 참조.

59 두성림 외, "중국 협동조합(농민전업합작사)의 법과 제도에 관한 연구",
《Industry Promotion Research》, 제5권 제2호, 2020년 4월, 96쪽.

60 두성림 외, 위의 논문, 2020, 96쪽.

61 안승용, 2020 인터뷰.

62 한국경제매거진, "통일 대비 연변동포 신협운동 지원", 2006년 9월 4일.

63 조성찬 엮음, 《사회적 경제, 남북을 잇다》, 서울: 맑은나루, 2020.

64 이찬우, 〈2021 통일부 국제평화포럼 발표자료〉, 2021.

8. 중국 및 한반도 접경지역 농촌합작사의 발전 현황과 한계

1 다음 글을 수정·보완하였음: 리페이, "중국 및 한반도 접경지역 농촌합작사의 발
전 현황과 한계", 하나누리 동북아연구원 동북아리포트 10호, 2023년 3월 7일.

2 이와 관련된 논의는 조성찬 편(2020) 참조.

3 이에 관련해서는 한국협동조합운동 100년사 편찬위원회 편(2019a, b) 참조.

4 '협업농장'은 1960년대 박정희 정권 때 잠깐 존재한 조직이다. 1950년대 말에
식량위기가 발생하면 농가들이 산이나 오지에 모여서 공동노동의 방식으로 토
지를 개간하고 농장을 만들었는데, 나중에 박정희 정권이 토지개간사업의 차원
에서 이를 수용하여 "협업농장개척사업"을 몇 년간 추진했다. 당시 반공 이데올
로기에도 불구하고 북한의 협동농장과 비슷한 성격을 보였다는 것 자체가 특이

하다. 이와 관련된 연구로 김민석(2018), 김영미(2020), 김소남(2021), 정진아(2021) 등이 있다.

5 이와 관련된 정리는 졸고(2022: ch. 3) 참조.

6 현재 중국 학계는 이를 합작운동合作运动 혹은 합작경제운동合作经济运动이라고 부른다. 주로 영국의 생활소비조합 운동, 프랑스의 생산자 조합, 그리고 독일의 금융조합 운동에서 유래한다. 이는 한국에서 소개된 사회적 경제 혹은 사회연대경제와 같은 역사적 기원을 공유한다고 볼 수 있다.

7 당시 평민사상을 고취하고 합작사 이론과 실천을 소개한 선구자 가운데 쉐샨저우薛仙舟, 위수더于树德, 다이지타오戴季陶, 천궈푸陈果夫 등의 인물이 대표적이다, 이들은 1930년대 난징국민정부南京国民政府에서 농촌합작사 분야의 정책 책임자로서 우익 성향의 농촌합작사 운동을 주도했다. 이와 관련된 세부 내용은 迟孝先(1988: ch. 1, ch. 2) 참조.

8 薛仙舟, 1980.

9 물론 다이지타오, 천궈푸와 같은 일본 유학파가 평민사상을 소개했을 때, 일본식 표현인 产业组合(산업조합), 信用协作(신용협작) 등과 같은 번역어를 사용하기도 했다. 赵泉民(2006: 46~47쪽) 참조.

10 赵泉民 2006: ch. 2.

11 陕甘宁边区政府建设厅工合办事处, 1949: 998~999쪽.

12 토지 경영권·사용권의 농가 소유라는 원칙을 확립한 이 제도는 단순한 토지제도로 인식되는데, 사실 토지 권리뿐만 아니라 농업생산의 전반적인 요소와 과정은 모두 이 제도에 의해 규정된다. 이 제도의 핵심은 도급承包이며, 도급의 내용은 토지 권리뿐만 아니라 토지 권리와 연동된 농업생산의 책임联产责任制도 포함한다. 따라서 필자는 이 제도의 대상인 '농가农业家庭 혹은 农户'와 제도의 핵심인 '도급'을 구현하는 '농가도급제도'라는 용어를 사용한다.

13 张晓山, 苑鹏, 2009: 152~153쪽.

14 中共中央, 國務院 1995.

15 1990년대 중반 전국 범위의 농촌합작기금회 파산 사건은 당시의 중요한 사회적 이슈였다. 농촌합작기금회의 부침과 관련되어 이미 많은 학술적 연구가 진행되었다. 이들 가운데 温铁军(2008), 郭晓鸣, 赵昌文(2001)의 연구는 대표적이다.

16 조성찬, 2022.

17 郭红东, 张若健 编著(2010)에서는 이와 관련된 많은 사례를 제공한다.

18 2017년 농업 센서스에서 《농민전업합작사법》에 의해 등기되었지만, 실제 경영 영역은 농업생산와 영농 서비스가 아닌 합작사도 '농민합작사'로 집계되었다.

19 国家统计局, 2017.

20 1990년대 농업의 시장화·산업화 경영을 시작한 이후 출현한 농가+대농, 농가+기업, 농가+합작사 모델에 이어, "농가+인터넷 플랫폼"이라는 새로운 영농모델도 논의되었다(郭红东, 2016 참조).

21 李祖佩, 曹晋, 2012; 温铁军, 杨帅, 2012; 李祖佩, 2015 참조.

22 자본이 농업·농촌 분야로 유입되는 현상에 대해 중국 학계와 언론계는 1960~1970년대 벌어졌던 '지식청년하향知识青年下乡(즉 의무 교육을 마친 10대 청년들을 대학으로 진학하지 못하도록 하고, 농촌 마을로 강제로 보내 가난한 농민과 함께 생활·노동하면서 인성 교육을 받는 정책)'이라는 도시 청년의 농촌 강제 이주 정책의 명칭을 모방하여 '자본하향资本下乡'이라는 신조어를 만들었다.

23 합작사와 자본화 간의 관계에 관련된 구체적인 사례연구는 严海蓉, 陈义媛 (2015); 陈义媛(2016)의 연구를 참조할 수 있다.

24 朱乾宇, 樊文翔, 钟真, 2022.

25 朱宁宁, 2017.06.23.

26 예컨대 헤이룽장黑龙江성의 헤이허黑河현에서 1994년부터 농경지의 연합 경영의 방식으로 대두의 기계화 생산을 추진해 온 사례가 있다(张晓山, 苑鹏, 2009: 175-178쪽 참조).

27 王旭有 외, 2013; 杨光 2018.

28 张晓山, 苑鹏, 2009: 239~243; 周立, 李萌, 2014 참조.

29 张文皓 외, 2010; 刘雪莲, 2017.

30 원톄쥔温铁军(2012)의 주장에 따르면, 자본이 부족한 상태에 처한 개발도상국 정부는 항상 친자본적인 정책을 수용하여 경제 성장을 추진했지만, 경제 성장에 따라 자본축적을 어느 정도 실현한 이후에도 친자본적인 정책을 똑같이 계속 추진하는 이유는 "친자본적인 경로 의존성" 때문이다. 중국의 경우, 2000년대 이후 전반적으로 자본 부족 상태가 자본 과잉 상태로 전환되었지만, 농업·농촌 분야에서 친자본적인 정책은 여전히 중심을 차지했다. 그런데 앞서 합작사의 과열화·기형화 발전과 토지재정·사업체제의 복잡한 관계에 대한 논의를 생각해 보면, 자본 과잉 시대 농업·농촌 분야에서 친자본적인 정책이 지속되는 이유를 단순히 '경로 의존성'으로 보는 것은 다소 무리가 있다.

31 농업기업이 농민전업합작사 설립을 통해 고용관계를 구성원과 합작사 간의 관

계로 위장하는 것을 방지하기 위해 개정된 법안에서 비非농민 구성원의 비례는 5% 이하로 제한된다. 토지 도급권을 합작사에 양도하여 출자금으로 충당하는 것은 개정된 법안에서 허용되지만, 토지 실물로 출자하는 것이 금지된다. 신용 합작 역시 합작사 내부 구성원 사이에만 허용되고, 합작사 구성원 이외 모든 예금·대출 행위는 금지된다.

32 中共中央, 国务院, 2015.

33 시민사회 활동에 대한 통제 강화는 2015년《국가안전법国家安全法》개정과 관련된다. 개정된《국가안전법》은 국가안전 개념의 범주를 확대하여 그 결과 신설된 국가안전위원회国家安全委员会에 폭넓은 권한을 부여한다(Wong, 2015). 따라서 생태 안보나 먹거리 안보 분야도 국가 통제 범위 안으로 편입되었다. 법이 개정된 이후 시민사회 활동에 대해 가장 대표적인 탄압 사건은 소위 반체제적인 성격이 강하고 '외부세력 개입外部势力干涉'이 심각한 인권운동 분야에 발생했지만, 다른 시민운동 분야도 안심할 수 있는 상황이 아니다.

34 탈생산주의 전환은 1970년대 중후반부터 농업·농촌의 정치·경제적 변화를 보여주는 포괄적인 개념이다. 제2차 세계대전 이후부터 1970년대 초반까지 진행된 서양 주요국의 농업 기조를 생산주의productivism라고 규정한 Lowe et.al(1993: 221)의 연구에 따르면, 생산주의를 "국내의 농업 자원을 기초로 하여 식량과 식품의 생산에만 치중하는 일련의 제도적 체계"로 정의한다. 1970년대 초반 석유위기와 같은 지정학적인 요인의 영향, 그리고 생산주의 농업의 발전에 따라 성장해 온 거대 농식품 복합체 기업의 자본 확장 요구 때문에 농업생산에 대한 국가의 직접 개입 방식이 점차 환경규제와 같은 간접적 규제 방식으로 전환되고, 이로 인해 농업·농촌 분야에서 자본의 자유로운 이동과 확산이 가능해졌다. 탈생산주의 전환은 농업생산 분야에서 친환경 농업, 농지 이용방식의 다원화, 복합영농의 등장이라는 양상으로 파악될 수 있지만(Ilbery & Bowler, 1998: 70~71), 사실상 탈생산주의 전환의 핵심은 자유화된 자본이 농업·농촌에 대한 전방위적인 개조와 재구성이라고 볼 수 있다.

35 연변 자치주 정부는 유휴 농지의 도급권 양도를 추진하기 위해 2010년 전후 가정농장 모델을 개발했다. 당시 농민 혹은 도시주민이 운영하고, 밭농사 경영면적이 50무(畝=1만 평/약 3.3ha) 이상, 논농사, 채소, 경제작물 경영면적이 30무(6000평/약 2ha) 이상의 경우, 지방 농업 부처의 승인을 받아 상공업 법인으로 등기를 할 수 있었다. 이러한 법인 자격을 취득한 가정농장에 대해 연변 자치주 정부는 영농 자금 융자에 대한 저금리 혜택, 국가 농업보조금 수혜 대상 지정,

농기계 및 농업 보험 보조금 지원, 국가 농업 지원사업 수혜 대상 지정, 세금 감면 등과 같은 다양한 지원책을 마련했다(倪锦丽, 赵禹翔, 2014; 谢玉梅, 尖新, 2015 참조).

36 中共中央, 国务院, 2018.

9. 연해주를 기점으로 하는 초국경 사회연대경제 네트워크 사례

1 본 원고는 김현동 대표의 라선포럼 강연(2021년 12월 3일) 녹취록과 관련 기사를 활용하여 편집했다.

2 한국 우리민족서로돕기운동 홈페이지에 실린 당시 구체적인 상황을 보면, 러시아 고려인 이주 150주년 기념 유라시아 자동차 대장정은 2014년 7월 7일에 시작하여, 〈모스크바-블라디보스토크-라진, 원산, 금강산-평양-개성-서울-부산〉으로 이어지는 1만 5000km의 자동차 여행이었다. 자동차 팀은 8월 16일 오후 5시 파주 경의선 남북출입사무소를 통해 한국 땅을 밟았다.

참고문헌

1부 초국경 협력의 비전·전략·실제

1. 동북아 국제정치와 유라시아협력체 지향:
연해주 접경지역 협력과 상호 신뢰의 축적을 향하여

기 메탕, 김창진·강성희 옮김, 《루소포비아: 러시아 혐오의 국제정치와 서구의 위선》, 고양: 가을의아침, 2022.

길버트 로즈만, 이신화 외 옮김, 《동북아시아 지역주의: 국가 간 불신, 세계화, 그리고 정체된 협력》, 서울: 박영사, 2007.

김선명, 《세계의 석학들, 우크라이나 사태를 말하다: 촘스키 편》, 서울: 뿌쉬낀하우스, 2022.

김창진, "북방정책의 새로운 모색과 공공외교", 〈크라스키노포럼/경기도 공동정책포럼 자료집〉, 경기도, 2021년 5월.

다니구치 마코토, 김종걸·김문정 옮김, 《동아시아 공동체》, 서울: 울력, 2007.

디야코바, 김재윤 옮김, 《러시아 연해주의 성 유적과 고대 교통로》, 서울: 서경문화사, 2019.

문화재청 국립문화재연구소 외, 《연해주의 문화유적 II》, 고려학술재단, 2007.

안중근, 손태수·신현하·김월배 옮김, 《안중근의 동양평화론》, 서울: 서울셀렉션, 2018.

연해주 문화유적 조사단, 《연해주에 남아있는 발해》, 고려학술재단, 1999.

최영종 외, 《동아시아 공동체: 비전과 전망》, 서울: 한양대학교 출판부, 2005/2006.

위키피디아. https://ko.wikipedia.org/wiki/%EB%B0%B1%EC%95%85 %EA%B4%80_%ED%96%89%EC%A0%95%EB%AA%85%EB%A 0%B9_9066%ED%98%B8(검색 2022년 3월 14일).

위키피디아. https://ko.wikipedia.org/wiki/%ED%94%84%EB%A6%A C%EB%AA%A8%EB%A5%B4%EC%8A%A4%ED%82%A4_%E B%B3%80%EA%B2%BD%EC%A3%BC(검색 2022년 3월 14일). https://www.koscaj.com/news/articleView.html?idxno=7364(검색 2022년 3월 14일).

https://ecotopia.hani.co.kr/48062(검색 2022년 3월 14일).

https://tourism.interfax.ru/ru/news/articles/81630/(검색 2022년 3월 16일).

Deutschen Einheit, 2019~2021.

2. 유럽의 접경지역에서 한반도의 미래를 보다

강동완, 《북중 접경지역 5000리 길: 그곳에도 사람이 있었었네》, 부산: 너나 드리, 2017.

강원택·조홍식, 《하나의 유럽: 유럽연합의 역사와 정책》, 서울: 푸른길, 2011.

강주원, 《압록강은 다르게 흐른다》, 서울: 눌민, 2017.

강주원, 《압록강은 휴전선 너머 흐른다》, 서울: 눌민, 2019.

고은·김훈·이인호·정운찬 외, 《평화오디세이: 한국 대표지성 32인, 압록에서 두만까지 북중 접경지대 1,400km를 가다》, 서울: 메디치미디어, 2016.

김경석, "통독 전·후 교통정책 사례 분석을 통한 한반도의 교통정책 수립방안 연구,"《대한교통학회지》, 제19권 제1호, 2001.

김부성, "스위스·독일·프랑스 접경지역에서의 월경적越境的 상호작용", 〈대한지리학회지〉 제41권 제1호, 2006.

김석철, "코리아 그랜드 디자인", 한국정책재단,《동북아 평화번영을 위한 두만강 유역 개발전략: 한국정책재단 창립 1주년 심포지엄》, 프레스센터, 2015년 3월 12일.

김영윤·나희승·황진희, 〈남북 물류·운송 활성화 및 협력방안 연구〉, 통일연구원, 2007.

김영찬,《독일통일 과정에서 독일마르크화, 독일연방은행의 역할》, 서울: 새녘, 2017.

김영찬, "ECB의 통화정책",《사회적 시장경제와 독일의 경제정책》, 한독경상학회, 서울: 양서각, 2018.

김원택·조홍식,《하나의 유럽: 유럽연합의 역사와 정책》, 서울: 푸른길, 2011.

김준영·박종상·홍창진,《중국 동북 견문록: 만주에서 중국 동북3성까지 우리 민족 이야기》, 서울: 탄탄글로벌네트워크, 2019.

김태헌, "동서독 경제협력의 물류구조와 지역균형 발전의 효과에 관한 연구",《국제지역연구》, 제5권 제3호, 2001년 10월.

김학성,《동서독 인적 교류 실태 연구》, 연구보고서 제96권 제03호, 민족통일연구원, 1996.

김해순,《평화의 거울: 유럽연합》, 용인: 킹덤북스, 2021.

김현국,《아시안 하이웨이 6호선: 나는 바이크 타고 시베리아에 간다》, 서울: 알에이치코리아, 2022.

손기웅·강동완, 《30년 독일통일의 순례: 동서독 접경 1,393km, 그뤼네스 반트를 종주하다: 30년 독일통일의 순례》, 부산: 너나드리, 2020.

신범식 엮음, 《북·중·러 접경지대를 둘러싼 소지역주의 전략과 초국경 이동》, 파주: 이조, 2020.

안성교, 《경계를 여행하다》, 한국물가정보, 2017.

양해경, "독일통일 30년- 그 현장에서", 한독경제인회, 《독일통일 30년: 독일을 이야기하다 3》, 서울: 새녘, 2020.

윤성욱·안병억·김유정, 《EU에서 한반도의 미래를 찾다: 유럽통합 사례로 살펴본 한반도 경제통합의 길》, 서울: 메디치미디어, 2022.

이경수, "북중 접경지역의 풍성한 '사실'이 던지는 질문"(서평), 《통일과 평화》 제12권 제1호, 2020.

이승율·정경영·김재효·한명섭 외, 《린치핀 코리아: 한반도 중심축 국가 건설을 위한 로드맵》, 서울: 동북아공동체문화재단, 2020.

이옥희, 《북·중 접경지역: 전환기 북·중 접경지역의 도시네트워크》, 서울: 푸른길, 2011.

장 모네 지음, 박제훈·옥우석 엮음, 《유럽통합의 아버지: 장 모네 회고록》, 서울: 세림출판, 2008.

주벨기에대사관 겸 구주연합대표부, 《EU를 알면 우리가 보인다》, 서울: 애드컴서울, 2005.

최윤기, "EU의 지역개발정책 현황과 시사점", 《KIET 산업경제》, 2006년 5월.

통일부, 〈동서독 교류협력 사례집〉, 1993.

Cross-border day-care centre Strasbourg-Khel) Interreg, "Cross-border day-care centre Strasbourg-Kehl", June 2020.

Decoville, Antoine, Frédéric Durand, and Valérie Feltgen, Opportunities of Cross-border Cooperation between Small and Medium Cities in Europe, LISER(Luxembourg Institute of Socio-Economic Research), 2015.

Der Beauftragte der Bundesregierung für die neuen Bundesländer, *Jahresbericht der Bundesregierung zum Stand des Deutschen Einheit*, 2019–2021.

Durà, Antoni et al., Euro Regions, *Excellence and Innovation across EU borders. A Catalogue of Good Practices.* Barcelona, Department of Geography, UAB, 2018.

ESPON(European Spatial Planning Observation Network), *Metroborder: Cross-border Policentric Metropolitan Regions*, 2013.

ESPON, *Cross-border Public Services in Border Towns: Case Studies*, 14 April. 2020.

European Commission, *Europe without Borders: The Schengen Area.* (leaflet), 2011.

European Commission, In Strasbourg and Kehl, the cross-border 'Maison de la Petite Enfance' crèche offers French and German children a bilingual education from their earliest years, 22 May. 2014.

European Commission(Regional and Urban Policy), *Overcoming Obstacles in Border Regions: Summary Report on the Online Public Consultation*, 2015.

European Commission(Regional and Urban Policy), *Overcoming Obstacles in Border Regions: Affordable Tickets for Local Travel across the Border*, 2017a.

European Commission(Regional and Urban Policy), *Easing Legal and Administrative Obstacles in EU Border Regions: Final Report*, 2017b

MOT(Mission Operationnelle Transfrontaliere: Cross-Border Operational Mission), *Cross-Border Economic Development*, 2015.

MOT, *Cross-border Territories: Europe's Laboratory*, 2017.

newhome(www.newhome.ch), "Cross-border commuter: Differences to status as a resident:", 11 June. 2021.

Plassmann, Jochen, "The Role of the Bundesbank in Intra-German Payments", Deutsche Bundesbank, ed., *Fifty Years of the Deutsche Mark: Central Bank and the Currency in Germany since 1948*, Oxford, UK: Oxford Univ. Press, 1999.

Rösch, Franz and Fritz Homann, "Thirty Years of the Berlin Agreement-Thirty years of Inner-German Trade: Economic and Political Dimensions", English trans. by Wolfgang F. Stolper and Michael Hudson, *Zeitschrift für die gesamte Staatswissenschaft(ZgS)*, 1981, 137.

https://ec.europa.eu/home-affairs/policies/schengen-borders-and-visa/schengen-area_en, 2021.

3. 유럽연합(EU)의 초국경 협력 정책: Interreg 정책의 수립 및 발전을 중심으로

윤석준, "접경지역 초경협력의 유럽화: 유럽 초경협력의 태동 및 진화", 《EU연구》, no. 62 , 2022, pp. 93~120.

Bouwens, Sophie, "The Dynamics of Cross-border Labor: Commuting from the Dutch to the German Part of the Euregio Meuse-Rhine 1960-2000." *Journal of Borderlands Studies*, vol. 19, no. 2, 1 September, 2004, pp. 135~53.

Chalmers, Damian, Gareth Davies, and Giorgio Monti, European Union Law: Cases and Materials. Cambridge University Press,

2010.

Dühr, Stefanie, Claire Colomb, and Vincent Nadin, European Spatial Planning and Territorial Cooperation. 1st edition. London; New York: Routledge, 2010.

Hagen, Erik and Bjørn Terje Andersen, "Twenty Years of Territorial Cooperation in Inner Scandinavia." European Territorial Cooperation, edited by Eduardo Medeiros, Springer, 2018, pp. 49 ~68.

Heydenreich, Florian, "Economic Diversification: Evidence for the United Kingdom." *Journal of Real Estate Portfolio Management*, vol. 16, no. 1, 1 January. 2010, pp. 71~85.

Kellerbauer, Manuel, Marcus Klamert, and Jonathan Tomkin, The EU Treaties and the Charter of Fundamental Rights: A Commentary. Oxford University Press, 2019.

Klatt, Martin and Hayo Herrmann, "Half Empty or Half Full? Over 30 Years of Regional Cross-Border Cooperation within the EU: Experiences at the Dutch-German and Danish-German Border." *Journal of Borderlands Studies*, vol. 26, no. 1, 2011, pp. 65~87.

Molema, Marijn, "European Integration from below: The Construction of the Ems-Dollart Region, 1964-1978." *Journal of European Integration History*, vol. 17, no. 2, 2011, pp. 271~284.

Patel, Kiran Klaus and Wolfram Kaiser, Multiple Connections in European Cooperation: International Organizations, Policy Ideas, Practices and Transfers, 1967~1992. Routledge, 2019.

Paul, Lindell, "The Kvarken Council." Nordic Region-Building in a European Perspective, edited by Baldersheim Harald and Ståhlberg Krister, Routledge, 1999, pp. 49~58.

Perkmann, Markus, "Construction of New Territorial Scales: A Framework and Case Study of the EUREGIO Cross-Border Region." *Regional Studies*, vol. 41, no. 2, 2007, pp. 253~266.

Rauhut, Daniel, Franziska Sielker, and Alois Humer, eds. EU Cohesion Policy and Spatial Governance: Territorial, Social and Economic Challenges. Cheltenham, UK: Edward Elgar Publishing, 2021.

Reitel, Bernard, Birte Wassenberg, and Jean Peyrony, "The INTERREG Experience in Bridging European Territories. A 30-Year Summary." European Territorial Cooperation, edited by Eduardo Medeiros, 2018. Springer, pp. 7~23.

Spierings, Bas and Martin van der Velde, "Cross-Border Differences and Unfamiliarity: Shopping Mobility in the Dutch-German Rhine-Waal Euroregion." *European Planning Studies*, vol, 21, no. 1, 1 January. 2013, pp. 5~23.

Van Winsen, Bart, "Political Cooperation in EUREGIO: Democratic Dimensions in Cross-Border Cooperation." *European View*, vol, 8, no. 1, 1 June. 2009, pp. 153~161.

2부 동북아 지역과 두만강 유역 초국경 협력: 관점과 전략

4. 지속 가능한 북방정책과 우크라이나 전쟁 이후 대유라시아 신외교 전략

북방경제협력위원회, 《북방백서》, 서울: 북방경제협력위원회, 2022.

국립외교원 외교안보연구소 외교사연구센터 편, 《북방정책과 7·7선언》, 서울: 도서출판 선인, 2020.

마샬, 팀, 《지리의 힘》, 서울: 사이, 2016.

메탕, 기, 《루소포비아: 러시아 혐오의 국제정치와 서구의 위선》, 고양: 가을의아침, 2022.

밀라노비치, 브랑코, 《홀로 선 자본주의》, 서울: 세종, 2020.

"미 국방부 "북한, 러시아에 포탄 비밀리 제공…계속 면밀히 주시할 것"". https://www.voakorea.com/a/6835944.html(검색일: 2022년 11월 25일).

박정호, "문재인 정부의 세계지역전략: 신북방정책을 중심으로", 한신대학교 유라시아연구소 주최 학술회의 《디지털트랜스포메이션 시대 북방정책과 엘리트》 자료집, 2021년 12월 10일.

북방경제협력위원회, "길을 열면 시대가 열린다: 신북방정책의 전략과 중점과제", 북방경제협력위원회 분과회의 발표자료, 2019년 6월 14일.

성원용, "신북방정책과 삼각협력: 과제와 발전 전망", 《IDI 도시연구》, 2019, 통권 제16호, 1~47쪽.

성원용, "신북방정책의 성과와 과제: 차기 정부를 위한 제언", (사)유라시아21 엮음, 《유라시아를 향한 한국의 도전》, 파주: 도서출판 이조, 2022, 97~126쪽.

성원용, "제재의 역설, 중앙아시아진출 '기회의 창' 열린다", 《내일신문》, 2022월 6월 23일.

성원용, "대유라시아 외교: 쟁점과 전략의 문제", 경기도·(사)외교광장 공동주최, 2022 제5회 경기도 국제평화토론회 《동아시아, 한반도 위기 속 평화를 묻다》 자료집, 2022년 11월 25일

성원용, "제국과 통합의 변주: 유라시아경제연합EAEU의 동학", 서정경 엮음, 《메가아시아 지역협력체: 역동과 긴장》, 서울: 도서출판 씨아이알, 2023. 37~67쪽.

성원용, "러시아의 신동방정책과 대유라시아주의", 신범식·최경희 엮음, 《메가아시아의 형성과 동학》, 서울: 진인진, 2023, 145~192쪽.

이백희, "중앙아시아 ICT 분야 발전 전략 및 협력방안", (사)유라시아
 21편, 《유라시아를 향한 한국의 도전》, 서울: 도서출판 이조, 2022,
 235~247쪽.

이종필, "국제기술협력 주요 성공 사례 및 한-중앙아 기술협력 방안",
 Eurasia21·국립외교원 공동 주최 유라시아 정책포럼 2022〈한-중앙
 수교 30주년: 새로운 협력 지평의 모색〉자료집, 2022년 11월 17일.

장덕준, 《북방정책의 이상과 현실: 아관파천에서 신북방정책까지》, 서울:
 역사공간, 2021.

제20대 대통령직인수위원회(2022), 〈윤석열정부 110대 국정과제〉, 2022년
 5월.

최영미, "동북아플러스 책임공동체 형성의 한계와 가능성: 신북방정책을
 중심으로", 《국가전략》, 2021 제27권 제2호, 163~188쪽.

하용출 외, 《북방정책: 기원, 전개, 영향》, 서울: 서울대학교출판부, 2003.

Путин, Владимир(2022a). "Выступление на встрече 《БРИКС
 плюс》," 24 июня 2022 года, http://kremlin.ru/events/president/
 news/68700(검색일: 2022년 9월 10일).

Путин, Владимир(2022b). Выступление на Заседании Международного
 дискуссионного клуба 《Валдай》. Тема форума в этом году -
 《Мир после гегемонии: справедливость и безопасность для
 всех》.(27 октября 2022 года), http://kremlin.ru/events/president/
 news/69695(검색일: 2022년 10월 29일).

"South Korea to Sell Arms to U.S. for Ukrainian Forces Fighting
 Russia", *The Wall Street Journal*, Nov 10, 2022, https://www.
 wsj.com/articles/south-korea-to-sell-arms-to-u-s-for-ukraine-
 11668116294?mod=Searchresults_pos6&page=1(검색일: 2022년
 11월 20일).

Hudson, Michael(2022). "The Blowback from Sanctions on Russia", https://www.counterpunch.org/2022/03/25/the-blowback-from-sanctions-on-russia/print/(검색일: 2022년 5월 4일).

5. 러시아가 바라보는 태평양-두만강-북한: 유엔 광역두만강개발계획(GTI) 중심의 초국경 협력

Федеральный закон "О территориях опережающего социально-экономического развития в Российской Федерации" от 29 декабря 2014 г., No. 473-ФЗ (러시아 연방의 선진적인 사회 경제 발전 지역에 관한 연방법, 2014년 12월 29일 제정, 제473번 연방법)

Федеральный закон "О свободном порте Владивосток" от 13 июля 2015 г., No. 212-ФЗ (블라디보스토크 자유항구에 관한 연방법, 2015년 7월 13일 제정, 제212번 연방법)

Федеральный закон "Об особенностях предоставления гражданам земельных участков, находящихся в государственной или муниципальной собственности и расположенных в Арктической зоне Российской Федерации и на других территориях Севера, Сибири и Дальнего Востока Российской Федерации, и о внесении изменений в отдельные законодательные акты Российской Федерации" от 1 мая 2016 г., No. 119-ФЗ (러시아 연방 북극 지역 및 북부, 시베리아, 극동 지역에 위치하는 주 또는 시 소유의 토지를 시민들에게 부여하는 세부사항과 러시아 연방 일부 법률의 개정에 관한 연방법, 2016년 5월 1일 제정, 제119번 연방법)

Volynchuk, A. B. et al., "Regional Policy of Russia in the Far East: Why Does It Go Wrong and What Is Apparently Seceded", *Journal of Politics and Law*, vol. 11, no. 4, 2018. p. 5.

rosstat.gov.ru

https://overseas.mofa.go.kr/ru-ru/brd/m_7342/view.do?seq=761211&srchFr=&amp%3BsrchTo=&amp%3BsrchWord=&amp%3BsrchTp=&amp%3Bmulti_itm_seq=0&amp%3Bitm_seq_1=0&amp%3Bitm_seq_2=0&amp%3Bcompany_cd=&amp%3Bcompany_nm=

http://www.kremlin.ru/events/president/news/45856

https://roscongress.org/sessions/eef-2021-rasshirennoe-zasedanie-obshchestvennogo-soveta-smp-bolshoy-severnyy-morskoy-put-novyy-globalnyy-marsh/translation/#

https://www.highnorthnews.com/en/international-shipping-northern-sea-route-collapses-foreign-companies-stay-away

https://www.rzd-partner.ru/zhd-transport/news/i-etap-rekonstruktsii-pogranperekhoda-makhalino-kamyshovaya-khunchun-planiruetsya-zavershit-k-avgust/

https://www.rzd-partner.ru/zhd-transport/news/propusk-poezdov-cherez-pogranichnyy-perekhod-makhalino-khunchun-uvelichitsya-v-2-raza

https://novelco.ru/press-tsentr/mezhdunarodnye-transportnye-koridory-dalnego-vostoka-novoe-okno-v-aziatsko-tikhookeanskiy-region/

6. 북한과 중국의 두만강 유역 개발정책과 남·북·중 협력방안에 대한 모색

김대룡, "현실발전의 요구에 맞게 무역단위와 수출품을 결정적으로 늘이는데서 나서는 몇 가지 중요한 문제",《경제연구》, 제3호, 평양: 과학백과사전출판사, 2014.

이석, "개관: 2012년 북한경제 평가와 2013년 전망",《KDI 북한경제리뷰》, 2013년 1월.

이승신 외, "중국의 일대일로 전략 평가와 한국의 대응방안",《2017 KIEP 정책연구 브리핑》, 대외경제정책연구원, 2017,

《조선민주주의인민공화국 주요경제지대들》, 평양: 외국문출판사, 2018.

《조선신보》, "도단위 경제개발구창설의 의도와 발전전망", 2013년 11월 29일.

조선중앙통신, "조선에서 국가경제개발총국을 국가경제개발위원회로 하기로 결정", 10월 16일.

조선중앙통신, "조선에서 도들에 경제개발구들을 내오기로 결정", 11월 21일.

조선중앙통신, "조선민주주의인민공화국 경제개발구법", 12월 28일.

최영옥, "실리를 보장할 수 있도록 대외무역전략을 세우는데서 나서는 중요한 문제",『경제연구』, 4호, 평양: 과학백과사전출판사, 2013.

최장호 외, 〈한반도 접경국과의 초국경 관광·교통 협력〉,《KINU 연구총서》, 통일연구원, 2019.

한국농어촌공사 농어촌연구원, 〈남북중 농업개발협력방안 모색〉, 2020.

현승수 외, "한반도 평화·번영 실현을 위한 국경 협력", 〈경제·인문사회연구회 협동연구 총서〉, 통일연구원, 2019.

人民网, "习近平在哈萨克斯坦纳扎尔巴耶夫大学发表重要演讲". http://cpc.people.com.cn/n/2013/0908/c64094-22843681.html(검색일: 2022년 6월 2일).

新华网, "习近平主席在印尼国会发表重要演讲". http://www.xinhuanet.com/world/xjpynghyj/(검색일: 2022년 6월 2일).

新华网, "推动共建丝绸之路经济带和21世纪海上丝绸之路的远景与行动". http://www.xinhuanet.com/world/2015-03/28/c_1114793986.htm(검색일: 2022년 6월 2일).

新华社, "习近平在东北三省考察并主持召开深入推进东北振兴座谈会", 2018년 9월 28일.

3부 두만강 유역 초국경 협력과 사회연대경제 네트워크

7. 사회연대경제(SSE)를 통한 두만강 유역 초국경 협력모델 탐색

강태호 외, 《북방루트 리포트》, 파주: 돌베개, 2014.

김성보, 김창진 외, 《쿠바 춤추는 사회주의》, 가을의아침, 2017.

김해순, 《평화의 거울: 유럽연합》, 용인: 킹덤북스, 2021.

김영식, "5장. 서울 사회적 경제의 경험을 통한 서울-평양 도시협력의 새로운 상상", 《사회적 경제, 남북을 잇다》, 조성찬 엮음, 서울: 맑은나루, 2020.

김영찬, "유럽사례에서 보는 북·중·러 초국경 지역 협력방안", 남북물류포럼 제112회 조찬포럼, 2015년 11월 19일.

김재효, "[바이든 시대] 동북아 평화 정착을 위한 광역두만강개발계획 Greater Tumen Initiative 활성화 방안", 2021년 3월 22일.

두성림, 권주형, 장석인, 정강원, "중국 협동조합(농민전업합작사)의 법과 제도에 관한 연구", Industry Promotion Research, 제5권 제2호, Apr 2020, 93~103쪽.

라파엘 베탕쿠르Rafael Betancourt, "사회연대경제와 쿠바 경제모델의 전환", 서울 사회적경제 국제콘퍼런스, 2019년 7월 16일.

북민협, "북한 VNR을 읽어드립니다", 2021년 7월 29일.

삼정KPMG 대북비즈니스지원센터, 《북한 비즈니스 진출 전략》, 서울: 두앤북, 2018.

신영복, 《변방을 찾아서》, 파주: 돌베개, 2012.

신범식 엮음, 《북중러 접경지대를 둘러싼 소지역주의 전략과 초국경 이동》, 파주: 이조, 2020.

안중근, 손태수·신현하·김월배 옮김, 《안중근의 동양평화론》, 서울: 서울셀렉션, 2019.

원동욱, "한중 간 초국경 협력의 한계와 가능성: '동북아 경제회랑'에 대한 비판적 고찰", 《현대중국연구》, 제24권 제1호, 2022.

이수형, "연구 동향과 서평 : 미국의 '재균형Rebalancing' 전략의 한반도 시사점", 《KINU 통일+》, 2014.

이찬우, 《북한경제와 협동하자》, 서울: 시대의창, 2019.

이찬우, '2021 통일부 국제평화포럼' 발표자료, 2021.

임수호 외 "한국과 중국 연변조선족자치주 경제협력과 향후 발전방안", 대외경제정책연구원, 연구자료, 제17권 제4호, 2017.

윤황·전형권·이소영, "동북아 초국경 지역협력 요인 분석: 광역두만강개발계획GTI을 중심으로", 《21세기정치학회보》, 제25권 제1호, 2015.

장종익, "프랑스 사회연대경제법에 담긴 혁신 코드 포커스", 〈SE 이슈〉, 2018년 1월 31일.

전형권, "동북아 소지역협력과 지역 거버넌스의 등장 : 두만강유역개발계획TRADP을 중심으로", 국제정치논총, 제46집 제4호, 2006, 179~202쪽.

제성훈 외, 《중·몽·러 경제회랑의 발전 잠재력과 한국의 연계방안》, KIEP 대외경제정책연구원 전략지역심층연구 제16권 제1호, 2016.

조성찬, 《북한 토지개혁을 위한 공공토지임대론》, 파주: 한울아카데미, 2019.

조성찬 엮음, 《사회적 경제, 남북을 잇다》, 서울: 맑은나루, 2020.

조성찬, "북한 개발협력을 위해 '사회연대경제'를 선택한 이유", 동북아 리포트, 제6호, 2020년 8월 11일.

조성찬, "공동 관광자원commons에 기초한 두만강지역 1구 3국 공동관
리 모델", 하나누리 동북아연구원 동북아리포트 제3호, 2019년 3월
7일.

최영진, "환동해 초국경 개발협력과 해항도시의 관계: 북한 나진항과 러시
아 자루비노항 비교",《해항도시문화교섭학》. 제18권 제4호, 2018.

티에리 장테, 편혜원 옮김,《프랑스의 사회적경제》, 서울: 알마, 2019.

길림일보, "훈춘국제합작시범구", 2014년 7월 1일.

《오마이뉴스》, "중국 러시아 동포와 함께 한 30년, 그의 유랑은 끝날 수 있
을까, "콩단백고기로 지구를 구하라" 바리의 꿈 대표 김현동", 2020년
2월 22일.

이로운넷, [UNTFSSE 국제콘퍼런스 2019] "UN·ILO, 사회연대경제 역
할 논의한다", 2019년 6월 25일.

이로운넷, [UNTFSSE 국제콘퍼런스 2019] "사회적경제에 주목하는 국제
기구들", 2019년 6월 26일.

중국두만강신문, "중국 길림성 훈춘시, 국제합작시범구 출범", 2012년
6월 20일.

최현아, "유엔 지속가능발전목표SDGs달성을 위한 북한의 노력",《대전일
보》, 2019년 4월 10일.

히로타 야스유키廣田 裕之, "사회적경제에서 연대경제로 : 가치관의 차이를
알아보기", 라이프인, 2020년 6월 15일.

《한국경제》, "日, 적국 '선제 타격' 가능해졌다… 5년 뒤 방위비 세계 3위
로", 2022년 12월 16일.

《한국경제매거진》, "통일대비 연변동포 신협운동 지원", 2006년 9월 4일.

biz NEWS, "[이한솔의 러시아 경제], 세계가 극동에 주목하다", 2018년
10월 18일.

Wevers, Herman T., Cosmina L. Voinea, and Frank de Langen, "Social

Entrepreneurship as a Form of Cross-Border Cooperation: Complementarity in EU Border Regions", *Sustainability* 2020, p. 12.

Wallimann, Isidor, "Social and solidarity economy for sustainable development: its premises -and the Social Economy Basel example of practice", *International Review of Sociology*: Revue Internationale de Sociologie, Maxwell School, PARCC, Syracuse University, Syracuse, NY, USA Published online: 9 Apr. 2014.

Driscoll, John, Francois Vigier, and Kendra Leith, "The Basel Metropolitan Area: Three Borders - One Metropolitan Area", *ICLRD*, 2010.

Schuman Declaration: https://europa.eu/european-union/about-eu/symbols/europe-day/schuman-declaration_en

https://www.un.org/development/desa/dspd/issues.html

https://www.un.org/development/desa/socialperspectiveondevelopment/issues/social-and-solidarity-economy.html

UN 산하 사회연대경제 태스크포스 홈페이지(https://unsse.org/2023/04/19/historic-moment-for-the-sse-at-its-66th-plenary-meeting-the-un-general-assembly-adopts-the-resolution-promoting-the-social-and-solidarity-economy-for-sustainable-development/)

8. 중국 및 한반도 접경지역 농촌합작사의 발전 현황과 한계

Ilbery. B & Bowler. I, 1998, "From Agricultural Productivism to Post-Productivsim(Chapter 4)", in B. Ilbery (Eds.), *The Geography of Rural Change*, Routledge.

Lowe. P et.al, 1993, "Regulating the new rural spaces: the uneven development of land", *Journal of Rural Studies*, 9(3), pp. 205~222.

Wong, Chun Han, "China Adopts Sweeping National-Security Law",

2015. https://www.wsj.com/articles/china-adopts-sweeping-national-security-law-1435757589(검색일: 2023년 4월 17일).

龚为纲,《农业治理转型——基于一个全国产粮大县财政奖补政策实践的分析》, 华中科技大学 博士学位论文, 2014.

郭红东,《中国"互联网+三农"模式与案例》, 杭州: 浙江大学出版社, 2016.

郭红东, 张若健 编著,《中国农民专业合作社调查》, 杭州: 浙江大学出版社, 2010.

郭晓鸣, 赵昌文, "以农民合作的名义: 1986-1999 四川省农村合作基金会存亡里程",《世纪周刊》, (1), 2001.

国家统计局, "第三次全国农业普查主要数据公报(第二号)", 2017. http://www.stats.gov.cn/sj/tjgb/nypcgb/qgnypcgb/202302/t20230206_1902102.html(검색일: 2023년 4월 20일).

刘雪莲, "中国农村资金互助社发展研究", 金融经济, (24), 2017.

李祖佩, "项目制基层实践困境及其解释——国家自主性的视角",《政治学研究》, (5), 2015.

李祖佩, 曹晋, "精英俘获与基层治理:基于我国中部某村的实证考察",《探索》, (5), 2012.

리페이,《생산주의—탈생산주의 전환의 시각으로 본 1950년대 이래 한·중 양국 농업·농촌 변천: 농정에 대한 비교를 중심으로》, 인천대학교 박사학위논문, 2022.

谢玉梅, 奕新, "家庭农场发展研究综述",《安徽农业科学》, 43(27), 2015.

薛仙舟, "中国合作化方案", 秦孝仪 等主编,《革命文献(第84辑)》, 台北: 中央文物供应社, 1980.

杨光, "延边朝鲜族自治州农民专业合作社发展问题研究",《现代农业研究》, (1), 2018.

严海蓉, 陈义媛, "中国农业资本化的特征和方向: 自下而上和自上而下的资本化动力", 《开放时代》, (5), 2015.

倪锦丽, 赵禹翔, "我国家庭农场发展的个案研究", 《经济纵横》, (7), 2014.

温铁军, "农村合作基金会的兴衰史 (1984~1999)", 2008. http://www. chinacoop.gov.cn/HTML/2008/08/26/14380_2.html(검색일: 2023년 4월 20일).

温铁军, "土地问题是中国稳定的第一要务", 2012. https://news.sina. cn/sa/2012-12-25/detail-ikmyaawa4528462.d.html(검색일: 2023년 4월 16일).

温铁军, 杨帅, "中国农村社会结构变化背景下的乡村治理与农村发展", 《理论探讨》, (6), 2012.

王旭有, 杨兴龙, 王姝, 李作臣, "延边州农民专业合作社调查研究", 《安徽农业科学》, 41(20), 2013.

张文皓, 薛超, 刘海龙, 张洋子, 李斯曼, "农村资金互助社缘何被"山寨化"——基于吉林、浙江、江苏、安徽等地的案例分析", 财经界, (20), 2010.

张晓山, 苑鹏, 《合作经济理论与中国农民合作社的实践》, 北京: 首都经济贸易大学出版社, 2009.

조성찬 편, 《사회적 경제, 남북을 잇다》, 서울: 샘앤북스, 2020.

조성찬, "사회연대경제(SSE)를 통한 두만강 유역 초국경 협력모델 탐색", 《동북아연구》, 32(2), 2022.

赵泉民, 《政府·合作社·乡村社会——国民政府农村合作运动研究》, 上海: 上海社会科学院出版社, 2006.

朱乾宇, 樊文翔, 钟真, "从"水土不服"到"入乡随俗":农村合作金融发展的中国路径", 《农业经济问题》, (12), 2022.

周立, 李萌, "资金互助社这十年——基于吉林四平资金互助社的调查", 银行家, (08), 2014.

朱宁宁, "农民专业合作社法修订草案提出: 农民专业合作社不得对外吸储放贷", 《法制日报》, 2017. http://www.npc.gov.cn/zgrdw/npc/cwhhy/12jcwh/2017-06/23/content_2023864.htm(검색일: 2023년 4월 20일).

中共中央, 国务院, "关于深化供销合作社改革的决定", 1995. https://www.waizi.org.cn/file/119127.html(검색일: 2023년 4월 20일).

中共中央, 国务院, "关于实施乡村振兴战略的意见", 2018. http://www.xinhuanet.com/politics/2018-02/04/c_1122366449.htm(검색일: 2023년 4월 18일).

中共中央, 国务院, "关于深化供销合作社综合改革的决定", 2015. http://www.gov.cn/zhengce/2015-04/02/content_2842180.htm(검색일: 2023년 3월 24일).

迟孝先, 《中国供销合作社史》, 北京:中国商业出版社, 1988.

陈义媛, "资本下乡: 农业中的隐蔽雇佣关系与资本积累", 《开放时代》, (5), 2016.

한국협동조합운동 100년사 편찬위원회 편, 《한국 협동조합운동 100년사 (1)》, 가을의아침, 2019a.

한국협동조합운동 100년사 편찬위원회 편, 《한국 협동조합운동 100년사 (2)》, 가을의아침, 2019b.

陕甘宁边区政府建设厅工合办事处, 1949, "陕甘宁边区合作社工作总结", 中华全国供销合总社史料丛书编辑室 编著, 1990, 《中国供销合作社史料选编(第二辑)》, 北京: 中国财政经济出版社.